賃上げ成長論の落とし穴

中村二朗＋小川誠
NAKAMURA JIRO　OGAWA MAKOTO

日本経済新聞出版

はじめに

賃金上昇論に対する違和感

「なぜ日本の賃金は上がらないのか」という課題に答えを出すために、様々な報告書や白書さらに専門書などを読むことにした。読んでいてだんだん頭が痛くなってきた。内容がスムーズに頭に入ってこないのである。

どのように難解な専門書でも、読み続けていくうちにだんだん頭の中がすっきりしてきて、言いたいことが徐々に分かってくる。しかし、一部を除いて今回の課題に関する本や報告書は、読めば読むほど頭の中の白い霧が濃くなってくる。歳のせいで理解力が落ちたのだと思い何度も読み直しても、霧は濃くなるばかりである。仕方がないので、真剣にその理由を考えることにした。

読んでもすっきりしない理由として考えられるのが、以下の2点である。一つは、日本の賃金の上昇は他国に比べて長期にわたって本当に低かったのか、という事実認識に対してである。二つ目は、仮に日本の賃金上昇が低かった場合にその理由はどこにあったのか、ということである。

国際比較からみる日本の賃金

賃金とは労働者が提供する労働サービスの価格でもある。ここで厄介なのは、労働サービスといっても現実には量や質などが異なり様々なケースが存在することである。大企業の正規雇用者とアルバイトの時給ではかなりの差がある。それでは、日本の賃金は上昇していないと唱えている人たちの言う賃金とは、何を指しているのだろうか。国際比較などを行う際によく使われる変数は、雇用者報酬を雇用者数で割った一人当たり雇用者報酬である。

日本の賃金が上昇していないという認識に対しては、国際比較をすることによって、他の国に比べて日本の賃金の上昇（率）が低いことが示されるケースが多い。このときに多くの資料では、特定の年などの値を１００として各年の推移をみている。各国の推移を単に観察するのならば、この方法は直観に訴えるものであり便利なものである。

しかし、国ごとの相違をみるためにはどうだろうか。基準とした年において各国の値に大きな差異があった場合には、基準年以降において各国で異なった何らかの調整が行われる可能性がある。例えば、基準年において一国だけ賃金が高いようなケースにおいては、その後の期間で為替レートを含めて様々なルートで調整が行われるだろう。

基準年を設定して各国での推移を比較するならば、基準年での各国の差異を反映させるために基準年での対象となる国の値を１００として、各国の値を個別に設定するべきである。例えばA国を１００としたときにB国の対象とする変数の値がA国の80％であったとすれば、基準年のB国の値を80として考えるなどと処理すれば、基準年での各国の賃金水準の相違を反映させたかたちで賃金の動向を観察することができる。

すっきりしないもう一つの理由についてみてみよう。今回の「日本の賃金はなぜ上がらないのか」という課題に対して、どのような根拠の下でどのような人たちがいつ頃から提唱しているのか調べてみたが、詳しいことは分からなかった。ただし、現在とは全く逆に2000年以前から財界主導で賃金の抑制策が提案されていたことは確かであり、一部の労働組合も雇用維持を前提として、それを許容する姿勢を示していた。つまり、労使ともに、2000年前後の日本の賃金は国際的にみて高水準にあったことを認めていたことになる。

賃金の動向に関する異なった見方

本書では、以上のすっきりしない理由を解明することに多くの努力を費やしている。1章においては既存の分析と同じように一人当たり雇用者所得を一国の平均的賃金とみなして、若干異なった修正をすることにより、その変化を国際比較している。そこから分かることは、長期にわたって日本の賃金が国際的にみて低迷していた、という認識を一方的に受け入れることはできない、ということである。

また、日本は生産性の上昇が相対的に低く、それが賃金の上昇を抑制しているという議論もあるが、時間当たりの生産性でみるとそのような傾向はみられない。確かに2000年代の後半において、リーマンショックを契機として正規雇用者の賃金などは抑制傾向が加速された。それは、労働時間の短縮や円安などの政策的な影響を強く反映したものとも考えられる。

一人当たり雇用者報酬などのマクロ的な変数を扱う限り、その国固有の労働市場の特徴や時点間の変化、さらには現在直面している課題などについての重要性が無視されてしまうことがある。賃金は企業におけるコストという一面と労働者の生活の糧としての一面があり、経済全体に与える影響が極めて大きい。その一方で、労働者の属する家族の在り方やその国固有の文化などが賃金そのものに直接・間接的に影響している。

現在の日本は家族の在り方や働き方に対する考え方などが変化している一方で、急速な高齢者の増加やそれに伴う労働力人口の減少など解決しなければならない課題があり、労働市場において様々な構造的変革が求められている。このような時期に平均的にみた賃金の変動のみにとらわれた一方的な議論を行うことは、極めて多くのリスクを伴うだろう。

本書で分かったこと

本書の目的は、できるだけ整合的なデータから日本の労働市場の実態および変化を整理・検討し、その背景を解明することにより、現状の賃金に対する認識に対して批判的検討を加えるとともに、今後の賃金のありように関する提言を行うことである。

本書で明らかになったことについて、以下で簡単に整理しておこう。

① 言われているような20年から30年にもわたるような国際的にみて長期的な賃金の停滞はみられない。賃金の停滞があることを特に強調するならば、それはリーマンショック以降の10

年程度の期間である。

②一方で、日本の正規雇用者（特に男性）の平均的賃金の動向は、他の雇用者に比べて確かに停滞している。これは、企業内における正規雇用者の高齢化などが大きく影響していることが考えられる。しかし、年功的賃金の下では、50代以下の各雇用者は勤続年数の増加に伴い賃金も上昇している。

③日本的な雇用慣行の枠組みが徐々にではあるが変化してきており、年功的賃金の下でも同期社員間の賃金格差拡大、退職金の減少などが傾向として生じている。

④非正規雇用者などの雇用の多様化は、共働き世帯の増加などにより家計における収入源の多様化をもたらし、「家計のポートフォリオ」と呼べるような家計内でのリスク分散が進んでいる。結果として世帯単位での夫婦の賃金を足し合わせた勤労収入は、リーマンショック後も増加している。

日本の労働市場はどう変化するのか

以上の労働市場内における変化は、今後日本の労働市場が直面する変化に対応したものでもある。20年後には、主な働き手である年齢層（15歳から64歳）の人口が現在と比べて1300万人ほど減少する。このような急速な労働力の減少に対して様々な形で対応策が準備されてきた。しかしながら、いまだに十分に準備が整ったとは言えない。

日本の労働市場は、日本的雇用慣行と言われたほどに世界的にみて特徴のある労働市場を形成してきたと言われている。通常の労働市場を介しての労働者の適材適所（転職）や、人材育成などが、これまでは企業に委ねられていた割合が大きかった。

今後、労働力の減少が確実視されるなかで、一国全体の生産性を高めるために産業構造の高度化や既存企業の効率的経営などが期待される。そのような状況のなかで、企業内外における人材育成や労働市場を通した適材適所の労働力の配置を行えるようにすることが、今後の大きな課題と言える。

人材育成や適材適所はともに企業の雇用システムの在り方に大きく依存するかもしれない。鶴（2023）によれば、「……リスキリング、副業・兼職、社内公募制などは、ジョブ型雇用がそのベースにならなければならない……」としている。

雇用システムの変更まで含めた広範な変革が日本の労働市場や会社に求められるとすれば、残された時間はあまり長くない。本書では今後の望ましい雇用システムにまで言及するものではないが、今後の持続的な賃金上昇を可能にするために、現在の問題点等についてはできるだけ詳細に整理することを試みている。

まだ十分な準備ができていない状況の下で不用意な賃金引き上げを行えば、インフレの加速に伴う実質賃金の抑制や年金生活者が多い高齢者の困窮など、多くの副作用をもたらすリスクが存在しよう。

本書の著者二人は、ともに60歳を過ぎており40年近く日本の労働市場を観察してきている。一人は労働経済学の研究者として、一人は行政官として異なった立場から労働市場の様々な変化を眺めてきた。研究者と行政官という異なる立場でいることが長かったこともあり、労働市場の様々な局面に対する評価は二人で大きく隔たることもあった。

不思議と今回の賃金引き上げ論に関しては著者二人とも懐疑的な立場であり、今後の賃金の持続的な上昇に対する対応策に関してもほぼ同じ意見であった。過熱した賃金の引き上げ論に対してできるだけ冷静に客観的に現状を分析し、今後の対応策を考えるべきであるということが、本書の執筆を考える始まりでもあった。

原稿の執筆作業は２０２３年の冬から始めたが予想以上に時間がかかることになった。読者の多くは経済学を学んだことのない人たちであることが想定される。専門的な用語や理論を用いることを避けながら、なぜ現状の賃金引き上げ論に危うさを感じるのか、その危うさを回避しながら持続的な賃金引き上げを達成するためにはどのような方策が必要なのか、などを説明することがいかに難しい作業なのかを思い知ることになった。

本書を執筆中にも円安が進展し、インフレ傾向が進んでいった。よく言われる「良いインフレ」と「悪いインフレ」で例えれば、現在のインフレ傾向は「悪いインフレ」の始まりのようにみえる。人手不足も顕著となり春闘でも想定された賃上げ率が概ね達成されている。一方で、中小零細企業の経営者の間では、労務倒産の恐れが顕著になってきている。円安とインフレが進むなかでもう一度、自分たちが働く場でもある日本の労働市場の在り方や賃金の決定の仕方を考えてほしい。

10年から20年後に向けて日本の労働市場を取り巻く環境は、急速な変化をみせることになろう。その時のためにも、現在の賃金や労働市場の在り方を、そして各自が今後どのような労働市場のなかで働くことを望むのかを、真剣に考えてほしい。本書がそのための一助となれば幸いである。

本書の執筆作業における主な担当は以下の通りである。全体の構成および取りまとめは中村が行った。執筆については、1章の5節とコラム（1）、2章、3章のうち3節の「賃金決定における財界、労働組合、政府の立場と役割」を小川が担当した。その他については中村が担当した。

本書の刊行においては多くの方から様々な支援を受けた。支援してくださった方々には改めて感謝したい。

編集者の堀口祐介氏と茂木拓朗氏からは、本書の作成において様々な支援をしていただいた。特に堀口氏からは数度にわたる詳細なコメントを頂いたことに改めて感謝したい。

2024年8月

著者一同

目次

7章 賃金上昇論を考える――今後の賃金上昇のために

序章

「賃金がなぜ上昇しないのか」を考える前に

1――本書の目的――2つの疑問

『令和5年版労働経済白書』の第二部で「持続的な賃上げに向けて」という特集を行っている。それまでにも多くの論者によって過去20年から30年間ほどの日本の賃金が国際的にみて低迷していることが問題視されてきた。

確かに賃金が持続的に上昇し、その結果としてマクロ経済の成長が加速し、投資の増加などを通じて長期的に生産性が上昇し賃金がさらに上昇する、という好循環が起こるならば、賃金の持続的な上昇は非常に望ましいことである。その突破口として「直近の賃金をまずは上昇させよう」という掛け声がかかるのも頷ける。

2つの大きな疑問

だが、ここで大きな2つの疑問が生じる。一つは、本当に日本の賃金の動向は他国に比べて上昇が抑制されているのか、そうだとすればその理由は何なのか。もう一つの疑問は、仮に賃金を上昇させることにより上記のような好循環が発生するのか、ということである。

なぜこのような疑問が生じるのかを考えてみよう。過去20年から30年にかけて日本では、企業と雇用者の関係がそれまでと比べて大きく変化してきている。雇用という形式についても、その内容は大きく変化してきている。これまで通り企業のなかで正社員として働く人たち、一日3時間から5時間程度、週3日程度の短時間労働をする人たち、派遣会社に登録して他の会社に派遣されて一定期間働く人たち、など様々な雇用形態が登場するとともにその比率が拡大してきた。

当然のこととして雇用者に支払われる賃金についても支払い方や支払額が多様化してきた。さらに、雇用の多様化とともにこれまでと異なった労働力も雇用されるようになった。それまでは専業主婦が多かった女性が結婚後も共働きという形で就業を継続する、高齢者が定年後も引き続き働き続けるなど様々な形で働き手の多様化を進めることとなった。

これらの変化は、一国全体で雇用者に支払われる賃金（雇用者報酬）の推移に大きな影響を与える。特に、雇用形態や賃金制度の多様化は、一人当たりの雇用者報酬に大きな影響を及ぼすことであろう。[1] したがって、マクロ的にみた一人当たり雇用者報酬が低下したとしても、個々の雇用者が受け取る賃金水準が低下したことにはならない。[2] さらに、各雇用者の賃金水準が低下した

1　一人当たりの雇用者報酬は、一般的に雇用者報酬÷全体の雇用者数で表すことが多い。また、賃金の国際比較を行う場合は、この値が用いられることが多い。

2　ここで雇用者数については注意が必要である。一国の人口や就業状態などの基本的統計として国勢調査が知られている。調査は全数調査といって日本国内に居住しているすべての人が対象となるだけでなく、全数から一部を取り出して調査するサンプル調査の母集団としての役割を担っている。1章のコラム(1)で示すように、全数調査でありながら全体の回収率が低下しており、標本調査である労働力調査などの値と乖離することが多くなっている。

としても、労働時間など他の労働条件が改善され家事・育児等に時間を費やすことができるようになれば、他の世帯構成員（例えば主婦）の就業が促進され、世帯全体での収入の減少が相殺される可能性もある。

逆に言えば、夫の賃金水準が増加したとしても、その妻が仕事を辞めて家庭に戻ってしまえば雇用者報酬の増加には結びつかないことも考えられる。また、人件費の増加などによりインフレの加速が生じるようならば、マクロ的な好循環を期待することはできないだろう。

2つの疑問を解くためには

2つの疑問は、当然のこととして相互に関連しており、各々の疑問を解くには同時に解答を導き出すしかないだろう。確かに過去20年間ほどは、日本の労働市場においては様々な変化が生じている。後述するように雇用の形態や賃金制度、さらには労働時間などの賃金以外の処遇条件も大きく変化している。それらの変化がマクロ的な平均賃金にどのような影響を与えたのかを正確に判断しない限り、本当に賃金の上昇が抑制されていたのか判断することは難しい。

仮に抑制されていたとすれば、1章の**図1－4(3)**で示すように、労働時間の減少などを考慮したときの時間当たり実質GDPの動向が他国に比べて遜色がないことと矛盾する。なぜ賃金が抑制されたのか正確な理由を解明しない限り、一時的な賃金引き上げはできたとしても持続的な賃金の上昇を目指すことは難しいだろう。

筆者の一人である中村は既に中村・大橋（２００３）で、戦後の高度成長に伴う日本における賃金の変動について整理・検討を行っている。高度成長以来の日本において企業に勤めるということは、一つの企業で勤めあげることを多くの人が連想した。そのような典型的な雇用者の企業内における賃金制度や人事制度の在り方について主に整理・検討を行えば、賃金の変動の議論は十分であったと言ってもよかった。共働き世帯は少なく、定年後の高齢者の就業率も今ほど高い時代ではなかった。

一方、２０００年以降の日本では、雇用者といえば一つの企業に長く勤め続けるケースだけではなく、多様な働き方が登場するようになってきた。したがって、労働市場のなかでどのようなタイプの雇用者にどのような賃金の支払われ方をしているのか、また、それぞれのタイプの雇用者がどのように変化していっているのかまで検討しない限り、賃金全体の動向についてコメントすることが極めて難しくなっている。

重要なことは、雇用の多様化などが生じた理由や背景を検討するとともに、そのことが全体の賃金の動向とどのように関連しているのかを整理することである。過去20年間ほどの賃金動向の背景を理解しない限りは、効果的な持続的賃金上昇策を打ち出すことは期待できない。

特に、

① 企業内における急速な高齢化に対する企業の対応

② 今後の労働力不足に対する準備

③　産業構造を高度化するための対応策

④　外部環境の変化に対応した働き手側の対応の変化

などを視野に入れて労働市場におけるこれまでの変化がどのようなものであったのか、さらに、今後どのような変化が生じる可能性があるのか、賃金変動との関連を踏まえて整理・検討を行う必要がある。

労働需要（求人）が供給（求職）に比べて相対的に増加（もしくは減少）すれば、失業率の減少（もしくは増加）とともに賃金は上昇（もしくは下落）する。これが市場機能の一つである。マクロ経済でみても同じことが言える。財やサービスに対する需要が増えれば物価が上昇し、それに応じて財・サービスの供給が増える。供給が増えれば生産に必要な労働需要も増加し、賃金が増加することにより所得（賃金×労働者数）も増加する。その結果として消費が増加し全体の需要が拡大するという好循環が生まれる。このような経済規模の拡大が、拡大均衡と言われるものである。

一方、人口（労働者数）が減少するような経済においては、労働需要が一時的に増加しても労働供給が追いつかず賃金が上昇するところまでは同じであるが、労働供給の制約のために全体の労働者数が減少し全体の所得（賃金×雇用者数）が増加するとは限らない。賃金の増加以上に労働者数が減少すれば、所得はむしろ減少することになる。そのようなケースでは所得の減少は消費の減少となり、一国全体の財・サービスの需要や供給が減少していくことも考えられる。経済規模が縮小していく、いわゆる縮小均衡へ向かうプロセスである。

拡大均衡でも縮小均衡でも一人当たりの実質GDP（一人当たり付加価値）が増加すればよいという考え方もあり、どちらの方向を目指すかは国民が判断することである。しかし、縮小均衡の下では、国際的競争力の低下や将来的な人口の回復などの期待が難しくなるなど多くの負の連鎖が生じる可能性も高い。[3] 適度なインフレの下での安定した経済成長を目指すためにも、効率的に労働市場の機能を発揮させる枠組みの必要性は大きい。特に人口が急速に減少していく今後10—20年間は、非常に重要な期間としての意味を持つことになる。

本書の目的

経済的に活力があり魅力ある国にするためには、現在の労働市場では多くの課題を抱えている。他の条件がそれほど変わらないとすれば、賃金の上昇が国際的にみて低いということは、日本の労働市場が他国と比べて十分に機能していないことを示している。賃金が上がらないことが本質的な問題ではなく、賃金が上がらない背景としての労働市場の枠組みが問題なのである。現状の賃金の動向の背景にある労働市場の現状を正確に認識し、環境の変化に対してどの部分を改革していけばよいのかを考えていく必要がある。この点が、本書の目指す目的の一つである。

3　外国人労働者を導入することで労働力の減少を補うなどの議論もあるが、賃金が上昇しても国際的にみて将来性の乏しい魅力のない国には外国人労働者も集まってこないだろう。

本書では、最近の賃金上昇議論に対して、マクロ的にみた平均賃金の動向の背後にある労働市場における変化と賃金の関係を整理することにより、現在の賃金上昇論に対する警鐘としたい。このことは賃金上昇論を批判するものではない。むしろ、適切な賃金の上昇は必要であり、今後の日本経済の安定した成長のためには不可避である。しかし、現状の賃金上昇論は、賃金の変動に対する認識においてこれまでの労働市場の変化や、その影響を十分に理解したものとなっているのか疑問である。

予期せぬ副作用を生じさせないためにも、今後の日本にとって望ましい賃上げとはどのようなものなのか、またそのような賃上げを行うための適切な環境とはどのようなものかを理解しておく必要がある。本書では、上述した2つの疑問と労働市場を取り巻く環境変化との関係について検討するとともに、労働者や経済全体にとって望ましい賃金上昇をもたらす労働市場とはどのようなものかを整理してみたい。

白書等では、様々な意見があるなかで最大公約数的な見解を前提に現状を整理することが求められがちである。本書の立場は、白書等の見解も批判するものではない。賃金の決定自体が、その背後にある労働市場の在り方や市場としての機能を十分に果たしているかなどによって影響を受けるであろう。そのことを踏まえて、現状の労働市場における賃金決定の特徴を整理したうえで、現状の賃上げ論がもたらす副作用の有無、副作用があるとすればその対処法について議論することが、大きな目的の一つである。

本書では、以下の3つの段階を踏むことにより今後の賃金の在り方について整理・検討する。

① 現状の賃金の動向の整理
② 労働市場における働き方・賃金制度の変化
③ 外部環境の変化に伴う労働市場の変化と賃金の在り方

本題に入る前に、以下の章でよく用いる用語や概念について簡単に整理しておく。本書では、経済学の枠組みを理解していない読者にとっても内容を理解しやすいように記述する。したがって、難しい用語や枠組みは使わない。しかし、一般的にマスコミ等で使われている用語については、誤解しやすい面もあるが内容を分かりやすく簡潔に整理するためには有用である。本書では誤解を与えないように正確な解釈を適宜加えながら用いることにする。

賃金の決定を考える際に、経済学では市場機能という概念をよく用いる。以下では準備作業として、基本的な労働市場の枠組みの考え方や実際に労働市場に登場する雇用や賃金の枠組みについて整理しておこう。

2――労働市場とは

労働市場の役割

経済学では「市場」という用語を多用しがちである。「市場機能」「市場の活性化」「効率的な市場」等々、市場という用語を用いるケースが多々存在する。

基本的に市場とは、物やサービスが取引される「場」を示し、実際に存在していても、していなくとも構わない。例えば、豊洲市場などは実際にそこで魚などが取引されている。一方、ネット上でのフリマアプリでは様々な商品（時にはアルバイト等の求人などもある）が取引されるが、特定の場所があるわけではなくＰＣやスマホ上での仮想空間としての「場」である。

労働についても市場という概念が成り立つ。労働者が提供する労働サービス（通常は労働時間で置き換えられる）と労働者を雇って労働サービスを利用する企業が取引する「場」が、労働市場である。そこでは、労働サービスを提供したい労働者の人数（あるいは労働時間）と、企業によって使いたい労働者の人数（あるいは労働時間）が等しくなるように取引量と賃金が決定される。

市場に対する具体的なイメージは、豊洲市場などでのマグロのセリを思い出してもらえれば分かりやすい。出品されたマグロの鮮度、大きさ、味などにより異なった値づけが行われ、一番高値をつけた業者によって購入される。最後まで値段がつかなかったマグロは売れ残ることになる。

就職活動などもこの図式に似ている。豊洲市場みたいな特定の場所は存在しないが、学生に対する企業の合同説明会などは売り手と買い手が一堂に集まって、様々な情報交換を行う。そのなかには給与額や労働時間などの処遇も含まれる。

マグロと異なるのは、労働者が提供する労働サービスの質を評価することが難しく、１回や２

回の面接だけでは判断することができないことである。そのために2次、3次面接と様々な角度から労働サービスの買い手である企業は評価を行おうとする。一方、売り手である求職者はできるだけ自分の能力を高く評価してくれる企業に採用してもらうことを希望するが、条件が満たされない場合には求職活動（失業状態）を続けることになる。以上のように考えれば、市場が持つ特徴はそこで扱う商品やサービスが異なっていても基本は変わらない。

他の市場と異なる労働市場の性質とは

労働市場に関しては、他の市場と比べていくつかの相違点が存在する。それは、マグロのように購入後すぐに食べて（使って）しまうような消費財と、車のように購入後も利用し続ける耐久財との差のようなものである。通常の正規雇用ならば、定年まで働けることを前提として雇用契約が結ばれている。つまり、雇用したら、企業と雇用者の関係はそれっきりということではなく、雇用契約締結後もある程度の期間は両者の関係が続くことになる。

そのような関係は車の例と同じであるが、労働の場合には企業と雇用者の関係はさらに複雑である。人材育成とか人的投資という用語があるように、労働者の場合には教育訓練や学習（経験）によって労働サービスの質を高めることができる。採用後に業務のなかで訓練や経験を積ませることで雇用者の能力が高まれば、労働サービスの質も高まり、企業に対する貢献度も高まることが想定される。

労働サービスの量や質に対応した賃金が支払われるとすれば、当然のこととして採用時の賃金よりも高い賃金を支払う必要が生じる。このように企業と雇用者の間では、入社（採用）時に決められた賃金がその後に上昇していくことが考えられる。

賃金は労働サービスの価格であり、その価格が市場で決められるとすれば、企業に採用された後も賃金が変動するということは、そこに何らかの別の市場が形成されていると考えるのが自然であろう。ただし、この市場は既に雇用されている雇用者と企業の間で形成されており、参加者は限られている。

労働経済学では、このような個別の企業内で形成されている市場と一般的な市場とを区別するために、前者を企業内部労働市場（略して内部労働市場）とし、そこに所属する雇用者を正規雇用者と呼ぶことが多い。一方、企業が新たに雇用者を採用したり、雇用者が転職活動したりする場を、企業外部労働市場（外部労働市場）として区別することが多い。

アルバイトやパートタイム労働では、期間を定めて（例えば1週間や3カ月など）雇われて働く場合が多い。働き方についても、雇う側と雇われる側の都合によって実際にどのような形態で雇われるかが決定される。当然のこととして、長期で雇われたいと労働者が希望しても企業側からは短期的な雇用しか提示されない場合もある。結果としてどのような形で雇用されるかは、その時々の企業や労働市場の状況に依存する。

アルバイトやパートタイム労働者など（非正規雇用者と呼ぶ）と企業が短期的な雇用関係しか

持たないようなケースでは、外部労働市場において企業と雇用者が出合うことになる。

正規雇用者と非正規雇用者の違いを一言で表せば、企業と労働者の間に長期的な雇用関係があるかないかである。長期的な関係があれば内部労働市場が形成され、短期的な関係しか存在しないようなケースでは外部労働市場が形成されることになる。当然、両者では賃金の決定方法や支払額にも差が生じる。前者では採用時に比べて採用後に賃金が上昇し、後者では一般的に雇用期間中は採用時と同じ賃金が支払われる。

2つの労働市場

以上のように労働経済学では、2つの労働市場の概念を用いることが多い。実際の労働市場をみる場合には、さらに複雑になってくる。これは、労働サービスの質の違いだけでなく本来賃金が持つ役割・機能が大きく関連している。

中村・大橋（2003）で示したように、賃金が労働サービスの対価として支払われる以外に考えられる賃金の主な経済学的機能として、①労働意欲を高揚する、②技能形成を促す、③有為な人材の流出を防ぎ確保する、④労働者の生活を保障する、の4つが考えられる。相対的に①から③までの機能を重視すれば、企業と労働者の間に長期的雇用関係が結ばれやすくなる。

また、日本の企業では、賃金は大きく4つの部分に別けることができる。それは、基本給、所定外賃金、諸手当、賞与である。[4] これらの比率は、企業規模等によって大きく異なっている。それは、法律や制度などによる影響もあるが、賃金制度に対して上記の4つの機能をどのように求めているかの相違も影響していると思われる。企業とは短期的な関係しか持たないことが多い非正規雇用者の賃金に関しては、賃金制度に期待する機能が異なるため上述のような複雑な制度が採用されることは少ない。

以上のように、2つの市場においては異なったタイプの雇用者が扱われており、賃金制度が異なるとともに、その支払い方に期待される機能も異なっている。

日本型雇用慣行として、企業と雇用者の長期的雇用関係と年功的賃金の存在が日本の労働市場における大きな特徴とされ、日本は内部労働市場の比率が高い国とされている[5]（企業内労働組合の存在もその一つであろう）。本書においても、労働市場の変化と賃金の在り方について言及しているが、基本的には、上記の2つの労働市場の違いを考慮したうえで賃金の決定要因や、今後の賃金の在り方について検討を行っている。

2000年以降の日本の労働市場は、ある意味で大きな変化を遂げてきた。次章以降で示すように雇用形態も雇用者も多様化するとともに、賃金制度もより複雑なものとなっていった。本書で扱っている雇用者は、正規雇用者だけでなく非正規雇用者を含んでいる。20年前に書いた賃金に関する中村・大橋（2003）の展望論文では、正規雇用者以外の賃金については主な関心事として取り扱わなかった。

あえて無視したのではなく、労働市場全体を見回した際に非正規雇用者の占める比率が現在に比べて小さく、その動向が労働市場全体に及ぼす影響も小さかったためである。その後、急速に非正規雇用者の比率が増えるとともに、内部労働市場の特徴である企業と雇用者の長期的関係と年功的賃金も急速に変化してきた。このような変化は独立に生じたわけではない。労働市場を取り巻く外部環境の変化などにより、企業や労働者が雇用形態や賃金制度に対して従来と比べて多様な在り方を求めた結果であると考えられる。

3——働き方の選択

働き方は各労働者の生活と密接に関わっており、賃金は主要な生活の糧である。一方、労働時間などの他の処遇条件も、どのような生活をすることができるかを考えるうえで重要な要因である。

家族のなかで働き手が一人しかいないような状況では、働き手の病気や死亡などに対して社会

4　退職金も賃金の一部とみなすこともできよう。なお、賞与や退職金がなぜ支払われるのかについては、大湾・須田（2009）などで詳しく解説している。
5　労働市場の特徴に関する各国の比較については、濱口（2018）などで丁寧に整理されている。そのなかでアメリカ、ドイツ、フランスについては、恩田・賀茂（2018）、ハインリッヒ（2018）、鈴木（2018）において手際よくまとめられている。

保障等である程度の補塡ができたとしても大きなリスクが伴う。さらに、賃金以外にも手当や退職金など労働者のライフステージに沿った形での企業からの支払いもあり、どのような形でどのような企業で働くか、家族全体の生活に大きな影響を与えることになる。

日本の場合は、戦後の混乱から高度成長期にかけて生産性を高め、国際的な競争力をつけることに多くの努力を注いできたと言える。そのためには「失業の輸出」と海外から揶揄されるまでに雇用者を長時間労働させることにより競争力を上昇させていったなどの議論も登場した。

国際的な競争力が低い状況では、限られた賃金原資を効率的に配分するためにライフステージに合わせた賃金制度が求められた。その後の高度成長期を経て、経済規模の拡大に合わせて賃金だけでなく労働時間の短縮などの処遇改善が行われてきた。このような労働条件の緩和は、労働供給の多様化の下支えの役割も果たすことになった。家計の在り方からみれば、非正規雇用での就業拡大は、共働き世帯の増加により働き手が一人だけという不安定な状況から抜け出す手助けとなり得た。

一方、企業にとっても景気の山谷が生じるなかで正規雇用者の安定的雇用確保という視点から、調整弁として雇用量の調整が比較的簡単にできる非正規雇用を拡大することが可能となり、正規雇用者の労働時間減少に伴う新たな雇用の調整弁としての選択肢を手に入れたことになる。

4――賃金上昇が抑制された背後にあるもの

過去20－30年間において日本の平均的賃金の上昇が他国に比べて抑制されてきたことは確かであろう。特にリーマンショック以降において他の先進国では賃金が回復基調に戻っていったのに対して、日本においては低迷したままであった。先に示したように日本の賃金は、様々な形で提示されており非常に複雑な枠組みになっている。[6] したがって、平均値でみた賃金の変動は、異なったタイプの雇用者グループに支払われる賃金総額と各雇用者グループの全体に占める比率の変化によって決まることになる。

雇用者グループを大きく二分すれば、正規雇用者と非正規雇用者ということになる。2000年以前には非正規雇用者という枠組みはほとんど使われることはなく、臨時・日雇いなどの用語が多く用いられていた。2章で示すようにパートタイム労働や派遣社員が制度化されるようになり、非正規雇用という枠組みが多く用いられるようになった。

中村・大橋（2003）で示したように、戦後から高度成長期を経て日本の労働市場における様々な枠組みが固定化していった。一方、高度成長が終わり安定成長となるとともに、近い将来

6　賃金には手当、賞与、退職金などが含まれる。また、雇用形態によっては働いた分に応じて支払われるような枠組みもある（例えば時間給）。

において労働力が減少するることが明確になってくると、労働市場において新たな環境に適応した制度構築の準備が急速に行われていった。そのような流れのなかで外部労働市場の重要性が明らかになる一方で、内部労働市場を重視してきたそれまでの制度の弊害が目立つようになってきた。

既に1990年代からそのような弊害に対する対応策の構築が始まっていたが、高齢化やそれに対する対応策の影響の一部が、負の効果として賃金上昇の抑制などを含めて顕在化してきたものと考えられる。

一方で、今後の労働力の急速な減少などに即した労働市場の変革に対して、企業や労働組合の対応はどうだったのだろうか。詳しくは3章において述べているが、大手企業では労使ともに長期的な雇用関係を維持する傾向を示していた。特に企業内労働組合にとっては、「安定した雇用」は賃金上昇より重要な命題であったことがうかがえる。非正規雇用の導入についても、正規雇用者の雇用を維持するための手段として、労働組合側が認知した結果である可能性が高く、様々な手段を講じても正規雇用者の雇用を守るという視点が優先されてきたと言えよう。

企業と雇用者の長期的雇用関係と裏表にある年功的賃金に関しては、中村・大橋（2003）は生え抜き社員を示す標準労働者への年功度が徐々に低下してきていることを示しているが、その後は3章で示すように年功度の大きな低下は起きていない。しかし、同期社員において受け取る賃金の格差が最近になるほど大きくなってきている。このことは、平均的な年功度の低下はそれほどみられないが同期社員間での賃金格差が拡大し、必ずしもすべての社員に従来通りの年功的賃金が適用されていないことを示唆している。

以上のことは、内部労働市場が最も適用される大企業でさえ、従来の日本的雇用慣行の見直しを行ってきていることを示唆している。一方で、大企業での中途採用者の比率は徐々に上昇しているが、いまだにそれほど多くはない。また、賃金の企業規模間格差はいまだに大きく、労働者の企業規模間移動が難しい状況の下で転職による賃金上昇を目指すことは難しいと言える。

外部労働市場の活用は可能なのか

非正規雇用の活用が盛んになるとともに法的整備などが拡充し、非正規雇用での処遇改善が着実に行われており、正規雇用者との格差が縮小している。また、非正規雇用から正規雇用への門戸が従来以上に大きく開かれており、両者の格差が今後とも縮小していくと考えられる。

大企業なども含めて日本的雇用慣行のなかで、企業と長期的雇用関係を維持し続ける雇用者はいまだに多く存在している。しかし、より付加価値の高い産業構造を構築するためには、中途採用などによって有能な人材をより付加価値の高い産業・企業へと移動させることも重要である。また、これまで多くを企業に委ねていた、新たに登場する技術や知識を雇用者が身につけるための枠組みを、企業外でもできるような新たな人材育成の仕組みを構築する必要もある。企業間の移動を通して賃金上昇やキャリアアップができるような、効率的な外部労働市場がこれまで以上に必要となろう。

今後、労働力が減少するなかで国際的な競争力を維持するには、経済規模は縮小したとしても一人当たりの生産性（付加価値）を高めるような経済（いわゆる、縮小均衡）を目指すか、様々な方策により経済規模を縮小させずに拡大均衡を目指すかは、マクロ経済的な政策の方向性の問題であるが、当然のこととして労働市場の在り方にも大きな影響を与えることになる。

例えば、前者であれば、引き上げられた賃金を支払えないような企業は労務倒産を起こし、結果として雇用者はより生産性の高い企業・産業に移動することになる。後者であれば、必要な労働力を様々な形で確保しながらより生産性の高い産業構造の構築を目指すため、雇用者の能力の引き上げや、適材適所のための円滑な労働移動が必要となる。

どちらが今後の日本にとって望ましいかは現段階では分からないが、少なくとも労働市場（特に外部労働市場）の機能をこれまで以上に高めることが必要なことには変わりない。

経営者と労働者の賃金決定交渉

労働市場で賃金が決定される、というのが簡単な経済学の枠組みであると述べた。市場と言えるかどうかは分からないが、経営者と労働者が集団で交渉する具体的な場の一つが春闘であろう。賃金の決定というよりは、賃金の原資が決定される場でもある。そこでは、労働組合が労働者側の代表者として登場する。日本では労働組合は企業別組合であり、企業内の様々な職種に属する雇用者が含まれていることが多い。したがって、雇用者の属性に従って各々の賃金を決めるということは難しく、賃金原資を決めていくという方式が定着している。

最近になって、国際的にみて労働組合の賃金決定に影響を与える力が弱くなっていることが指摘されている。日本においても長松（２０２０）による分析では、労働組合の賃金決定に与える効果として、１９８５年と２０１５年の社会階層と社会移動全国調査（ＳＳＭ調査）を用いた分析から以下の２点を指摘している。

第１に、１９８５年において労働組合は賃金分布の上位において賃金水準を引き下げることで賃金分布を平等化していたが、２０１５年ではその効果はみられなかった。第２に、１９８５年から２０１５年の間における組合組織率の低下は賃金格差を拡大させていた。

この分析から労働組合の賃金決定に関する厳密な効果を確認することは難しいが、最近になって労働組合の賃金決定に関する影響力が低下してきていることがうかがえる。本書においても労働組合と最近の賃金の動向の関係については若干触れることにするが、非正規雇用者の大幅な増加などによる労働市場における雇用形態の多様化に、企業別労働組合を主とした日本の組合制度がどの程度適応できているかは、日本労働研究雑誌編集委員会（２０２３）でも指摘しているように疑問が多い。

5——本書の構成

本書では最初に、2000年以降の過去20年程度の間に日本の労働市場がどのように変化したのか、そのなかで賃金の決定の仕方や実際の賃金がどのように変化したのかを考察する（1章および3章から5章）。また、実施された政策がどのように労働市場の変化に影響を与えたかについて簡単に考察を行う（2章）。次に、今後の日本経済にとって望ましい賃金の上昇はどうあるべきか、また、労働市場を取り巻く環境変化にどのように対応すべきかについて考察を行う（6章と7章）。

具体的には、1章において過去20年間程度の賃金の動向について概観し、あえて今賃金上昇論を唱える必要性があるのかを検討する。特に、賃金の動向に関して国際比較をする際の問題点について整理を行う。

2章においては、最近の労働市場の変化と雇用政策の関連について整理し政策の必要性や効果について検討を行っている。この章は、労働市場に関する制度や法律についてあまり興味のない読者にとっては読みづらいかもしれない。しかし各章で書かれている内容について、背後にどのような制度や法律が存在しているのかを知っておくことは、労働市場の様々な出来事を理解するうえで役に立つと思われる。読者によっては、他の章を読んだ後で2章を読み直すとより理解が深まるのではないだろうか。

3章と4章は、正規雇用者と非正規雇用者の賃金変動について考察している。5章では賃金の受け取り側（雇用者）の視点から、最近の賃金の動向に対して対応を検討するとともに労働市場の変化に対してどのように対応しているのかを整理・検討する。

6章と7章では、5章までで整理した結果をもとに今後の労働市場における変化の必要性を考察し、そのなかで賃金がどのように変化していくのかを整理するとともに、望ましい賃金決定の在り方のために必要な労働市場の変化とはどのようなものか提言を行う。

以下の各章で用いたデータの多くは、読者が直接に確認できるものにできるだけ限定している。したがって、アクセスしやすい白書や政府報告書等から転載したものが多い。興味のある読者は、掲載元での説明等についても読んでほしい。一方、より詳しい説明のために必要なデータ等については、分かりやすい説明を加えたうえで統計書等より筆者が作成したものを用いた。また、参考文献についても、一般の図書館やネット等で閲覧ができるような雑誌や書籍をできるだけ選定した。

【参考文献】

大湾秀雄・須田敏子「なぜ退職金や賞与制度はあるのか」『日本労働研究雑誌』No.585、2009年

恩田正行・賀茂美則「アメリカの労働市場」『日本労働研究雑誌』No.693、2018年

シュテフェン・ハインリッヒ「ドイツの労働市場」『日本労働研究雑誌』No.693、2018年

鈴木宏昌「フランスの労働市場」『日本労働研究雑誌』No.693、2018年
長松奈美江「労働組合と賃金格差――RIF回帰分析および要因分解法による検討」『社会学評論』71（3）、2020年
中村二朗・大橋勇雄「日本の賃金制度と労働市場――展望」『日本の経済制度・経済政策』高山憲之編著、東洋経済新報社、2003年
日本労働研究雑誌編集委員会（2023）「労働組合のサステナビリティ」『日本労働研究雑誌』No.758、2023年
濱口桂一郎「横断的論考」『日本労働研究雑誌』No.693、2018年

1
章

日本の賃金を考える

――賃金上昇の議論に向けて

本章のポイント

この章の目的は、序章でも述べたように、過去30年間程度の日本の賃金の変化がどのようなものであったのかについて、国際比較をすることで整理することである。さらに、その変化がどのような要因によってもたらされたのかを、日本の労働市場の特殊性も含めて概観することも、目的の一つである。

国際比較の結果から、多くの論者によって指摘されているような他の先進国との顕著な差異はみられないことが確認された。さらに、差異が生じているとしても、リーマンショック以降から最近までの10年程度の話である。また、その差異は大きなものではなく、労働市場内での雇用の多様化や労働時間の減少などによってある程度説明がつくものである。一方で、正規雇用者の賃金が他の雇用者に比べて相対的に伸び悩んでいることが確認されている。この点については、検討すべき課題として3章において取り上げている。

1――国際比較からみた日本の賃金

ある国の賃金について、その動向の特徴を考える際によく行われるのが、他の国の賃金の動向と比較・検討することである。検討対象となる賃金の動向が他の国とどう異なるのか、その理由は何かを考えることで、当該賃金の動向に問題があるのかどうかを判断する手がかりをつかむことができる。以下では、アメリカ、イギリス、ドイツ、フランスそして日本の5カ国について国際比較を行い、日本の賃金の過去30年間の動向に関する特徴について整理してみよう。

国際比較を行う際の問題点

賃金の国際比較を行う場合には多くの困難を伴う。大きな理由として以下の2つが考えられる。それは、

① 比較の対象として適切なデータが存在するのか

② 比較するためにデータをどのように加工すればよいのか

である。

①は雇用形態や賃金の支払い方の多様性から生じる問題である。例えば正規雇用者と非正規雇用者の賃金の支払い方をみると、前者は月給制で、後者は時給制であることが多く、その形態は

大きく異なる。また、賃金以外での処遇の相違も多く、単に賃金支払額だけを比較すると問題が生じる可能性もある。仮に、雇用形態や学歴・年齢などの雇用者の属性が厳密に区別でき、それぞれの賃金支払額を比較することができるならば、正確な国際比較は可能かもしれない。

しかし、各国で異なった労働市場が形成されているなかで個別の賃金について比較することは、現実的ではない。実際に国際比較を行う場合には、各雇用者の賃金を集計した雇用者報酬を全体の雇用者数で割った一人当たり雇用者報酬（以下、平均賃金と略す）を用いることが多い。雇用者報酬はその国の労働市場全体の性質に依存して決定されることが考えられる。

②もかなり面倒な問題である。対象とする変数について変動の大きさだけを比較したいならば、よくみられるように基準年の各国の値を１００としてその動きをみればよい。各国の毎期の格差がどのように変化しているかを知りたければ、特定の国の基準年の値を１００として毎期の変化をみればよいことになる。ただし、この場合には、各国の通貨を統一した基準でみる必要がある。例えばすべての国についてドルベースで評価するなどである。

最初に①の問題からみてみよう。**図１－１**は日本の労働市場を想定して描いたものである。支払われる賃金額や労働時間の長さなどが異なる複数のタイプの雇用者が、労働市場で雇用されることにより全体の賃金（雇用者報酬）と雇用者数が決まっていく流れを示したものである。

この図から分かるように、平均賃金は各国の平均的な賃金の動向を反映するものではあるが、

図1-1　労働市場全体でみた賃金決定の枠組み

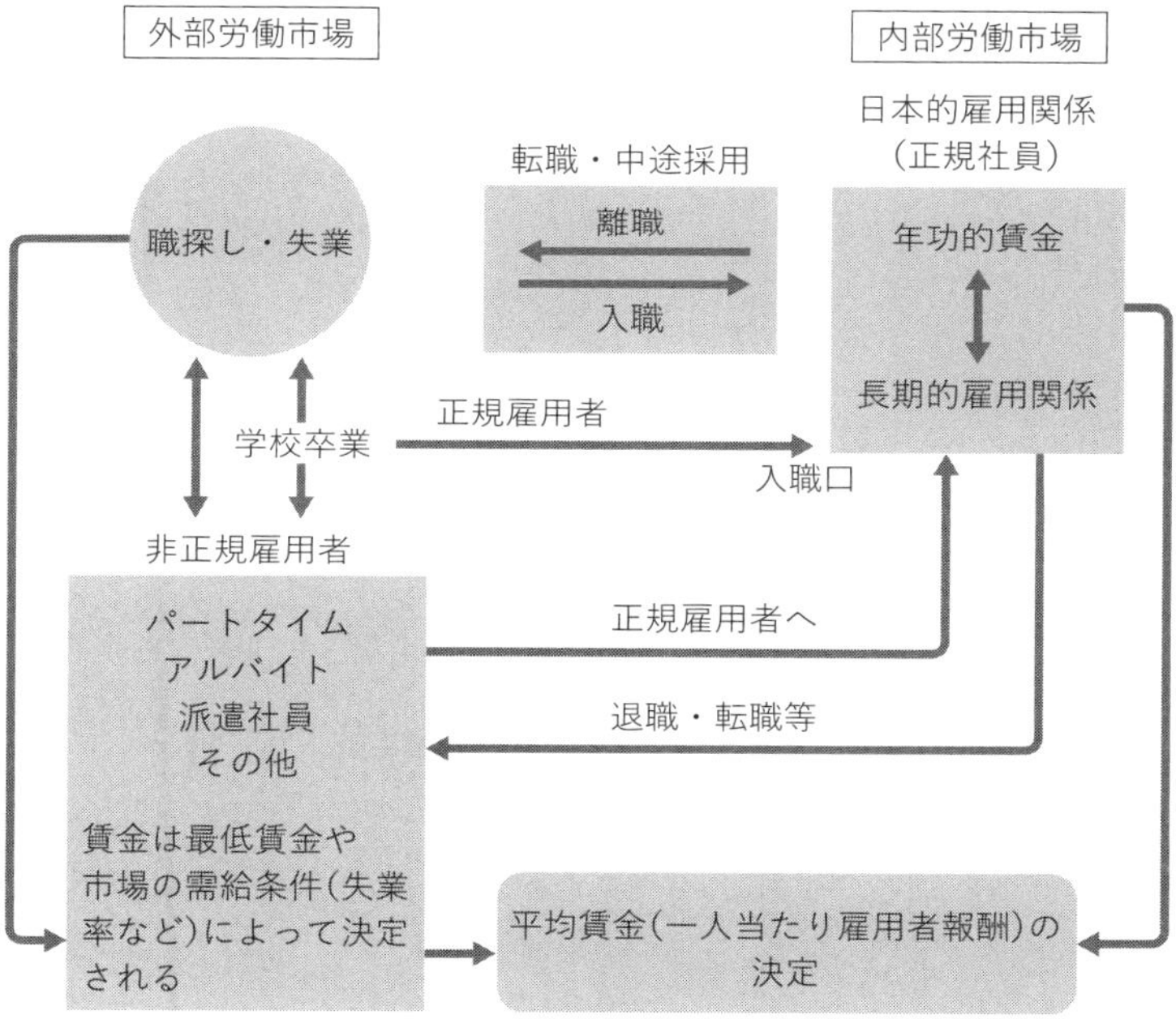

必ずしも賃金の動向だけを示したものにはなっていない。例えば、正規雇用者と非正規雇用者に支払われる賃金額が変わらなくても両者の人数が変化すれば、平均賃金額も変動する。その影響は、両者の賃金額の差が大きいほど顕著になる。

白書等でよく用いられる賃金の国際比較

実際に平均賃金のデータを用いて国際比較をしたものが、**図1-2**である。この図は『令和4年度年次経済財政報告書』（内閣府）に掲載されたもので、各国の名目賃金と実質賃金の30

図1－2　賃金変動の国際比較

過去30年間にわたり、日本の一人当たり賃金は概ね横ばい

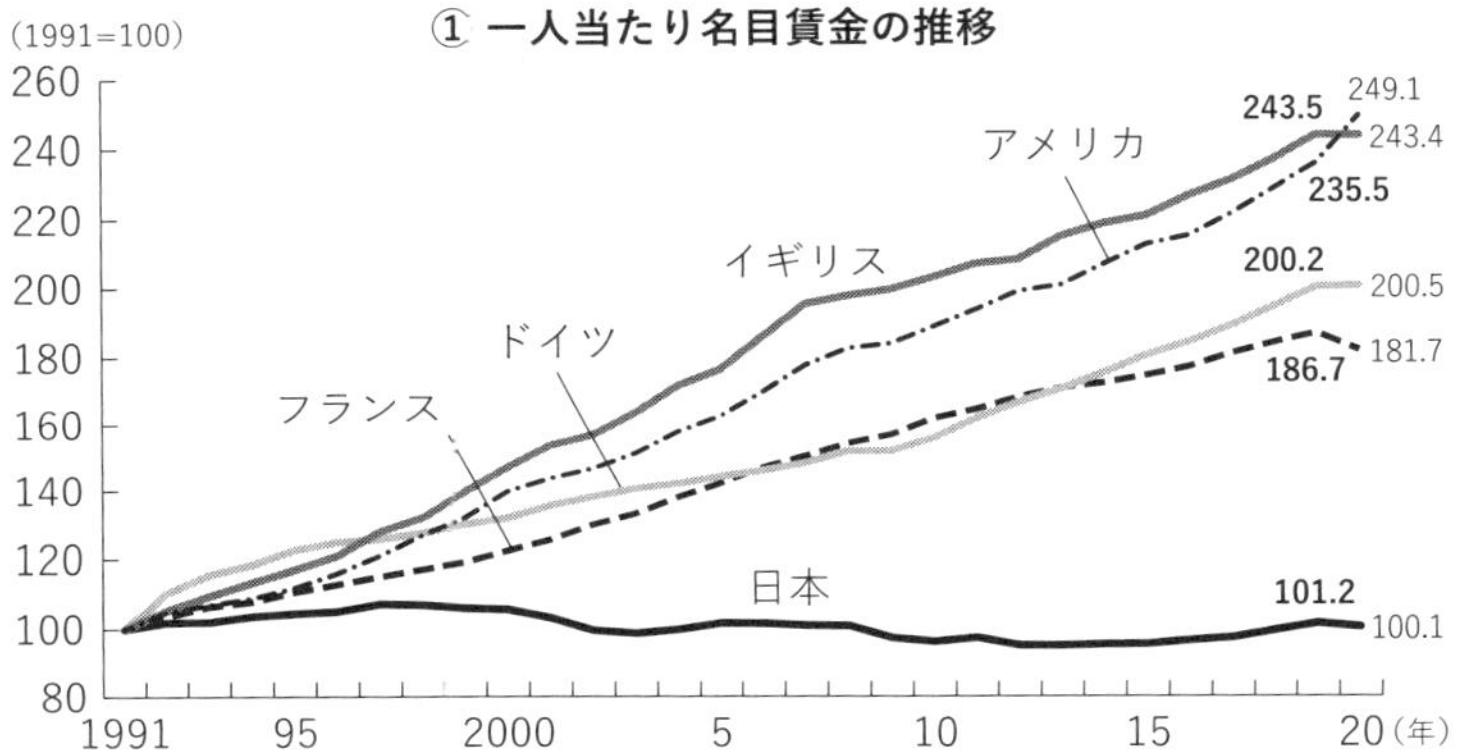

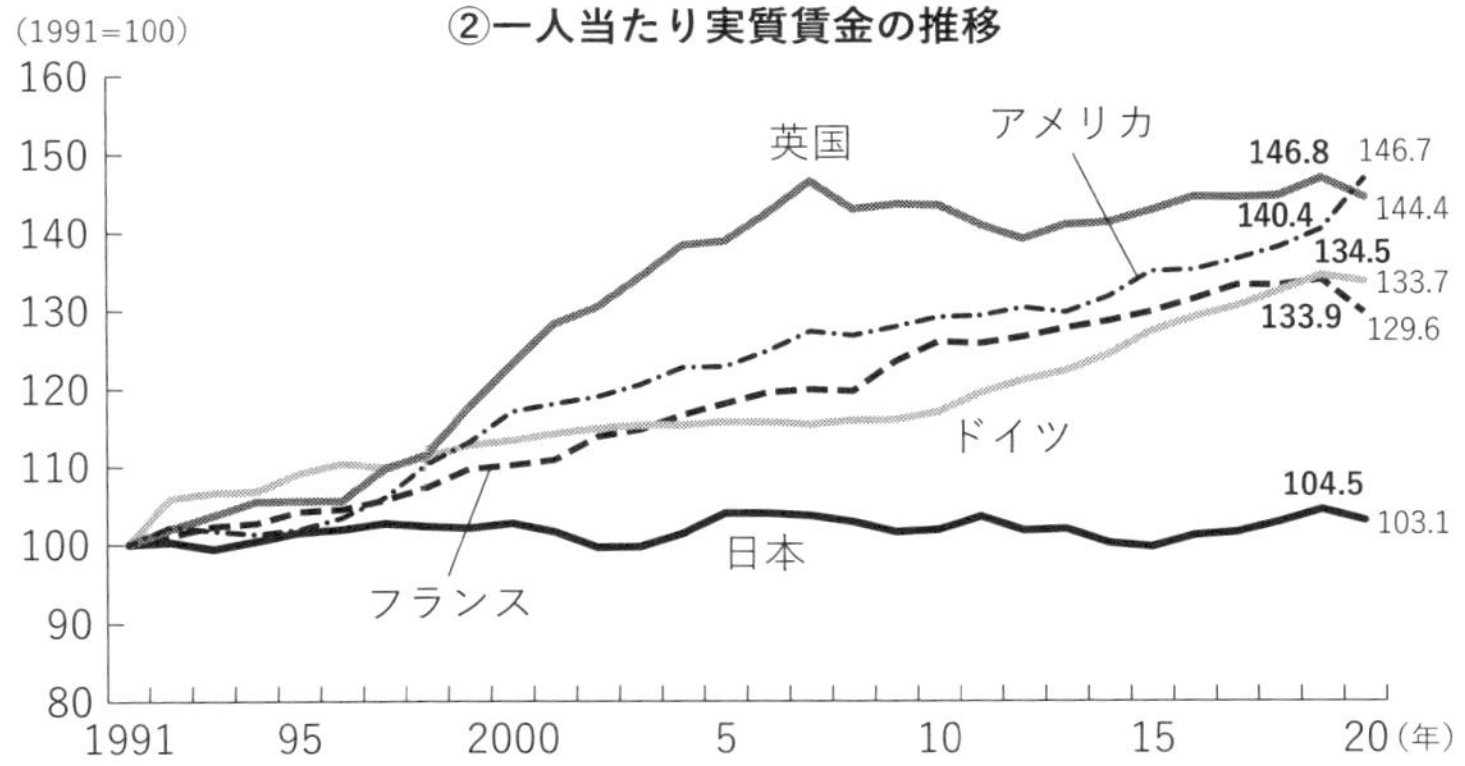

（備考）OECD. Statにより作成
（出所）『令和4年度年次経済財政報告書』（内閣府）

年間の推移が示されている。ただし、各国とも自国通貨建ての賃金額について基準年（1991年）を100として描いたものである。名目値でみるとイギリス、アメリカ、ドイツが過去30年間で2倍以上になったのに対し日本はほぼ同じ値であり、名目賃金の値が過去30年間でほとんど変わらなかったことを示している。

実質値については日本のインフレ率が相対的に低かったこともあり、各国で名目賃金ほどの差異はみられないが、日本がほぼ横ばいなのに対して他国では30－50％ほどの上昇を示している。このような国際比較から、日本の賃金上昇率の低さに対する対策の必要性が唱えられるようになったのだろう。

賃金の国際比較をする際の問題点1

以上の日本の賃金上昇率の低さをみると、確かに多くの問題が存在するように思える。しかし、一方ではこのような低い上昇率を示した背景には、単に実体経済に問題があるだけでなく統計の処理の仕方にも問題がある。例えば、基準年においてすべての国の賃金を100と基準化することである。この処理によって、基準年における各国の賃金額の格差は無視されることになる。基準年に各国より高い賃金額が支払われていた国と相対的に低い額しか提示されていなかった国では、その後の賃金上昇率が異なることが考えられる。相対的に低い賃金額を提示していた国の方が、その後高い上昇率を示す可能性が高いだろう。

このような問題を回避するためには、基準年における各国の賃金額の差異を反映するために、ある特定の国の基準時の賃金を100として各時期の値を計算すればよい。しかし、各国の賃金額の格差を評価するために、為替レートなどを用いて特定の国の通貨（例えばドル）で各国の賃金額を表示する必要が生じる。この場合には、為替レートなどが各国の経済状況を正確に反映しているかどうかなどの別の問題が生じる。

したがって、国際比較を行う場合には、様々な視点からデータを作成し、それらが示す事実と矛盾しないような結果を導き出すという作業が必要となる。賃金の国際比較は、データ上の制約や各国での労働市場の特徴の相違などによって厳密に行うことは難しい。

特に集計量（例えば一人当たり雇用者報酬）で比較する場合には、**図1－1**で示したように労働市場内の様々な要因の変化を考慮しなければ正確な比較は難しい。最も大きな問題は、提示されたデータのどのような動きから知りたいことのどの部分が分かるのかについて、その関係を明確に判断することが難しいケースが多いということである。

かなり以前に「統計で嘘をつく方法」という主旨の本が出版されたことがある。意図的ではないが、現在の賃金上昇論の背景には、賃金の変動に対してある種の誤解をあえて生み出すような統計（データ）の扱いがあるのではないだろうか。「賃金の上昇が必要である」という議論の背景には、賃金の価値が相対的に下がることにより購買力が低下し、消費活動が抑制されることによってマクロ経済に悪い影響を与えるというものがある。その際の問題点は「賃金の価値、すなわ

図1－3　1991年の日本賃金基準でみた平均賃金の推移

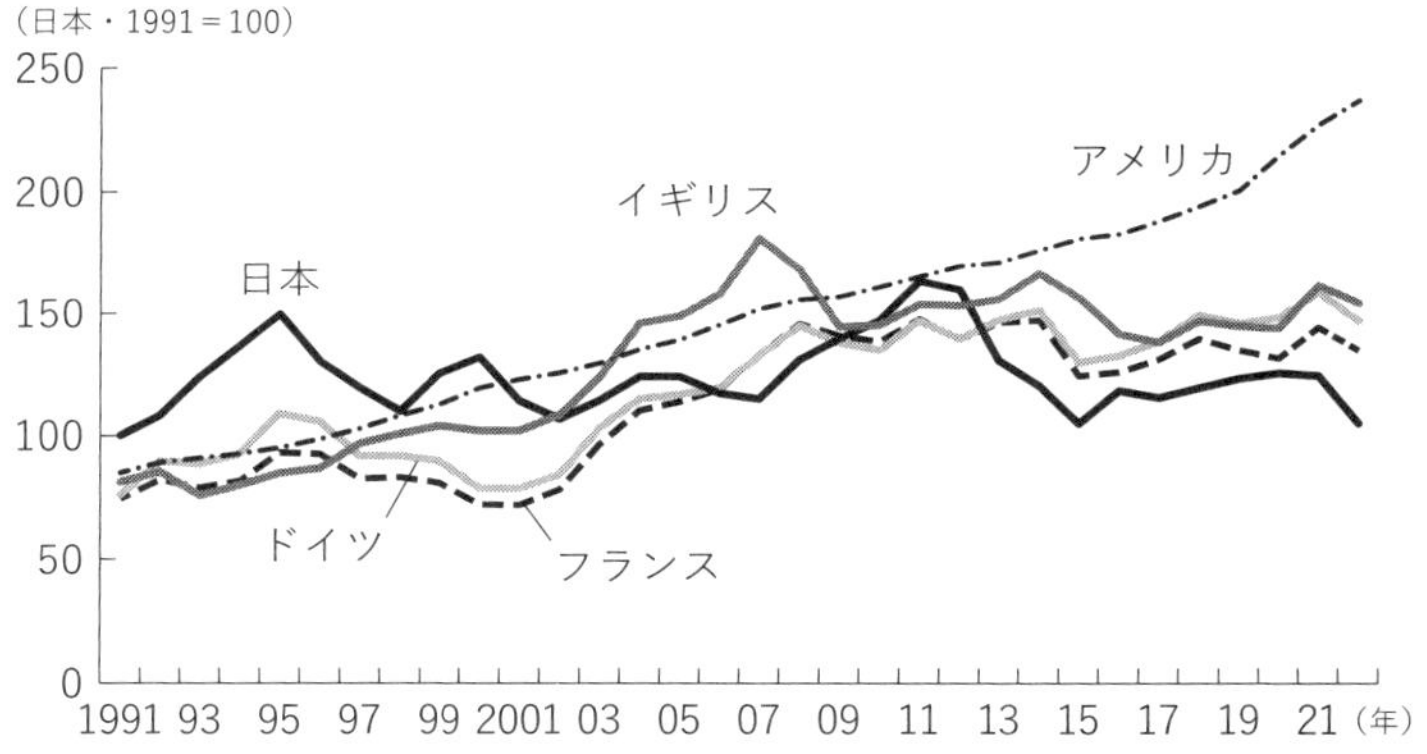

（出所）『令和4年度年次経済財政報告書』（内閣府）及び OECD. Statをもとに著者が作成

ち購買力」の低下であり、必ずしも「賃金の変動率の低下」ではない。

賃金の国際比較をする際の問題点2

図1－2は基準年（1991年）をベースとして、それらの変動率を各国で比較したものにすぎない。また、自国通貨で示した賃金額の変動であり、厳密な表現をすれば「自国通貨で示した1991年を100とした場合の各国の毎年の変動の大きさを一つのグラフ上に描いた」ものであり、そこから何が言えるかは作成者が何を言いたいのかに大きく依存する。

ちなみに、**図1－2**と同じデータを用いて各国をドル表示に変換し、なおかつ基準年での購買力の格差を反映するために日本の基準年の賃金額の値を100として各国の賃金額の推移を描いたものが**図1－3**である。問題もあるがドル表示にすることによって、基準年での各国の賃金による購買力の差も反映することができる。したがって、この図は、各国の労働者が受け取る賃金による購買力の差を示したものと理解することも可能である。

2つの図からみた国際比較の相違

同じデータを用いながら**図1－2①**と**図1－3**では受けるイメージがかなり異なる。前者からは、過去30年間ほどの賃金の動向は日本の一人負けのような感覚を持たせてしまう。一方、基準年での日本の賃金が国際的にみてかなり高額であったということを考慮に入れ、なおかつ為替レートの変動を考慮した**図1－3**からは、リーマンショックまでは他国とほぼ同様な推移を示していたと判断することもできる。

より詳しくみてみよう。日本の賃金水準は2000年代に入る前は、他国に比べて相対的に高い状態が続いている。2000年代に入ってもリーマンショックの前後までは、アメリカやイギリスを除けば、他の先進国と遜色のない賃金が支払われていたことが分かる。一方で、リーマンショック後の景気回復期においては、確かに日本の一人負けのような状況が生じている。この間でドルに対してそれほど急速に円安になったわけではない。

したがって、単に為替レートの問題ではなく、日本国内における労働市場を中心とした様々な変動が、賃金支払い額の相対的な低下につながったと考えることができる。また、そのような動きが加速したのは２０１０年以降であり、過去10年間において労働市場の変化や円安などの相乗効果として、賃金引き上げの抑制が生じたものとみなすこともできる。

以上のように同じデータを用いても、どのように加工するのかによって受け取る印象は異なってしまう。その対象が雇用者報酬のように集計度の高い統計の場合、さらに顕著なものとなる。我々は、自分自身の周りの出来事については、具体的な事例として多くの事実を直接的に目にすることができる。しかし、一国全体についての数字になると、その背景にどのような具体的な事実が存在しているかについては、極めて感覚的なものとしてしか捉えられない。

後述するように、賃金と言っても様々な雇用者が存在し、雇用のされ方も賃金の決定方法も様々である。また、国によって労働市場の在り方はかなり異なっていると言ってもよい。そのようななかで、「日本の賃金上昇は国際的にみて抑制されている」などという議論に対して、本当にそのような事実が存在しているのか、存在しているとすればなぜそのようなことが生じたのかなどを整理・検討しなければ、賃金の引き上げによる副作用に苦しむ可能性すら存在する。

2――実質ＧＤＰの動向と労働市場

賃金の動向について細かな話をする前に、経済全体の動向と賃金との関係についてみておこう。各国の経済力をみるためによく用いられる指標が、実質ＧＤＰである。一国全体で労働者や資本を用いて１年間に新たに生み出した価値の量（付加価値）がＧＤＰである。

さらに毎年の物価の変動分を除去したものが実質ＧＤＰとなる。過去30年間ほどの先進各国の実質ＧＤＰに関する推移（実質ＧＤＰ、一人当たり実質ＧＤＰ、労働時間当たり実質ＧＤＰ）を各国通貨建てでみたものについて、基準年（１９９１年）の各国の値を１００として『令和４年度年次経済財政報告』（内閣府）が整理したものが**図１−４**である。

図１−４(1)は全労働者で、(2)は労働者一人当たりの、(3)は全労働者の一時間当たりに作り出した価値を示したものである。当該期間において他国に比べて労働者の人数や労働時間が大きく変化したりすれば、**図１−４**の(1)、(2)および(3)の各国の相対的な位置は異なってくる。特に日本の労働市場のように過去20年間ほどにおいて大きな変化を示した国では、どの実質ＧＤＰの動向をみるかによって大きな違いが出てくることが考えられる。

実際に**図１−４**から以下のことが分かる。

① 実質ＧＤＰをみると、１９９０年から２０２０年までの30年間で日本はアメリカの約４分の１、ヨーロッパ諸国の４割程度しか増加していない

② 一人当たり実質ＧＤＰでは、他国との格差は縮小しアメリカの７割程度、ヨーロッパの９割程度となる

③ 労働時間当たりの実質ＧＤＰでは、アメリカとイギリスよりは低下するもののドイツやフランスよりは大きくなっている

図1-4　各国の実質GDPの推移

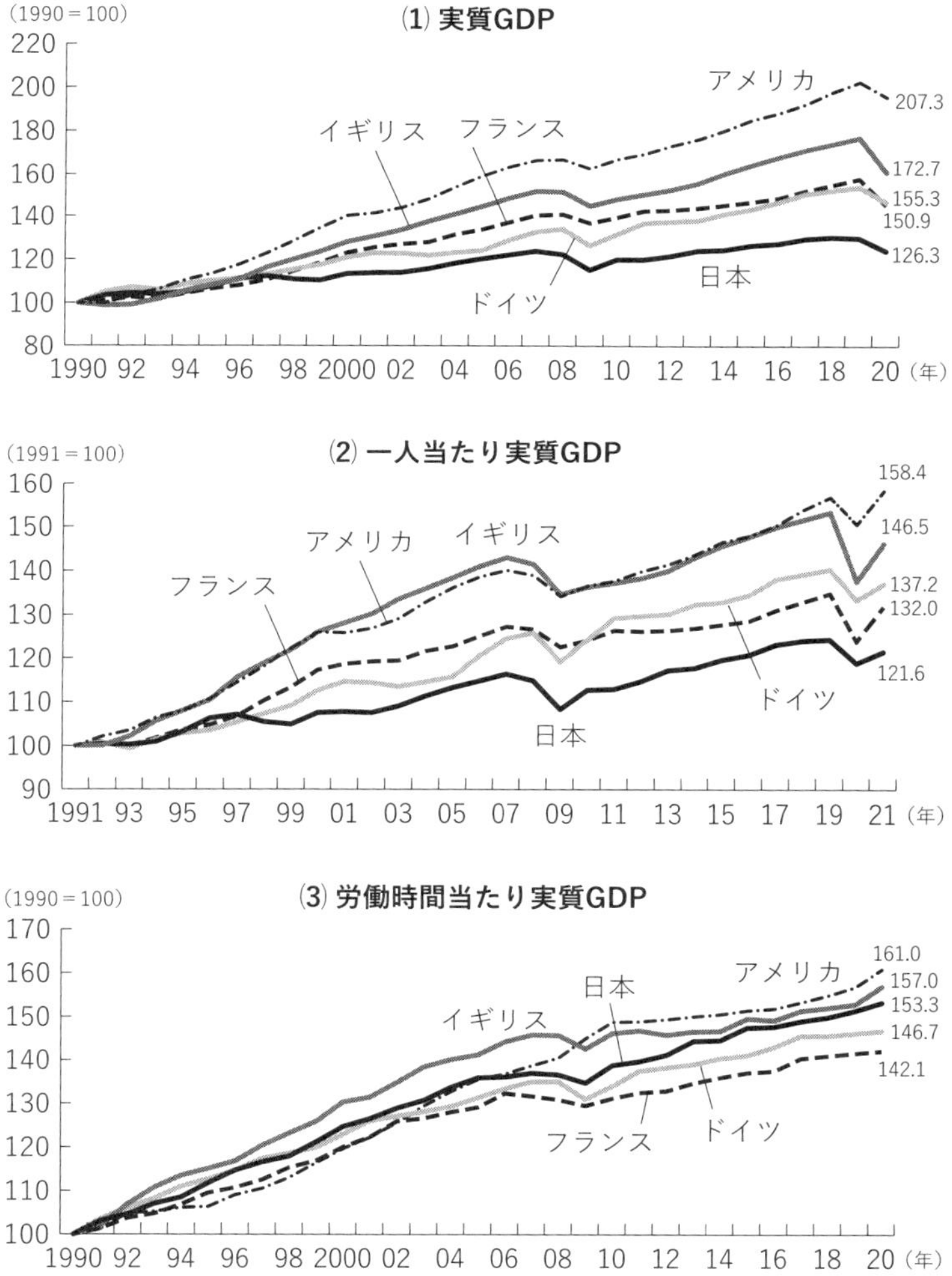

（注）OECD. Statにより作成
（出所）『令和4年度年次経済財政報告書』（内閣府）

以上のことから他国に比べて日本のＧＤＰの動向は、以下のような整理ができる。実質ＧＤＰの推移から判断する限り、２０００年前後から他の先進国との成長率に差異がみられるようになった。特に、２００８年のリーマンショックを契機として他国に比べて景気回復が遅れるようになり、実質ＧＤＰのグラフからも２００８年以降において格差が拡大傾向になったことが見て取れる。

一方で、一人当たり実質ＧＤＰの推移をみると、実質ＧＤＰほどではないが、リーマンショックを境にフランスやドイツと比べて成長が鈍化していることが分かる。労働時間当たり実質ＧＤＰになると、他とは異なった動向を示している。リーマンショック以降も、伸び率は低下することなくドイツやフランスよりも高い値を示している。

以上から、実質ＧＤＰや一人当たり実質ＧＤＰに比べて労働時間当たりの実質ＧＤＰは、国際比較からみると明らかに異なった動きを示していることが確認できる。この期間において日本の労働市場では、非正規雇用での短時間雇用者の増加や正規雇用者における労働時間の持続的な減少などにより、全雇用者の平均的な労働時間が傾向的に減少している。そのことが時間当たりの実質ＧＤＰの増加に何らかの影響を与えていることが考えられる。

労働時間は賃金と並んで雇用者に対する代表的な処遇条件の一つであるとともに、時間当たり実質ＧＤＰはマクロ的にみた時間当たりの労働生産性でもある。その動向は、賃金の決定と密接に関連していると考えられる。一方で、時間当たりの生産性の上昇はあくまでも一時間当たりの賃金額には影響を与えても、個別雇用者の労働時間が減少すれば賃金額が増加するとは限らない。一方で、時間当たりの生産性が様々な分野において上昇していたとすれば、非正規雇用者の時間給にはプラスの影響を与えたことが考えられる。

一人当たりの実質GDPと労働時間当たりの実質GDPの相違から分かること

図1－4における日本と他の国との大きな相違の一つは、日本以外の国では実質GDP、一人当たり実質GDP、労働時間当たり実質GDPの動向にそれほどの差がないということである。なぜ、日本だけが、一人当たり実質GDPと労働時間当たり実質GDPでその動向に大きな相違がもたらされたのだろうか。

考えられる主な要因は、以下の3つである。

- 雇用量の調整において人員での調整ではなく労働時間での調整が行われた
- 非正規雇用の短時間雇用者の雇用が増加した
- 政策的に正規雇用者の労働時間短縮策が導入され、企業にとって労働時間を短縮しやすい環境が整ってきた

以上の要因がどのように影響を及ぼすのか直接説明するのは難しい。しかし、いくつかの仮説を提示することはできる。**図1－4⑵**と**⑶**の差は、基本的に各国の労働時間の動向を考慮するかしないかである。そこで日本だけが、労働時間を考慮することによって、時間当たりの実質

ＧＤＰを大きく伸ばしている。

それに大きく関連する要因は、短時間労働での非正規雇用者の増加であろう。一日３時間しか働かない短時間労働者であっても、一人当たり実質ＧＤＰを計算するときには一日８時間以上働く正規雇用者と同様に一人として計算される。一方、労働時間当たり実質ＧＤＰの計算において前者は３時間、後者は８時間として計算されることになる。つまり、短時間労働での非正規雇用者の増加は、一人当たり実質ＧＤＰの計算では労働時間当たり実質ＧＤＰの計算に対して過少な値を導きやすくなる。

雇用の調整と賃金の調整

なぜこのような短時間労働での雇用者が増えたのだろうか。日本の過去20年から30年間ほどの労働市場の変化は、他国に比べて大きなものと言えよう。日本的雇用慣行の下で正規雇用者の「安定した雇用」が唱えられていた。実際に不況期になると雇用で調整するよりは賃金での調整が好まれる、など様々な特徴的な変化がみられた。

短時間雇用者の導入理由の一つとして、雇用調整が簡単にできる労働者の受け入れということが、最初の頃はよく指摘されていた。短時間や短期間での雇用が可能ならば、「必要な時に必要な労働力を確保する」という企業にとって都合の良い労働力とみなされたのだろうか。

一方で、日本が高齢社会に突入することで労働力が今後急速に減少していくことや、企業にとって必要な技術や知識がこれまでと異なり、企業内で雇用者を育成する必要性が低下していくことが想定され、日本的雇用慣行の特徴と言われる、企業と雇用者との長期的雇用関係に対する見直しが行われつつあることが、指摘されてきた。このような状況下で、正規雇用者についても、「安定した雇用」の見返りとしての「景気状況に柔軟に対応した賃金」という両者の関係が見直されつつある。

不況期の対応として雇用調整より賃金調整が主体であれば、毎年行われる春闘においてその時々の景気状況に従って賃金動向が決定されることは望ましいことでもある。また、日本では年収に占める賞与の割合が他国に比べて大きい。賞与額も春闘で賃金と同時に決定されるが、賃金以上に景気状況に従って決定されている。

例えば、2000年から2022年までの23年間のうち9年分が、夏か年末の賞与額のどちらかの前年度に対する伸びがマイナスとなっている。また、日本の場合、残業時間が長くそれに伴う給与に占める手当等の比率も高かった。残業時間は景気状況に大きく影響を受けるため、残業手当も変動が大きい。さらに、長い労働時間は不況の際の労働投入量の調整を人数でなく労働時間で行うことを容易にするという意味で、賃金調整は雇用調整を緩慢に行うための装置としての役割を担っていたと言える。

見直しが行われる前の枠組みでは、大手企業では中途採用者が極めて少ない状況であり、企業規模間での賃金格差と相まって極めて非流動的な労働市場が形成されていったと言ってよい。そのことが、数量（雇用）調整より価格（賃金）調整という、ある意味では偏った性格を持つ労働市場を長期的に維持してきたと言えよう。しかしながら、労働力人口の減少、高齢者の増加、企業が必要とする技術・知識の急速な変化など、労働市場を取り巻く環境変化は、労働市場の流動化を促すことになった。

徐々にではあるが、日本の労働市場は、価格（賃金）調整型から数量（雇用）調整型への変換が行われてきたと言えよう。短期的な好不況による雇用調整を可能にするような雇用者（非正規雇用者など）の受け入れを制度化し、正規雇用者の調整が難しい部分を補う役割を期待した。また、最近では、正規雇用者においても企業との長期的雇用関係を前提とする枠組みが徐々に修正されてきている[1]。

以上で述べたように過去20年間ほどの日本の労働市場は、大きな変化に対応するための準備をしてきたとみることができる。そのような流れのなかで表面的に目立つのは、平均的な賃金の変化であり、各国と比べた上昇率の低さである。日本の労働市場が近い将来に直面する様々な環境変化に対応するためには、比較的長期の調整期間が必要であり、これからもさらなる調整が必要となろう。

平均的賃金の上昇傾向が一定期間抑制されているからといって、労働市場の調整機能が低下したとみなすことはできない。また、これまでの労働市場の変化をみたときに賃金以外の様々な要因が関連しており、単に賃金の上昇傾向が低下したことのみに着目することは危険である。むしろ今後予想される高齢社会のなかでの労働需要の拡大に対して過度な賃金上昇が生じないように、今後の労働市場の特性を見極めたうえで様々な政策等を勘案すべきであろう。

3――日本の労働市場を取り巻く環境は特殊なのか

先進各国の１９９０年以降の労働力人口（15－64歳）の全人口に占める比率の推移をみると、他の国に比べて日本、ドイツ、イタリアの３カ国は90年代以降傾向的に労働力人口を減少させている。[2] 特に日本は、１９９０年には約70％あったものが２０２０年には60％以下となり、ドイツとイタリアに比べても大きく減少している。このような傾向は、これまでの人口構造の変化の結果であり、これまで活用してこなかった労働力の活用や外国人労働者の導入などの労働供給の減少への対応は、極めて必要かつ緊急性の高い課題である。

急速に労働力人口が減少していくなかで、日本の就業者数の推移はどのようになっているので

1　２章で示すように、雇用者との長期的雇用関係を維持するために重要な役割を果たしてきたと考えられる退職金もほぼ同時期に見直しが行われ、その金額は徐々に下がってきている。退職金が賃金の後払いという意味合いを有しているとすれば、後払いする部分を現在の賃金に上乗せするようになってきたと言えよう。このような見直しも、企業と雇用者の長期的関係を弱めるように作用していると考えられる。

2　例えば『通商白書２０２２』（経済産業省）などを参照。

あろうか。『令和４年度年次経済財政報告書』（内閣府）において行われた要因分解から以下のことが分かる。

要因としては、男女別に15歳以上人口、雇用率、自営業率を考えた場合、15歳以上人口の増加が見込めなくなった２０００年代初め頃からの女性雇用者の増加が、就業者全体の低下を抑制するために大きな役割を果たしている。男性については、すべての要因が就業者数をマイナスにする要因となっている。また、女性では自営業率のみがマイナス要因であり、過去30年ほどの期間においては女性の労働市場での活用がなければ、大きく就業者数を減少させていたことを示している。

以上から、過去30年間ほどは男性に比べて女性の労働市場への進出が活発であったことがうかがえる。**図１－５**は、さらに詳しく男女別・年齢別に労働投入量の変動要因を２０００年対比累積寄与でみたものである。変動要因は、65歳以上人口、生産年齢人口（15－64歳）、就業率（15－64歳と65歳以上）、男女別一人当たり就業時間（15－64歳と65歳以上）である。

この図からも女性就業率の増加（特に２０１４年以降）が大きな役割を果たしていることが分かる。一方では、男女ともに就業時間の減少が全体の労働投入量の減少に大きく寄与していることも確認できる。[3]

女性や高齢者の労働供給を促したことによる短時間労働者の増加や、正規雇用者も含めたワークライフバランスなどの改善のための労働時間の減少などが、大きく影響しているものと思われ

図1－5　労働投入量は生産年齢人口や就業時間の減少により減少傾向

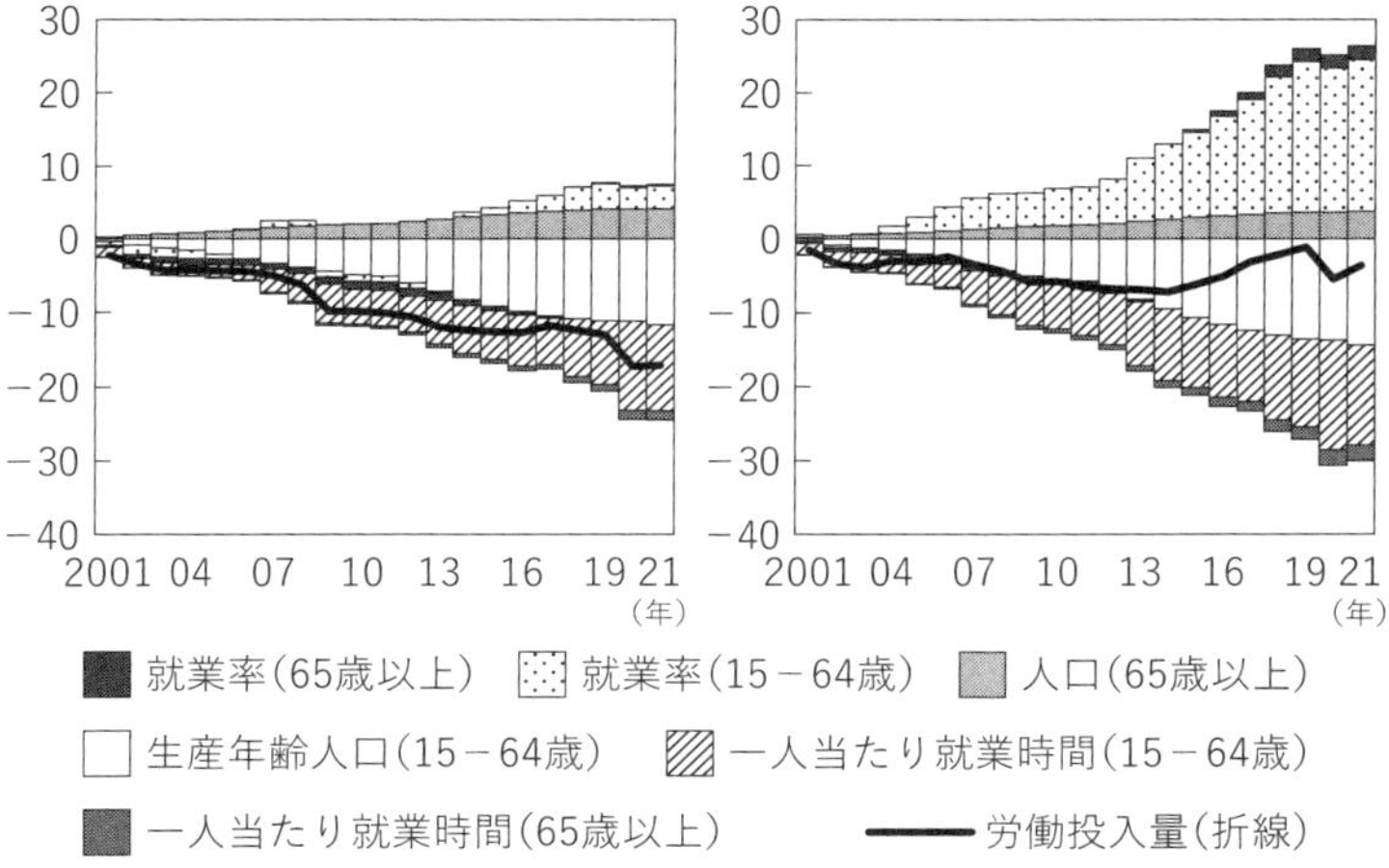

（注）1.「労働力調査（基本集計）」（総務省）により作成
2. 労働投入量は延べ週間就業時間。東日本大震災による欠損値（2011年）は、被災3県（岩手県、宮城県及び福島県）を除く参考値をもとに補完

（出所）『令和4年度年次経済財政報告書』（内閣府）

る。このような急速な労働時間の減少は、今後は落ち着いてくると思われるが、働き方の多様化や高齢労働者の増加などが加速した場合には、もうしばらくこのような傾向が続く可能性があろう。

高齢社会と労働市場

以上で示したように、既に日本の労働市場は人口減少（特に労働力人口）と高齢者（比率）の増加によって、徐々にではあるが影響を受けてきた。今後さらにその傾

3　短時間労働で働けることが女性・高齢者等の労働供給を促進する効果にも、注意すべきである。

向が顕在化するであろう。また、ここで強調しておきたいことは、「単に高齢者が増えれば高齢者にも働いてもらえばよい」という話では済まないということである。本当に政府が言うように平均寿命が100歳を超えるような世界になった場合には、要介護者の人数はどの程度になるのだろうか。その人数に対応するための介護従事者は、何人必要になるのだろうか。

ここでは厳密な話はしないが、中村・菅原（2017）で示したように今後要介護者が増加(特に都市部での増加）した場合には、これまで以上に多くの介護従事者を必要とする。高齢者の増加に伴う高齢者関連の対人サービス業従事者の必要性は、介護だけにとどまらない。このような今後の高齢社会を維持していくために必要な労働者を確保し、なおかつ経済全体の成長を目指すためには、労働者の効率的な配分が今以上に必要になってこよう。労働市場における人材の配分機能を活用することが不可避である。

日本のこれまでの労働市場は、国際的にみて内部労働市場を中心に構成されており、企業間や産業間の効率的な人材配分を行うための役割を十分に果たしてはこなかった。能力に応じた賃金の決定は、効率的な人材配分と裏表の関係にあり、その意味でもこれまでは能力に応じた賃金決定がおろそかになっていたと言えよう。

現状ではいまだに女性の活用が国際的にみて遅れている、労働者の能力に応じて賃金が決められる部分が必ずしも多くはない、など労働市場全体の機能が十分に生かせていない枠組みが残っているといえる。今後の労働力人口の減少に対応するためには、これまで特殊だと言われていた日本の労働市場に対して、様々な形でより効率性を重視した労働市場の枠組みの構築を目指すことが必要となろう。[4]

4――労働市場を取り巻く環境変化にどのように対応してきたのか

日本のこれまでの労働市場の在り方を考えた場合、2つの大きな課題があったとみなすことができる。一つは戦後の制約の下で効率性を重視した経済運営の実施であり、その結果としての日本的雇用慣行の広範な導入である。もう一つの課題は、前節でも述べたように、高度成長が去った後に今後訪れる人口減少に伴う、高齢社会と現役労働者の減少に対応することである。

その結果として、多様な働き手とそれに伴う多様な働き方など多くの新たな枠組みが労働市場に導入された。これらは、一部においてそれまで主流であった日本的雇用慣行と相容れない部分が存在する。

日本の高度成長期においては多くの企業が労働者を抱え込み、そのために新卒で採用した若い労働者を企業内で様々な形で人材育成するとともに、企業内で経験を積ませることにより賃金も年功的に上昇するような枠組みを構築していった。

4　これは日本的雇用慣行が問題である、ということではない。環境の変化に伴ってよい部分を残し不効率な部分を修正していくべきということである。

この枠組みは、経済全体の成長とともに企業も大きくなるような状況の下では、雇用の安定と将来的な賃金の上昇が雇用者にも保証され、また労働力が安定的に必要な企業にとっても都合が良く労使ともに合理的な仕組みと言えた。

逆に、将来の成長が不確定で、企業が利用する技術や知識に関する陳腐化のスピードが速いような世界では、多くの雇用者を抱え込むことはリスクの高い仕組みとなる。将来的なリスクの増加は、年功的な賃金を企業が雇用者に保証するリスクをも高める。特に、企業内で必要な技能や知識を企業自身で雇用者に身につけさせる必要性が必ずしもなくなるとすれば、短期的な形態での雇用であっても企業にとっては問題ではない。

高度成長期後の日本経済は、短期的にも景気の好不況の波が多く、その度に余剰人員や人手不足に対応しなければならなくなった。このような状況では、それまでの長期的雇用関係を重視した雇用だけでなく、様々な雇用形態を組み合わせることが検討された。

労働政策の変化

一方、そのような状況下では、賃金の支払い方にも多様化が生じることになる。企業と長期的雇用関係にある雇用者は、外部労働市場の状況とはあまり関係なく、より長期的な要因によって賃金が決定される。それに対して、非正規雇用などで雇用されている人たちは、常に外部労働市場を通じて、企業の外での市場条件（失業率など）によって支払われる賃金が影響を受けることになる。

過去20年間ほどの日本の労働市場をみた場合、まさしく高度成長から安定成長へ、人口増加社会から人口減少社会への転換、もしくはそのための準備期間であったといえよう。

従来、日本的雇用慣行を採用してきた企業においても、30年くらい前から様々な視点からそれまでの雇用や賃金の諸制度について見直しの検討を行ってきている。人口減社会に対しては、それまで労働市場で活用することが比較的少なかった高齢者や女性の活用策の検討、一方では正規雇用者については、企業内での研修や人材育成についての見直し、それに伴う年功的賃金制度の見直しなどが行われている。

一方、政策的にも様々な検討が行われてきた。その対象については大きく以下のように分けることができる。
① これまで日本的雇用慣行の枠外にいたような雇用者（非正規雇用者）に対して
② 日本的雇用慣行の枠組みの変化によって影響を受ける正規雇用者への対応策として
③ 企業間の移動に伴う転職者に対して
特に女性や高齢者などが多く雇用されている非正規雇用については、2章で説明するように1990年代後半くらいから多くの政策が提示されてきており、彼らの導入に大きな効果を発揮したと言える。また、高齢化に伴う高齢者の増加に対しては、高齢者自身が労働者として活躍しやすい枠組みを構築することを政策的に目指していた。実際に高齢者数の増加とともに就業する

高齢者も増えており、雇用者の多様化に寄与している。

最近では、最低賃金制度における運用の変更や労働時間規制策などの見直しも行われている。雇用者の多様化に伴って賃金に影響を与える様々な制度的枠組みについても、広範な政策的検討が行われている。そのような見直しは、様々な経路を経て正規雇用者の賃金決定にも影響を与えていることが考えられる。

以上のように、過去20－30年間における労働市場に関する様々な見直しの多くは、日本が直面する高度成長期から安定成長期へ、そして人口増社会から高齢化を伴う人口減社会へと移行するための準備作業であったとみなすことができる。このような様々な枠組みがどのように賃金決定に影響を与えたのか、そして、賃金の変動も含めて労働市場全体としての変化が今後の日本の労働市場の在り方にどのような影響を与えるのかは、単に賃金の変化だけでなく労働市場全体の今後への影響を含めて検討することが必要である。

5――今後の議論に向けて――日本の賃金は上昇していないのか

1節において、日本の賃金上昇が国際的にみて抑制されてきたのはリーマンショック以降であることを確認した。したがって、よく日本の賃金が下がっている、もしくは上昇していないと言われていることに対しては、より限定した議論が必要であることが示された。例えば、就業形態の変化による影響をみるために就業形態計と一般労働者の推移を比べると、**図1－6**で示したようにすべての就業形態を平均した賃金の方が、リーマンショック以降の回復が遅れていることが分かる。[5]

ここでの問題は、就業形態計の値でみることが、日本の賃金動向を正しく反映しているかということである。先にも述べたようにここ20年以上高齢化の進展、パートタイム労働者の増加により、相対的に賃金が低い非正規雇用での労働者が増加しており、就業形態計の数値の落ち込みは、非正規雇用者の増加によるところが大きい。労働力調査でみると、1992年には782万人だったパートタイム、アルバイト労働者は、2022年には1474万人まで増加しており、平均値としての現金給与総額を引き下げている。

正規雇用者の賃金変化

次に、就業形態等の影響を排除して特定の雇用者層の賃金だけについて考えてみよう。企業内にとどまって定期昇給制度の適用を受ける労働者については、毎年賃金上昇がある。厚生労働省「賃金引上げ等の実態に関する調査」によれば、従業員規模100人以上の企業をみると、2022年で78・4％の企業で一般職（管理職以外）の従業員に対して定期昇給制度がある。

5 「毎月勤労統計調査」において一般労働者とは常用労働者のうちパートタイム労働者以外の者を指しており、いわゆる通常の正規雇用者に対応していると考えることができる。

図1-6　現金給与総額の推移

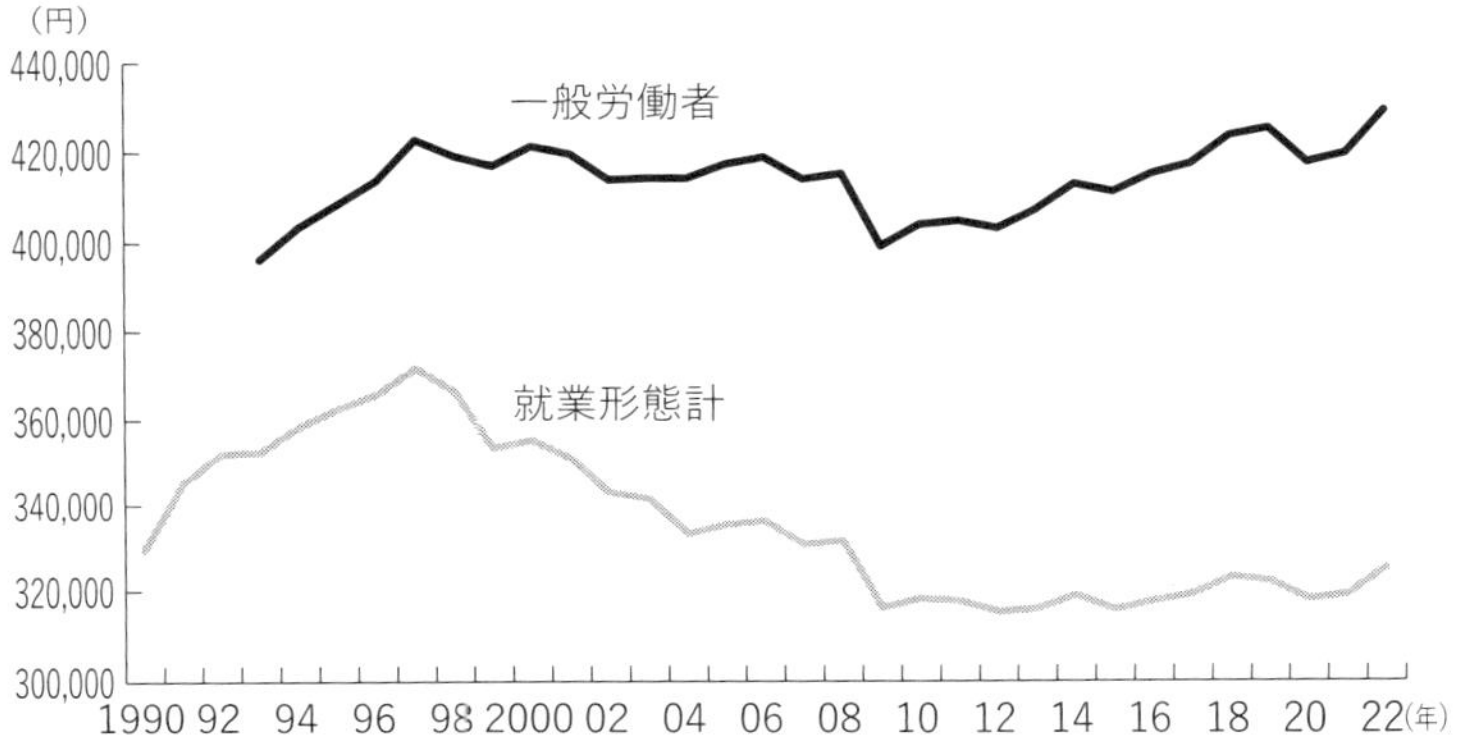

（出所）「毎月勤労統計調査」（厚生労働省）

したがって、個別労働者でみるとかなりの労働者の賃金は上昇している。『令和5年労働経済白書』では、生え抜き正社員の分析をし、勤続を重ねるにつれて賃金は大きく上昇している。大卒で1000人以上規模の企業に2005年に入社した生え抜き社員は、勤続16年で年収が約3倍になっており、5－99人規模企業でも約2倍になっている。したがって、デフレ下において、ある程度雇用が確保されていれば、いわゆるベースアップが無くても、生え抜き正社員は生活水準の向上を享受することが可能となっている。

また、たとえ生え抜き労働者でなくても、賃金は上昇していく。2000年に20－24歳層の労働者の年収の推移をみると、20年で1・76倍になっている。生え抜き社員ほどではないが、定期昇給制度の下では、個人ベースでは賃金は上昇しており、平均賃金もしくは雇用者報酬でみるほどの停滞感は無かったと思われる。

一方で正規雇用者全体について平均的な賃金変動をみると異なった推移となっていることが、**図1－6**からも示唆される。なぜだろうか。詳細な分析は次章以降に譲ることとするが、一つの例を考えてみよう。正規雇用者賃金の大きな特徴として年功的な賃金が挙げられる。勤続年数（もしくは年齢）によって賃金が上昇していくものであるが、一般的に50歳前後をピークとして、その後は定年まで減少していく。このような賃金システムの下では、企業内の雇用者の年齢構成が変化すれば平均賃金も変化することになる。

日本においては、正規雇用者の定年年齢が引き上げられたことや新規採用者数の相対的な減少により、50歳以降の雇用者の比率が上昇してきている。このことは、年功的賃金の下で各雇用者の賃金が時間とともに上昇したとしても、正規雇用者の高齢化に伴って正規雇用者の平均的賃金が低下する（上昇率が低くなる）ことがあり得ることを示している。[6]

以上から、これまでの日本の賃金の動向は就業状況や雇用形態によってかなり異なっていることが予想される。なぜ、そのようなグループごとに異なった賃金の変化をするのかは、今後の日本の賃金動向を予想するうえで非常に重要な事柄となろう。

6　図1－4の一人当たりGDPと時間当たりGDPの比較からも分かるように、日本の急速な労働時間の減少がマクロ的にみた生産性や分配率に大きな影響を与えていることは確実である。詳細は4章において扱うことにする。

賃金の決定に関しては様々な形で政策が影響を与えている。また、政府だけでなく財界や労働組合などの考え方も、春闘などを通して賃金決定に影響を与えていると、想定される。異なった雇用形態ごとの賃金の動向を検討する前に、賃金決定に影響を与える可能性がある政策や法律などの過去30年間の変遷について簡単に整理しておくことが、過去の賃金の動向およびその背景を考えるうえで便利である。２章において過去30年ほどの日本の労働政策や財界・労働組合などの労働市場や賃金決定に対する考え方の変遷について簡単に整理しておくことにしよう。

【参考文献】

赤羽亮・中村二朗「企業別パネルデータによる賃金・勤続プロファイルの実証分析」『日本労働研究雑誌』No.５８０、２００８年

大竹文雄「実質賃金の伸縮性をめぐって」『日本労働協会雑誌』No.３４７、１９８８年

中村二朗「わが国の賃金調整は伸縮的か――日・米比較による検討」猪木武徳・樋口美雄編『日本の雇用システムと労働市場』日本経済新聞社、１９９５年

中村二朗・菅原慎矢『日本の介護――経済分析に基づく実態把握と政策評価』有斐閣、２０１７年

コラム⑴ 国勢調査と労働力調査の乖離について

⦿国勢調査と労働力調査の乖離

国勢調査と労働力調査については、男女別・雇用形態別に比較すると、その数値には以下のような乖離が生じていることが確認できる。

⦿乖離の背景

この乖離の背景には、おそらく国勢調査の回収率が概ね70―80%程度であることが影響しているものと考えられる。例えば就業者数について集計するとき、

- 国勢調査は全数調査であるため、回答率の低下がそのまま就業者数の増減に影響を及ぼす（国勢調査で把握しているのは回答した就業者のみ）
- 労働力調査については、ベンチマーク人口に調査により得られた就業率を乗ずることで算出しているため、回答しなかった人に偏りがない限りは、直接的には就業者数に影響を及ぼさないことから、両調査にズレが生じているものと考えられる。仮に調査に回答しなかった者における就業率が、回答した者よりも低いとすると、労働力調査における就業者数は過大なものとなっている可能性はある

2020年の数値については、総務省は無回答等の「不詳」を、按分等によって補完した「不詳補完値」を公表しており、不詳補完値と労働力調査を比較すると、両者はかなり近い値となっている。

なお、表及び不詳補完値については、e－STAT（ネット上での政府統計公表サイト）に掲載されている「令和2年及び平成27年の国勢調査に関する不詳補完結果（参考表）について」を参照して欲しい。

（万人）

		国勢調査			労働力調査		
調整年		2010	2015	2020	2010	2015	2020
就業者	男	3,409	3,308	3,150	3,629	3,629	3,719
	女	2,552	2,584	2,614	2,653	2,763	2,988
雇用者（役員除く）	男	2,553	2,516	2,458	2,865	2,908	3,018
	女	2,076	2,144	2,236	2,273	2,395	2,637
正規	男	2,100	2,059	2,007	2,324	2,272	2,353
	女	943	975	1,073	1,051	1,046	1,204
非正規	男	452	458	452	540	636	665
	女	1,133	1,170	1,163	1,223	1,350	1,435

（万人）

		国勢調査	国勢調査（不詳補完値）	労働力調査
調整年		2020	2020	2020
就業者	男	3,150	3,606	3,719
	女	2,614	2,940	2,988
雇用者（役員除く）	男	2,458	2,885	3,018
	女	2,236	2,570	2,637
正規	男	2,007	2,351	2,353
	女	1,073	1,248	1,204
非正規	男	452	534	665
	女	1,163	1,322	1,435

コラム(2)　賃金変動を考える視点

⊙賃金の分布における労働移動と所得移動

賃金変動を考えるうえで以下の2つの視点から検討を行うことが大事である。一つは、平均的な賃金の変動であり、もう一つは平均的な変動の背後にある様々な要因の変化である。

特に、各雇用者の賃金がどのように分散しているのか、さらに平均値の変化とともに賃金の分散がどのように変化しているのか検討を行うことである。後述するように最近の20年間ほどは、様々な形で労働市場における働き方（雇用）の多様化とそれに伴う支払い方の多様化が進展している。

したがって、賃金の平均値だけではなくその背後として、どのような賃金を受け取っている雇用者がどのように変化しているかを正確に把握することが重要である。賃金格差がどのような形で変化していくのかを知ることも重要であるが、格差自体が固定されたものか、低い賃金を受け取っていた雇用者がより高い賃金を受け取れるような流動的な市場になっているかどうかを確認することは、今後の労働市場が効率的に機能を果たすことができるかどうかを知るために重要な指標である。

本書では、単に賃金の引き上げが必要であり、そのための方策を示すことが重要であるとしたこれまでの議論に対して、現状の枠組みを理解し本来の市場機能を効率的に機能させるためにどのような変革が必要かを整理する。さらに、現状の賃金の在り方に対して、単に賃金引き上げの議論だけが正解ではないことを主張するものである。

高度成長期において重要な役割を果たしていたと考えられる制度的枠組みは、新たな局面においても効率的に機能するとは限らない。むしろ、多くの副作用的な局面が顕在化することも考えられる。過去の20年間ほどは、高度成長期に維持された枠組みを見直すとともに新たな環境に適した枠組みを構築するための準備期間として考えることができよう。

２０２３年度『労働白書』は「持続的な賃上げに向けて」というテーマで特集を行っている。「持続的な賃上げ」とはどのようなものだろうか。賃金の変化を考えた場合、それは短期的なものと長期的なものに分けることができよう。

短期的とは一時的な景気循環に伴う労働需給の過不足の変動（失業率）によって賃金の変動が影響を受けるような局面を指すことが多い。一方、長期的な変動とは、労働生産性の上昇や産業構造の変化あるいは雇用（就業）構造の変化などに伴う賃金変動を指すことが多い。労働生産性も、資本構造や人的資本の長期的蓄積の結果もしくは人的資本蓄積の構造的変化などに伴って長期的に変化するものが多い。

一方で生産性の高い特定の企業が生産性に見合った高い賃金を設定しても、経済全体で生産性の高い企業や産業が増えていかない限り、それは一時的な賃金の変動でしかない。そのような生産性の高い企業や産業が経済全体のなかで成長するとともに、賃金の相対的に低い産業や企業に属する雇用者がより高い賃金を目指して生産性の高い企業や産業に移動することにより、より高い賃金を受け取る雇用者が増えることになれば、市場全体でも賃金が上昇し持続的な賃金上昇へとつながる。

所得（賃金）格差に対する評価において、「格差があることが問題ではない、低い所得階層から高い階層への移動がないことが問題である」という議論が度々指摘された。この議論からも大事なことは、一時的な格差の発生は重要であり、その格差を解消するように雇用者がより賃金の高い企業等へ移動できるということが重要である、ということであろう。それは、マクロ的にみれば生産性の上昇とそれに伴う平均賃金の上昇という形で現れることになる。

図1-7　賃金分布の変化

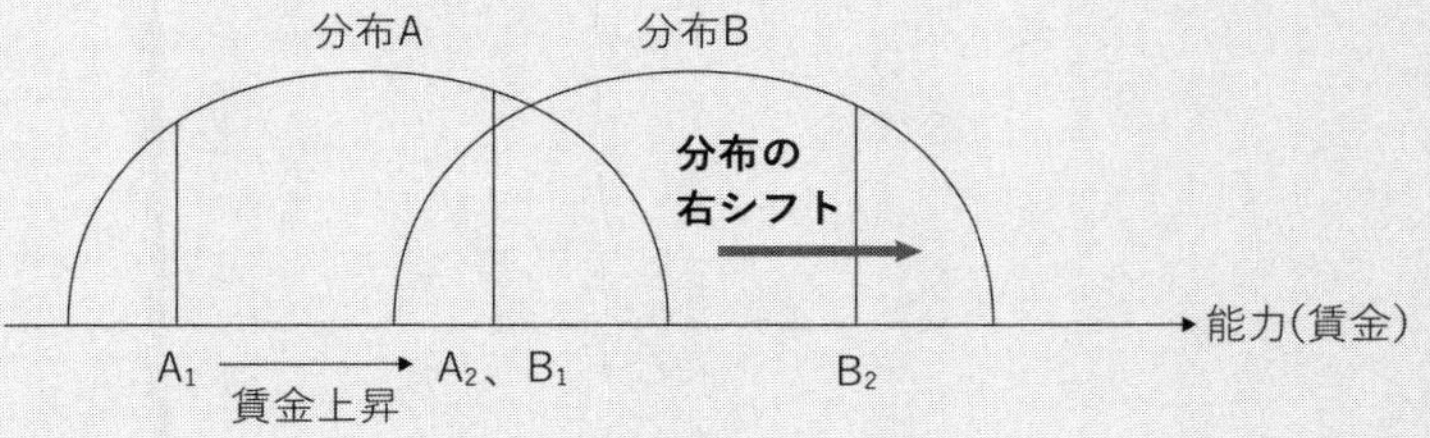

賃金変動は一時的な変動と持続的な変動に分けて考えることができるが、「持続的な賃上げに向けて」ということならば、長期的な要因による構造的な変化を伴った賃上げを持続的に達成させるような政策を考えることが重要であろう。

以下では賃金の変動について賃金の分布に影響を与える2つの移動（労働移動と所得移動）について簡単な例示を基に整理している。

企業が雇用者に対して必要とする能力は様々であるが、ある特定の分布に従って決まっているとしよう。企業は雇用者に対して能力に応じて賃金を支払っていると仮定する。

ここで企業が必要とする雇用者の能力は**図1−7**の分布Aで示せるとしよう。図の横軸は能力を示している。ただし、企業は能力に応じて雇用者に支払う賃金を決めているので、横軸は賃金を示すものにもなっている。分布の高さは、その能力（賃金）に応じて雇われている雇用者の人数（統計用語でいう頻度）である。この分布の形はここでは理由を明確に示すことはしないが、技能・スキル、経験、所属している企業・産業における生産性格差など様々な要因で決まっているとしよう。

特定の個人の賃金の動きについて図を用いてみてみよう。

いま、分布Ａについて考えよう。新たな技術や知識の導入がない限り分布Ａは変化しないとしよう。その場合に、相対的に分布の左側で示されるような低い賃金を受け取っている雇用者（例えば図におけるＡ$_1$）にとっては、分布の右側で示されるような相対的に高い賃金を支払ってくれる企業・産業に移動（同一企業内における他部署への異動でも同じことが言える）することを希望するだろう。

実際に移動が成功すれば、図で示したように分布内のＡ$_1$からＡ$_2$に移動することになる。この場合には、労働市場全体では付加価値は増加していないため平均的な賃金は変化しない。個々の雇用者での適材適所が行われるだけである。

次に、新たな技術や知識などの導入により企業が雇用者に望む能力がより高いものになった場合を考えてみよう。この場合には、雇用者に望む能力の分布は、ＡからＢに変化することになる。能力に見合って賃金が支払われるので、雇用者に支払われる賃金の分布もＡからＢに移ることになる。

雇用者は新たな技術や知識に対応するために人的投資を行うことになるが、雇用者の相対的な能力の順位が変わらなければ、分布がＡからＢに変化しても相対的に分布の左側で示されるような低い賃金を受け取っている雇用者はＢでも相対的に低い賃金しか受け取れないことになる。このようなケースでは、所得（賃金）格差の固定化が生じることになる。

一方、分布がＡからＢに変化する際に、より効率的な人的投資により相対的に高い能力を身につけることができれば、分布Ａのときに得ていた賃金より相対的に高い賃金を得ることができる。図で表せば、分布がAからBに変化したときに相対的な能力が変化しなければ賃金はA^1からB^1であるが、相対的に高い能力を得ることができれば賃金はA^1からB^2に変化することになる。

このような能力に応じて雇用者が移動することによって賃金分布のなかでより高い賃金を得ることができるような状況が一般的になれば、分布全体がAからBへのように移動し平均値でみた賃金も上昇することになる。持続的な賃金の上昇とは、このような状況を指しているのではないだろうか。

一方、春闘でのベースアップにより雇用者の多くに賃金の一律の上昇があった場合にも、同じような分布の変化が起こる。

春闘などのベースアップの結果分布がAからBにシフトし、その結果個人A^1の賃金は分布Bで示されるB^1（A^2と同じ賃金額であるが）になったとしよう。この結果は上述した変化と一見同じようにみえるが、分布内の相対的な格差が固定化されてしまっている可能性がある。

所得（賃金）格差があったとしても適材適所や人的投資などにより相対的により高い賃金を得ることができる職場に移動する（この移動を所得移動と呼んでいる）ことが、持続的な成長と賃金上昇をもたらす重要な要因となり得る。

以上で示したように、個人の賃金が上昇したとしてもその背後にある状況が異なることが分かる。短期であれ長期であれ、新たに必要な能力や知識が登場することにより賃金分布がより右側にシフトし、全体的にみて平均的な賃金が上昇する局面においては、必要な能力や知識を持った雇用者の企業・産業間移動が必要である。

さらには、「持続的な賃上げ」と言うならば、相対的に高い生産性を持った企業・産業の持続的な出現、より生産性の高い企業・産業で必要とする人材の育成と円滑な労働移動、という2つの条件が同時に確保されるような経済環境を作り出すことが必要となろう。

そのような環境が日本に備わっていたのだろうか。他の先進国ではどうであったのだろうか。賃金分布が実際にどうなっているかを調べることは容易なことではない。日本では「賃金構造基本統計調査」によって一部の雇用者（例えば標準雇用者）については分布特性値（例えば四分位分散係数など）が公表されているが、一般的な雇用者を含む分布特性値は公表されていない。また、実際に分布特性値が分かっても、なぜそのような値が生じたのかについて詳しい分析をすることは、公表されたデータからでは不可能である。

7 日本はこれまで賃金分布の平均値を右シフトさせることにこだわってきた。理由は、正規社員のなかで序列（産業、企業規模、学歴、性別、年齢など）が固定化しており、その序列の下で全体の賃金原資を配分していた。高度成長するなかで、そうすることが企業や雇用者にとって都合がよかったからである。高度成長による人手不足、企業内での人材育成（新技術の突発的な出現が少ないため企業内で行った人材育成の効果が陳腐化しにくかった）、安定的な雇用などにおいて、都合がよかったのだ。ただ、結果的に賃金分布は右側にシフトしたが、分布内での移動はあまり行われない構造になった。特に移動が行われた背景として、産業間、企業間での横並び意識の生成、企業間、産業間での買い手と売り手の上下関係意識などが考えられる。

2章

労働市場の動向と労働政策

本章のポイント

労働市場は、企業と労働者が様々な労働契約を行う場である。しかし、企業と労働者では大きな交渉力の差が存在する。そのために労働者の働く環境を整えたり保護したりする役割が法律に期待されるだけでなく、賃金についても関連する多くの法律が施行・運用されている。

法律や政策の実際的な効果については簡単に結論を出すことが難しいため、この章では政策に期待された役割と実際の労働市場の動向に関して整理を行うにとどめている。賃金の決定に関わると思われる法律や規制についてどのようなものがあるのか簡単に整理するとともに、その役割について紹介することが本章の目的である。

本書をいったん読んだ後にもう一度この章を読み返してみることにより、労働市場の動向と労働政策に基づく法律がどのような役割や効果を果たしているのかを読者が考えるのに役に立つことが期待される。

図2-1　労働需給状況の長期的動向

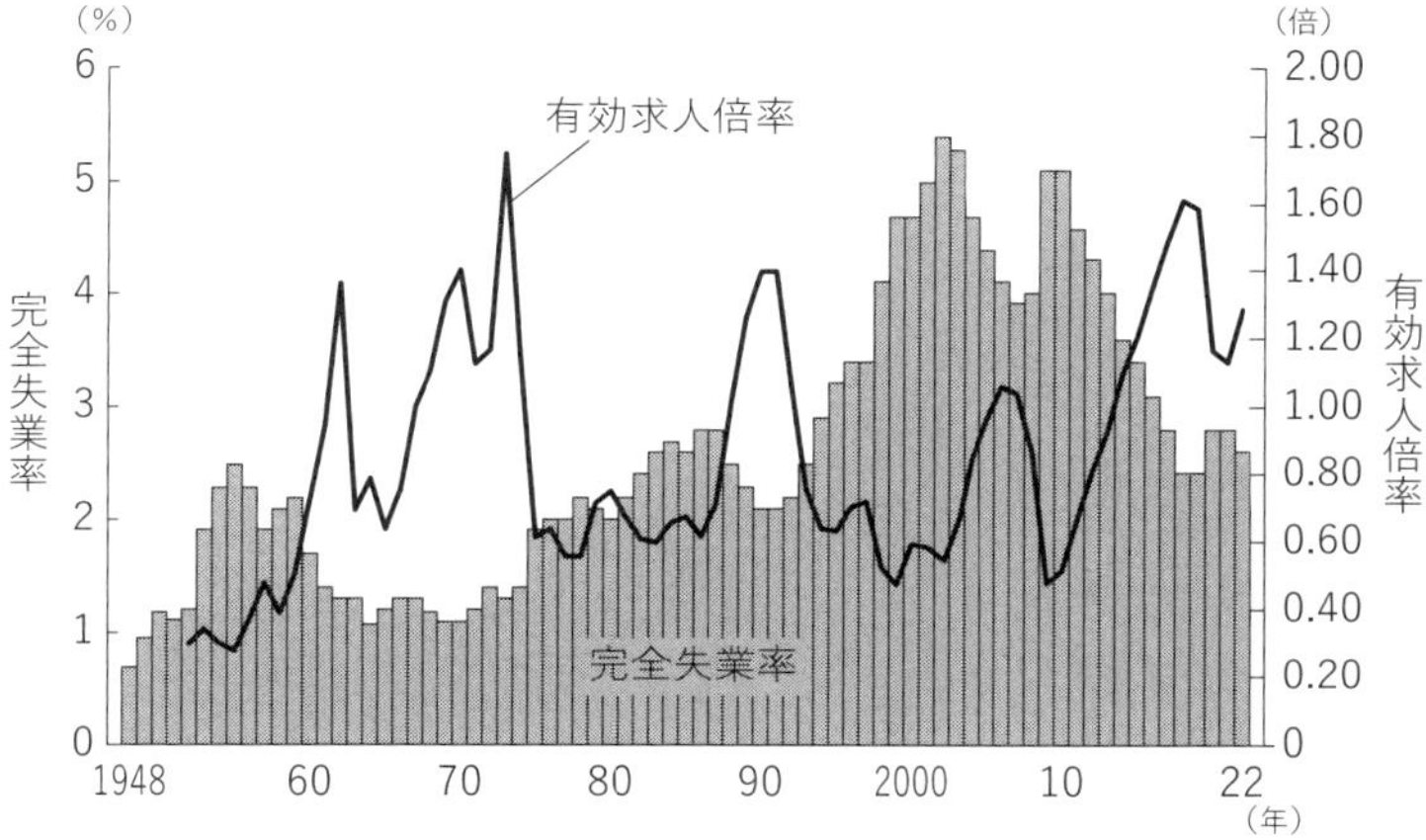

（出典）「労働力調査」（総務省統計局）、「職業安定業務統計」（厚生労働省）
（注）1962年以前の有効求人倍率は学卒（中卒、高卒）の求人、求職が含まれる
（出所）労働政策研究・研修機構「グラフでみる長期労働統計」

労働市場に登場する主体は、基本的には企業と労働者である。両者の間は原則として労働契約によって様々なことが決められることになっている。しかし、企業と個々の労働者では力関係に圧倒的な差があり対等な立場での契約は難しいし、契約内容が実行される保証はない。また、序章においても簡単に説明したが、労働市場においては常に効率的な運用が行われているとは限らない。一方で、賃金は多くの労働者にとっては唯一の生活の糧であり、その支払いが契約通りに行われない場合の影響は大きい。

以上のような労働市場の性質から、法律などによって雇用者に不利益が生じないように様々な規制が行われている。以下で賃金の決定に関わると思われる過去30年間くらいにわたって施行された規制について整理するとともに、その役割について簡単に紹介しておこう。

外的なショックによって労働需要や供給に急激な変化が生じたときに、労働市場に大きな混乱を引き起こすことが考えられる。例えば、**図2－1**で示したようにオイルショックやリーマンショックなどは、労働市場においても急激な労働需要の減少をもたらし、企業による求人の減少（有効求人倍率の低下）が生じるとともに若干のラグをもって失業率が上昇する。

後述するように、このような労働市場の一時的な混乱に対しては、様々な政策が講じられている。また、短期的な混乱だけでなく、長期的な労働力の減少や、女性や高齢者などの雇用者の増加などに対応した長期的な政策的対応も行われてきた。以下では、そのような政策について簡単に整理するとともに労働市場の動向を整理するうえで賃金の決定に関連がある政策について、その意味・役割などについて簡単にみておこう。

1――これまでの労働政策とその特徴

労働政策においては、常に労働者の需要と供給のバランスを考慮することが重要である。基本的には労働の需給バランスが失業や賃金を決定するためであり、それがどのように変化するかは政策当局の大きな関心事である。さらに、需給バランスの変動には、外的ショック等による一時的なものと、人口構成の変化などによる長期的な理由によるものがある。

政策当局は、このような短期的な問題と長期的な課題に対して政策的な対応を行っているとも言えよう。現実には**図2－1**で示すように、労働市場の需給の不一致度を示す完全失業率や有効求人倍率などは短期的にも変動しており、需給バランスを維持するような政策運営が簡単ではないことが示されている。

短期的に需給バランスを大きく乱す例としては、先にも挙げたオイルショックやリーマンショックなどがある。短期的な外からのショックに対しては、基本的には事後的な対応を行うしかない。一方、長期的な課題に対しては、短期的な問題への対応と矛盾しないように時間をかけて慎重に行われる。

例えば人口構成の変化などの対応を考えてみよう。いわゆる団塊の世代（1947－1949年生まれの世代）の出生数が約806万人で、1952年まで拡大して考えれば1453万人という大きい人口数が短い期間で出生し、一定年齢になればその多くが労働市場に参入していくことになり、労働市場全体に大きなインパクトを与える。さらには、この世代がほぼ同じ時期に労働市場から退出することになる。

このような人口構成の変化などによる長期的な影響は、様々な局面に影響を与えた可能性がある。例えば、「団塊の世代」を抱えるなかで、日本の合計特殊出生率[1]は低下傾向が続き、団塊の

1　その年における15－49歳の女性の出生率を示す。

世代が産まれた頃は4を超えていた合計特殊出生率は、1990年には1・54まで低下し、2023年には1・2となっている。

出生数も特に2016年に年間出生数が100万人を割り込んだ時から大きく減少し、2023年には約73万人となっている。そのため、比較的早い段階から将来的には、少子高齢化が進展し、労働力が稀少なものとなることは予想されていた（詳しくは関〈1981〉を参照）。

ここで実際の労働市場の需給状況をみてみよう。**図2－1**は、戦後すぐからの労働市場における需給関係を示す完全失業率と有効求人倍率を図示したものである。その性質からして両者は反対の動きを示すことになる。

第1次オイルショック以前は、失業率が1％台、有効求人倍率も1倍を超えるという人手不足基調の時代が続いていたが、オイルショック以降、有効求人倍率はバブル経済期など一部の好況期を除けば恒常的に1倍を下回り、失業率も1990年代後半から2010年年代半ばまで3％を上回る水準となっており、労働市場は概して供給の余剰基調だった。

したがって、オイルショック以降の労働政策当局としては、長期的にみれば少子高齢化が進展し、労働力人口が減少していくことを予想しつつ、足下の雇用対策としては労働力が余剰基調になるなかで、円高の進展、金融不況、リーマンショック等の外的要因により雇用失業情勢が深刻なものとなったときに、様々な対策を立案する必要があった。

その後2010年代半ば以降、団塊の世代が徐々に労働市場から退出していき、出生率の低下から若年人口が減少していった頃から、失業対策から人手不足対策、労働供給を増やすような雇用対策が求められてきた。

国会での議論も、労働市場の状況を反映している。国会議事録で本会議の質疑を「完全失業率」で検索すると、1998年から2013年までの間に148回取り上げられているが、2014年から2024年の間は21回しかない、一方、「人手不足」で検索すると、1998年から2013年までの間は45回だが、2014年から2024年の間は194回となっていて、雇用状況についての国政の関心が、失業対策から人手不足対策に移ってきたことがよく分かる。

需給バランスの変化への対応は当然のこととして賃金にも影響を与えていたことが考えられる。賃金の動向に対する国政における関心度をみるために、国会での「実質賃金」に対する発言について検索してみよう。1998年から2013年の間における発言数は21回だが、2014年から2024年では171回となっている。賃金が政策課題として取り上げられるようになってきたのは、2014年に消費税率が8%に引き上げられたことにより、実質賃金が大きくマイナスになったことによるが、その後の伸び悩みが国民全体の関心事項となってきたからでもあろう。

1990年以降の政策を振り返ってみると、労働市場の構造変化、また、その時々の景気動向に対応するために各種政策が立案されていることが分かる。ただ、ある政策が複数の効果を持つことは通常起こりうる。例えば最低賃金の引き上げは、賃金の引き上げに伴って労働供給を増やす可能性があるが、同時に価格引き上げとみれば労働需要を抑える効果も持つ。

比較的問題が分かりやすい最低賃金を引き上げることの雇用に与える効果についての先行研究は多数あるが、その結果は様々であり、[2]効果の判定は難しい。概して言えば、特定の労働者グループを対象とした法律はそのグループの労働供給を増やす方向で労働市場に影響を与えるが、同時に雇用コストを増加させる可能性があり、労働需要に対してはマイナスの効果をもつ場合もありうる。

他の政策も同様なことが言える。例えば、労働時間の短縮は直接的には労働供給を減らす効果を持つが、長時間労働の是正や働き方の見直しを通じて生産性を高める、さらには働きやすくするための新たな労働者が労働市場に参入することなども考えられる。税・社会保障制度は、特に課税最低限、社会保障制度の適用の有無の限界点付近で就業調整が行われる場合があるために、労働供給に影響を与える。

社会保険の適用は社会保険の企業負担が増えることから、雇用コストを増加させ、労働需要を減らす方向で影響を与える可能性がある。さらに、失業対策としての積極的雇用対策（Active Labor Market Programs）の具体的政策としては、雇用維持、創出などの労働需要を増やすことを目的とする助成金もあるが、各種能力開発政策は労働供給を増やす性質を持つ。さらに、公的職業紹介機関の運営強化は市場の需給調整機能を高めることで需給双方に影響を与える。

2——労働市場と労働政策

上述のように日本の労働市場を考える場合、短期的な政策と長期的な政策では、雇用政策の手段も目的も大きく異なることが分かる。また、労働基準政策においては、労働条件の最低保障という側面が強いが、労働時間などについては法規制によって大きく影響を受ける。

一方で、賃金の支払い方、最低賃金の設定などについては法律で規定されているが、具体的な水準については労使の交渉によって決定される。労使交渉が適正に行われるために、労働組合法などの団体的労使関係に関する法律が制定されている。

以下では、代表例として賃金決定に間接的に影響を与えていると思われるいくつかの政策について取り上げることにしよう。政策によっては複数の法律などから構成されているものもあり、以下では対象ごとに政策、制度、法律などについて説明しやすい形でできるだけ分かりやすく記述する。

2　最低賃金による雇用への影響については、記述統計からは両者の明確な関係を読み取ることは難しい。国内の先行研究においても、その影響の有無については明確な結論を得ていない。詳しくは「最低賃金に関する報告書」三菱総研（2022）などを参照のこと。

雇用を維持するための労働政策——雇用調整助成金制度

安定的な雇用を確保するために考えられた政策の一つとして雇用調整助成金制度がある。これは、不況期において雇用維持のために使われる代表的な政策である。その前身である、雇用調整給付金は、1975年1月から導入された。

この制度は、労働大臣が対象業種を指定し、その業種に属する企業に対して、雇用維持の努力について助成するものであった。業種指定は、1975年1月1日に7業種（後にさかのぼって適用されたものを含めると39業種）で、その後追加されていき雇用保険法に引き継がれた。1975年4月1日で114業種、8月1日にはピークの158業種が対象となった。

1975年1月から1976年3月までの間の雇用調整給付金の支給決定状況をみると、対象事業所数は5万9418事業所、休業延日数は約2399万人、日支給決定金額は約552億円にのぼっている。その後1977年の雇用保険法改正で雇用安定資金が設置され、好況期には資金を積み立て、不況期に取り崩すという制度が導入された。

1981年に雇用関係の助成金、給付金の統合が行われ、雇用調整給付金と出向給付金が統合され、雇用助成金制度となった。雇用調整助成金に対する最も大きな批判の一つは、制度が「企業の経営努力とは無関係の一時的な業況の悪化」に際して雇用を維持することを意図していたにもかかわらず、近い将来に比較優位を失うと予想される「構造不況業種」に長期にわたって給付され、その結果産業構造の転換をいたずらに遅らせている可能性があるというものである。

1990年代半ば以降の給付実績をみると、その大部分は製造業であり、さらに一部の製造業に集中している。年度によっては実に7割から8割が鉄鋼業に給付されていたことも確認される（詳しくは中馬他〈2002〉を参照）。2001年に制度の大きな変更が行われた。従来は、対象業種を指定していたが、その制限を外し、急激な事業活動の縮小にさらされた個別企業に対して助成を行う制度となった。

2001年以降の支給実績をみると、2001年が115億円、2022年が159億円であった以降は100億円を切る支給額でほとんど利用されていない状況であったが、2008年9月のリーマンショック以降、雇用失業情勢が急激に悪化したことから、支給要件の緩和、助成率の引き上げ等を行い、雇用調整助成金を活用した雇用維持に努めた。そのため、支給実績は6536億円と急増し、対象者も2130万人となった。2011年3月の東日本大震災対応もあり、減少はしていったが2012年までは支給額は1000億円を超えていた。

2009年から2013年までの5年間の総支給額は1兆3828万円にのぼる[3]。2014年以降、ほぼ平時に戻り様々な特例も廃止されていき、雇用調整助成金は利用されなくなっていた。

2020年に新型コロナウイルス感染症が世界的に流行し、日本においても2020年4月に

3　詳しくは、「雇用調整助成金の政策効果に関する研究」日本労働政策研究・研修機構（2017）を参照のこと。

緊急事態宣言が発出され、外出自粛や経済活動の制限が行われ、雇用失業情勢も悪化する懸念があった。そのため、雇用調整助成金の特例が実施され、リーマンショック時よりも条件が緩和された。

特に、助成額の上限を雇用保険の日額から拡大し、1万5000円に引き上げたことが大きい。そのため、労働政策審議会職業安定分科会（第191回2023年2月）の参考資料によると、支給実績も増加し、2020年1月24日から2023年1月末までの約3年間の支給決定分を集計した額は5兆8900億円に達している。

この多額の支給により、雇用調整助成金の原資である雇用安定基金の残高は急減した。2019年度には1兆5000万円以上あった残高が、2020年にはゼロとなり、さらに失業給付等の積立金から2020年度から2023年度の累計見込みで3・36兆円借り入れている。リーマンショック時の2011年でも残高は3700億円以上あったことを考えると、かなりの額を支給したことが分かる。当時の労働政策審議会の議事録をみても、「100年に1度の危機」ということで大幅な拡大についての反対論はなかった。

ただ、2020年の会計検査院決算報告において、日額の上限の引き上げと助成率の引き上げで、一部の事業主において、コロナ特例により雇用調整助成金の支給額が休業手当の支払額を上回る事態が生じていることについての指摘を受けている。コロナ期の雇用調整助成金の評価については、日本労働政策研究・研修機構の報告書「雇用調整助成金の支給実態」（2023）によって様々な分析結果が整理されているが、各分析による結論は必ずしも同じではなく、評価は分かれている。

安定的に雇用を確保するための労働政策——高齢者雇用対策

日本は高齢社会へと急速に変化してきている。そのなかで高齢者に対する政策的な対応は急務であると言ってよかった。労働者として、年金生活者として、要介護者としてなど高齢者は様々な形で政策の対象となる。政策的に望ましい形は、働けるうちは雇用者として働き、引退後はそれまでの貯蓄と年金の支給で生活し、介護が必要になったら公的介護保険で要介護生活を送る、ということであろう。

日本が高齢社会になるということは、人口構成、出生率の動向から予想はされていた。そのため、高齢者雇用政策、年金政策、介護保険制度の導入などが行われてきた。しかし、実際に若年人口が減少し、高齢者を企業内で活用する必要が高まっていくなかで、労働市場においても高齢の労働者をどのように活用できるのか模索中でもある。

以下では、これまでの労働市場における高齢者対策について概観しよう。基本的には、高齢者の就労を促進するとともに、年金の支給開始年齢と企業に対する高齢者の雇用の確保の義務づけを接続させるというものである。

日本の高齢者比率（65歳以上人口比率）は１９９０年には12・１％であったが、２０２３年には29・1%となり、2070年には38・7%となることが予想されている。したがって、高齢者の活用は日本経済の活力維持のためには重要な課題となってくる。高齢者の雇用を考えるうえで、日本の雇用システムの大きな特徴は「定年制」である。一定の年齢に到達することで、労働契約を終了させる効果を持ち、判例の積み重ねのうえで法定化された労働契約法第16条の「解雇は、客観的に合理的な理由を欠き、社会通念上相当であると認められない場合は、その権利を濫用したものとして、無効とする」という規定のもとでは、特に大企業において定年到達までは従業員の解雇について慎重な姿勢をとることが多い。そのため年金と雇用の接続を図るために、高齢者の雇用維持に関する制度は、年金の支給開始年齢の引き上げとリンクした改正が行われてきた。

城山三郎が『毎日が日曜日』を「読売新聞」に連載したのは、1975年だった。総合商社勤務の主人公の先輩が、57歳というその会社の定年年齢にさしかかるところから物語がはじまっている。当時の平均寿命は男性が71・7歳、女性が76・9歳。また、定年制を定める企業のうち、55歳定年が52・0%、56―59歳定年が12・3%、60歳定年の企業が32・4%(昭和49年雇用管理調査)で、定年年齢と言えば55歳というのが一般的であった。

ただ、55歳定年が早すぎ、労働者の能力を活かしきれないことについては認識されていて、1973年の第2次雇用対策基本計画で計画期間中に60歳を目標に定年を延長することが打ち出された。1970年代は基本的には助成金による定年延長奨励が中心であった。

一方社会保障サイドの大きな流れとして、少子高齢化が予測されるなかで年金の支給開始年齢の引き上げが大きな課題となっており、1954年の厚生年金保険法改正で老齢年金の支給開始年齢を段階的に引き上げることとなり、最終的には1974年に60歳に到達している。その後、1985年の年金法改正で、年金の支給開始年齢は65歳となっていたが、特別支給の年金があり、実際には60歳から年金は支給されていた。

こうしたなかで、従来の助成金による定年延長では不十分であるという議論から、定年制について法律で規制するということになり、1986年高年齢者雇用安定法改正で60歳定年努力義務化が導入された。1994年10月年金法改正により基礎年金の支給開始年齢を2001年から2013年にかけて3年ごとに引き上げて65歳にすることとなった。ただし、女性については、2006年から2018年までに引き上げることになった。

年金の支給開始年齢の引き上げと同じ時期に1994年高年齢者雇用安定法改正が行われ、60歳定年義務化（1998年に完全実施）、65歳までの継続雇用努力義務化、高年齢者雇用継続給付（継続雇用により給与が低下した高年齢者に給与を補塡）が導入された。年金の支給開始年齢で大きな影響を与えているのは2000年年金法改正で、年金の報酬比例部分について2013年から2025年まで段階的に65歳に引き上げる（女性は2018年から2030年まで）というもので、2024年現在も引き上げの過程にある。

2000年において、一律定年制を定めている企業のうち、59歳以下が0・8%、60歳が91・

6％、61－64歳が1・8％、65歳が5・6％、65歳以上が0・1％と60歳定年が9割を超えていた。2022年においては、一律定年制を定めている企業のうち、60歳定年が72・3％、61－64歳が2・5％、65歳定年が21・1％、65歳以上が3・5％となっており、定年年齢が上がってきていることが分かる。

その後、2004年高年齢者雇用安定法改正で65歳までの雇用確保措置の努力義務から義務化とされたが、このときは、雇用確保措置の対象となる労働者の基準を定めることができるという規定があり、すべての労働者の65歳までの雇用確保が義務づけられてはいなかった。

報酬比例部分の支給開始年齢の引き上げの2013年までに、希望者全員に対して雇用確保措置を義務化するべきであるということから、2012年高年齢者雇用安定法改正により、対象労働者の基準が撤廃され、希望者全員の65歳までの雇用確保措置が義務化された。

上述したように、2015年以降労働市場は逼迫基調となってきて高齢者の活用が従前以上に必要となってきた。また2020年年金法改正で、より多くの人がこれまでよりも長い期間にわたり多様な形で働くようになることが見込まれるなかで、今後の社会・経済の変化を年金制度に反映し、長期化する高齢期の経済基盤の充実を図るため、高年齢者の就労継続を早期に年金額に反映させるための年金額の毎年時改定、年金の受給開始時期の選択肢を60歳から75歳の間に拡大するなどの改正が行われた。

それと同時期に行われた、2020年高年齢者雇用安定法改正では、65歳から70歳までの高年齢者就業確保措置の努力義務化が導入された、その内容としては、70歳までの定年引き上げ、定年制の廃止、70歳までの継続雇用制度、70歳まで継続的に業務委託契約を締結する制度の導入、70歳まで継続的に①事業主が自ら実施する社会貢献事業、②事業主が委託、出資等する団体が行う社会貢献事業に従事できる制度の導入、である。

高齢者雇用対策については、その年金との接続を意識しながら雇用機会を維持するという性格が強かったが、今後の労働力減少のための有力な対応でもあることが認識されている。最近では70代でも労働力率が高まってきており、今後の労働力として一定の役割が期待されることが考えられ、より前向きな活用策が期待されている。

退職金制度と定年後雇用

退職金は、賃金の後払いという性格を持ち、通常定年時まで在職することを前提に設計される場合が多く、自己都合退職の場合は、減額されることが多い。また、退職一時金として、退職時に支給される場合と企業年金として支給される場合がある。

「就労条件総合調査」（厚生労働省）より退職一時金制度、退職年金制度がある企業割合をみると、１９９３年には、92％の企業が退職金制度を持っていたが、２０２３年では、74・９％と制度自体を持つ企業の割合が低下してきている。退職金の計算方法としては、退職時の賃金を基準としてそれに、勤続年数、退職理由によって変動する乗数をかけるというのが伝統的なもので、現在でも公務員の退職金の算定方法として使われている。

1993年には、退職時の賃金のすべてを使用する企業が46・3％、一部を使う企業が33・2％で79・6％の企業が退職時賃金を算定基礎として使っていたが、2013年では、すべてを使用する企業が33・9％、一部を使用する企業が21・6％と退職時賃金を使用する企業割合が低下してきている。

その代わりに増えてきたのが、一般に点数×単価の形がとられ、職能等級、役職等事前に決められた様々な指標別に一定の点数を定め、入社から退職するまでの累積点を算出し、これに一点当たりの単価を乗じるいわゆるポイント方式である。1993年には、6・5％の企業で採用されていたが、2013年では19・0％となっており、特に1000人以上の大企業では、51・3％と過半の企業で採用されている。

調査項目の変更で、その後の推移は把握できないが、2018年、2023年でも過去3年に退職一時金制度の見直しを行った企業のうち「算定基礎額の変更を行った企業」は、それぞれ11・4％、7・8％で見直しが進んでいる。また、「退職一時金を縮小又は廃止し毎月の給与を拡大」する企業が2018年には4・8％、2023年には10・5％と増加している。経団連が実施した2021年9月度「退職金・年金に関する実態調査結果」によれば、ポイント方式を採用している企業が7割強となっている。

最近特に注目されているのは、退職金額の急速な減少についてであろう。**表2－1**はこれまで

表2−1　定年退職時の退職金の推移
（勤続年数20年以上かつ45歳以上）

（万円）

年度	大学卒（管理・事務・技術職）	高校卒（管理・事務・技術職）	高校卒（現業職）
1993	2,462	1,816	1,159
1997	2,871	1,969	1,351
2003	2,491	2,245	1,441
2008	2,280	1,970	1,493
2013	1,941	1,673	1,128
2018	1,983	1,618	1,159
2023	1,896	1,682	1,183

（注）2018年以降は集計対象が若干異なるのでそれ以前と接続しない。1993年、97年は男性労働者のみ
（出所）「就労条件総合調査」（厚生労働省）、1997年以前は「賃金労働時間制度等総合調査」

の退職金の推移を整理したものである。退職金額は１９９７年がピークで、それ以降減少傾向にあり、特に大卒ホワイトカラー層の減少幅が大きくなっている。定年退職に伴う退職金は、雇用者の老後資金としてこれまで大きな意味を持ってきた。表で示したような急速な退職金の減少は、定年を迎えた雇用者に対して意図しない就業の継続などのこれまでと異なった状況を生み出す可能性もある。

新たな雇用者の活用策——女性の職場進出

女性の労働力率と年齢の関係をグラフでみると**図２−２**のようになる。２０００年までは30代前半位に労働力率が低くなり、その後年齢とともに上昇し50歳前後で再び低下する。その形状がアルファベットのＭに似ていることから、このような女性の年齢別労働力率はＭ字カーブ

図2－2　女性年齢階級別労働力率の推移

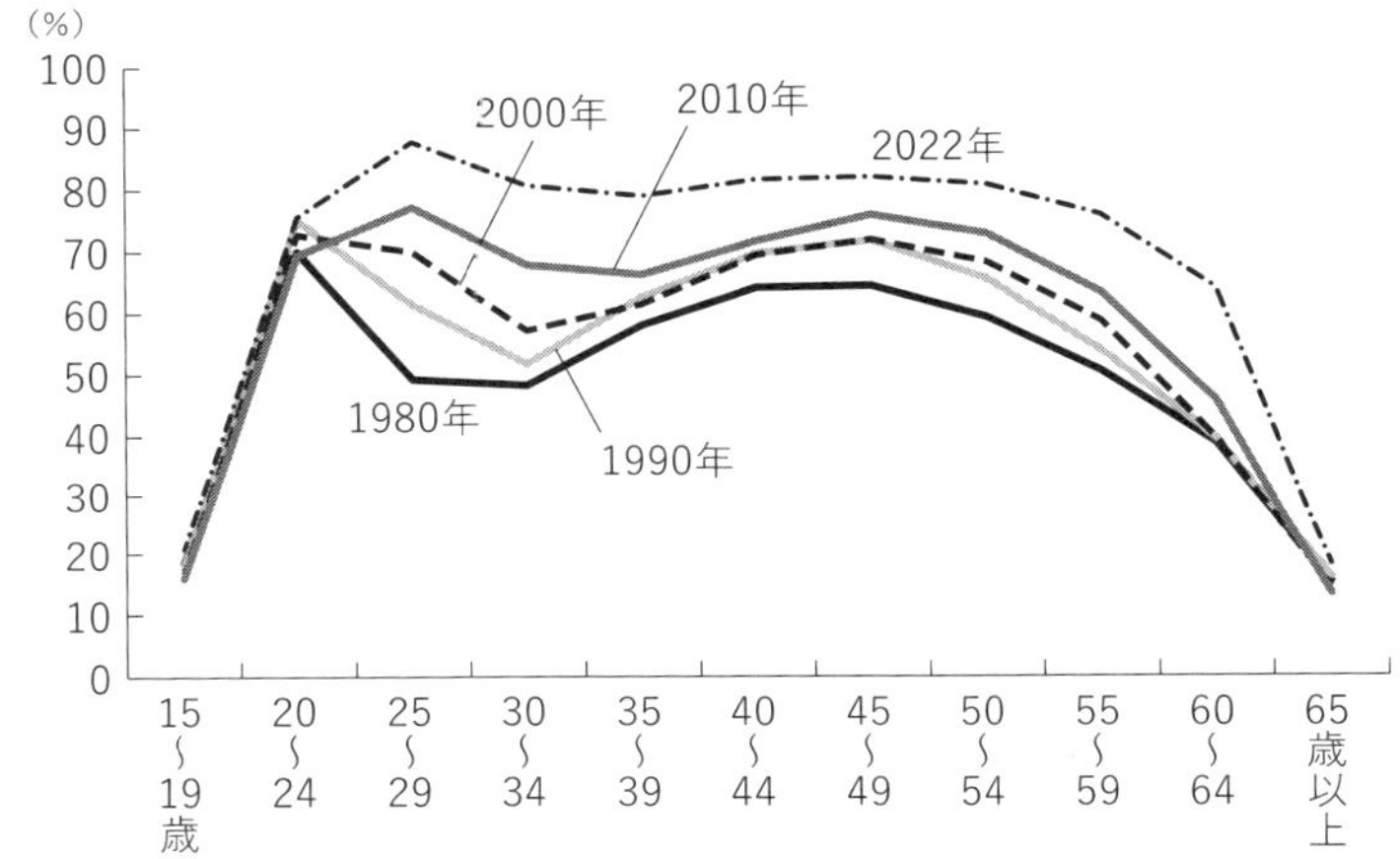

（出所）「労働力調査」（総務省）

と呼ばれている。先進国でこの時期にもM字型の労働力率になっていたのは、日本のみであった。

日本もその後大きく改善し、１９８０年には25－29歳の女性の就業率は49・2％、30－34歳層で48・2％であったが、２０２２年にはそれぞれ87・7％、80・6％となり、他の先進国女性労働力率と同様にM字の形状はほぼ解消された。

M字型になっていた大きな理由の一つとして、女性労働者が補助的労働者とみなされていた、当時の社会通念、家庭内の家事・育児が主に女性に委ねられていた、という事情が大きく影響していたことがある。

このような状況を改善するために日本でも、以下で記述するような政策が採用されてきた。M字型カーブの解消はそれらの政策効果でもあり、社会全体で女性だけに育児・介護を押し付けることを問題視するようになったなど、総合的な効果の賜物であろう。一方では、今後の労働力減少のなかで女性労働力を活用したいという意向が強く働いた結果であることも無視できない。

戦後当初は、女性労働力はどちらかと言えば、男性労働者の補助的労働力として扱われており、第一次雇用対策基本計画においては「婦人労働者は、従来、結婚や出産までのあいだ短期的に就業する」と記述されていた。また、女性労働者に対して男性労働者よりも若い定年年齢を設定する若年定年や結婚を契機とする退職慣行なども存在していた。

例えば、地裁レベルだが、1969年に男性従業員の定年が55歳であるのに、女性労働者の定年が30歳であることに対して、差別待遇であり、公序良俗違反として無効とされた判例（東急機関工業事件）があり、1960年代後半になっても女性労働者に対して30歳定年を設定していた企業があったことが分かる。[4]

男女雇用機会均等法関係

1985年に男女雇用機会均等法が制定されたが、制定当時は、教育訓練（一部）、福利厚生（一部）、定年・退職・解雇については、差別禁止を義務づけ、「募集・採用」「配置・昇進」につ

4　1981年でも、男性の定年60歳に対して、女性の定年が55歳であることについて、公序良俗違反で無効とした最高裁判例（日産自動車事件）があった。

いては、「努力義務」とした。機会均等調停会議の委員会の調停は、双方の同意が条件とされた。

また、労働基準法も改正されて、女性労働者に対する残業規制の上限の引き上げ、深夜業可能な業務の拡大などが行われた。1997年の改正で募集・採用、配置・昇進についても差別は禁止され、教育訓練についてもすべて差別禁止対象となった。法違反に対する勧告に従わない場合の企業名公表も取り入れられた。また、調停制度については一方の当事者からの申請で調停できるようになった。セクシュアルハラスメントについても事業主の配慮義務として定められた。

2006年の改正で、従来の女性差別禁止から性差別禁止に改正された、また、降格・職種の変更・雇用形態の変更・退職勧奨・労働契約の更新も差別禁止の対象とされた。妊娠・出産時においては、従来の解雇禁止に加えて、不利益取扱も禁止されることとなった。また、間接差別も一部禁止されることとなった。また、セクシュアルハラスメントについては、措置義務（雇用管理上適切な措置を講じなければならない）が規定されている。

育児・介護休業法

女性労働者が出産を契機として、職業生活を中断していることについては、以前から指摘されていた。育児負担を軽減し就業継続につなげるための育児休業制度の普及については、1976年の第3次雇用対策基本計画にも言及されているが、このときはまだ企業任意の制度だった。

その後、育児期の労働者が職業生活と家庭生活をそれぞれ充実して営むことができるような働きやすい環境づくりを進めることは、労働者の福祉の増進の観点はもとより、日本の経済社会の発展のためにも重要なことという観点から、1991年に育児休業法が成立した。

その内容は以下の4点に整理できる。

①　1歳に満たない子を養育する労働者は、期間を明らかにして事業主に申し出ることにより育児休業をすることができる

②　1歳に満たない子を養育する労働者で育児休業を取得しない者に対して、勤務時間の短縮等の措置を義務づける

③　1歳から小学校就学の始期に達するまでの子を養育する労働者に対して、一歳に満たない子を養育する労働者についての育児休業制度または勤務時間の短縮等の措置に準じて、必要な措置の努力義務規定を設ける

④　指針及び国の援助を定める

1994年には、雇用保険法改正で育児休業給付が導入され、育児休業取得によって収入が減少した労働者に対して、その減少分の一部（休業前賃金の25％）が雇用保険制度から給付されることとなった。

家族の介護の問題は、育児の問題とともに日本社会が対応を迫られている国民的重要課題となってきたことから、1995年に育児休業法が改正され、介護休業制度が導入された。その内容は以下の3点にまとめられる。

①　介護休業制度の創設。労働者は、一定範囲の家族を介護するため、連続する3カ月の期間内において、対象となる家族一人につき一回の介護休業をすることができる

②　勤務時間の短縮等の措置。介護休業期間と合わせて連続する3カ月の期間以上の期間において、勤務時間の短縮の措置その他の、労働者が就業しつつ一定範囲の家族を介護することを容易にするための措置を義務づける

③　育児または家族の介護を行う労働者等に対する支援措置を設ける

育児・介護休業法は、女性活躍推進、少子化対策の観点から、累次の改正が行われてきた。[5]直近の改正としては、2024年の育児・介護休業法の改正がある。その主な内容は以下の3点である。

①　3歳以上の小学校就学前の子を養育する労働者に対する企業側の措置義務強化など、子の年齢に応じた柔軟な働き方を実現するための措置の拡充

②　育児休業の取得状況の公表義務の拡大（常時雇用する労働者数が300人超〈現行1000人超〉）や次世代育成支援対策の推進・強化

③　介護離職防止のための仕事と介護の両立支援制度の強化

女性活躍推進

2012年に第2次安倍内閣が成立すると、政策の一つの柱として女性活躍の推進が取り上げ

られるようになった。２０１３年6月14日に策定された「日本再興戦略」のなかで「女性が働きやすい環境を整え、社会に活力を取り戻す」ことが課題として提示され、中短期工程表のなかで「指導的地位に占める女性の割合を２０２０年までに少なくとも30％程度」がＫＰＩとして掲げられた。

ついで、２０１４年6月24日に決定された「日本再興戦略」改訂２０１４の中短期工程表のなかで、２０１４年度に「女性の活躍推進に向けた新たな法的枠組みの検討」がなされ、２０１５年度に法案提出とされ、実際に２０１５年に女性活躍推進法が制定された。

その内容としては大きく分けて、

① 政府は、基本原則にのっとり、女性の職業生活における活躍の推進に関する基本方針を定めること

② 内閣総理大臣、厚生労働大臣及び総務大臣は、基本方針に即して、事業主行動計画策定指針を定めること

③ 常時雇用する労働者の数が３００人を超える事業主（３００人未満は努力義務）は、女性の職業生活における活躍の状況を把握し、改善すべき事情について分析したうえで、事業主行動計画策定指針に即して行動計画を策定し、公表すること

---

5 例えば、第62回労働政策審議会雇用環境・均等分科会（２０２３年10月参考資料２－２）に改正経緯がまとまっている。

④　常時雇用する労働者の数が３００人（３００人以下は努力義務）を超える事業主並びに国及び地方公共団体の機関等は、女性の職業選択に資するよう、女性の職業生活における活躍に関する情報を定期的に公表すること

などであった。

女性活躍推進法は２０１９年に改正され、一般事業主行動計画の策定義務の対象を、常用労働者３０１人以上から１０１人以上の事業主に拡大するとともに、情報公表義務の対象を１０１人以上の事業主に拡大することとなった。また、３０１人以上の事業主については、情報公表項目についてさらに厳しい規制を求めるとともに、情報公表に関する勧告に従わなかった場合に企業名公表ができることとした。

また、日本において男女間賃金格差がいまだに大きいことから、２０２２年に省令改正が行われ、２０２３年度以降に男女間賃金格差を公表することを、３０１人以上規模企業に対して義務づけることとなった。

就業形態の多様化――価格（賃金）調整型から数量（雇用）調整型へ

前章で論じたように、日本の労働市場は賃金調整型から雇用調整型に変化しつつあるとも言える。さらに、後述するような労働基準法制の改正、労働契約法制の導入により、時間外労働を需給の増減のバッファーとすること、有期雇用の更新を繰り返すことについては規制が強化され

た。一方で、労働契約期間の延長、変形労働時間制度の拡充、フレックスタイム制の導入、裁量労働制、高度プロフェッショナル制度など、労働者がそれぞれの事情に応じて多様な働き方を選択できるような環境が整いつつある。

一方で、企業側からすると、コアの要員まで流動化していくことは企業経営の継続上リスクとなる。したがって、コアの要員は正規労働者で雇いつつ、労働需要の変動分は非正規の労働者で対応していくことが望ましい状況になってきた。この考え方を明示的に示したのが、日経連が1995年に発表した「新時代の『日本的経営』」である。

このレポートでは、従業員を①長期蓄積能力活用型グループ、②高度専門能力活用型グループ、③雇用柔軟型グループに別けてそれぞれ活用していくというもので、「長期蓄積能力活用型グループ」は従来型の日本的雇用慣行に対応したグループで、「雇用柔軟型グループ」は契約社員などの非正規の労働者を前提としている。「高度専門能力活用型」は、それほど量的には大きくないと思われるが、ファンドマネージャーや高度のIT技術者などが想定される。

実際の企業の現場でも、業種によって割合は異なるが、正規労働者と非正規労働者が混在して、事業が行われている。ただ、近年のように労働力需給全般として逼迫傾向にあり、要員確保自体が困難となってくるなかで、過度に非正規労働者に依存することはリスクでもあり、一定程度の正規労働者を採用しようとするようになってきている。高卒者の求人状況をみると、2003年には求人倍率が0・50倍と最も低かった。その後景気動向により変動するが、2015

年以降は１倍を上回り、特に近年は若年人口の減少と求人増が相まって、求人倍率は急上昇し、２０２３年３月卒の高卒求人倍率は、３・５２倍となっている。

また、政府としても、成長産業への人的資源の移動という観点から、最近は移転支援に政策の舵を切っている。「新しい資本主義のグランドデザイン及び実行計画２０２３改訂版・成長戦略等のフォローアップ」（２０２３年６月16日）では、①リスキリング、②職務給の導入、③労働移動の円滑化が「三位一体の労働市場改革」として提言されている。

特に「労働移動の円滑化」については、①失業給付制度の見直し、②退職所得課税制度等の見直し[6]、③自己都合退職に対する障壁の除去、④求人・求職・キャリアアップに関する官民情報の共有化、⑤副業・兼業の奨励、⑥非正規雇用労働者等への支援、⑦厚生労働省関係の情報インフラ整備が盛り込まれており、①では自己都合退職の場合の失業給付受給までの待機期間を１カ月に短縮する、退職所得課税についても長期勤続を優遇する制度を改正することなどが盛り込まれている。

１９８８年２月の「労働力調査特別調査」によれば、このときの非正規労働者の比率（非正規労働者を、役員を除く雇用者で割ったもの）は18・３％であり、非正規労働者の大半はパート・アルバイトだった。この時は、労働者派遣事業所の派遣社員が集計事項に含まれていなかったので不明だが、集計項目に入った２０００年２月でも33万人と、非正規労働者の大半はパートタイム労働者であった。

２０２３年でみると、非正規労働者の比率は37％とほぼ倍になっているが、大きく増加しているのは、パート・アルバイトであり５９９万人から１４８９万人に増加している。また、高齢化の影響も大きく55歳以上の非正規労働者の数は、１４９万人から８６８万人に増加している。非正規労働者の構成比をみると、パート・アルバイト70・１％、契約社員・嘱託18・５％、派遣労働者７・１％となっており、派遣労働者の割合は増加しているが、大半はパート・アルバイト、契約社員であることには変わりはない。

パート・アルバイトが増加していくなかで、所得税、社会保障の適用の有無が実質所得に影響を与え、労働供給を阻害するといういわゆる「所得の壁」議論は、１９８０年代に入って出てきた。この問題は次節以下で詳説する。また、短時間労働者に対する年次有給休暇の付与をどうするかという問題があり、１９８７年の労働基準法の改正で、パートタイム労働者等所定労働日数が少ない労働者に対する年次有給休暇については、通常の労働者の所定労働日数との比率に応じた年次有給休暇を付与することとなった。

労働者派遣法

職業安定法第44条および45条で労働者供給事業は許可を受けた労働組合以外は行うことを禁止

6　退職所得課税の見直しについては、２０２４年度の税制改正では取り上げられない。

されていたが、従来、事務処理業務、ソフトウエア開発などの分野で、業務請負という形式をとって、発注先から受注し、従業員が受注先企業において仕事に従事しているという実態が生じていた。

これは、労働者供給事業と外形的に類似しているため、法律的に整理することが各方面から求められており、1976年の第3次雇用対策基本計画でも、社外工の労働条件等の改善に触れるなかで「労働者供給事業に対する規制のあり方について検討するものとする」と指摘されていた。

その後、各種研究会、審議会での議論を経て、1985年6月に「労働者派遣事業の適正な運営の確保及び派遣労働者の就業条件の整備等に関する法律」が成立した。

制定当時は通常の雇用労働者に比べて不安定な雇用形態とされていた派遣労働者については、限定的に常用労働者の代替を避けるように、対象業種なども制限されており、派遣事業の対象業務として、ソフトウエア開発、事務用機器操作等13業務を政令で指定するというポジティブリスト方式が採用されていた。その後対象業種は順次拡大されていった。

1994年の高年齢者雇用安定法の改正で、60歳以上の高年齢者については、一部業務を除いて対象が拡大され、1999年派遣法改正で、一定の業務以外は労働者派遣を認めるというネガティブリスト方式に変更された。いわゆる製造業派遣はこの時はネガティブリストに入り労働者派遣は禁止されたが、2003年改正で派遣業全体の派遣期間が3年間拡大されるなかで、1年間に制限するということで緩和された。

労働者派遣法は制定以来、規制緩和の観点から順次改正されてきたが、リーマンショックを契機として、「年越し派遣村」に代表されるように、派遣労働者が不安定な雇用の典型として取り上げられ、むしろ規制を強化する方向での制度変更が行われた。[7] ２０１２年改正で日雇い派遣が原則禁止され、２０１５年改正ですべての労働者派遣業が許可制に（3年間の経過措置）、無期雇用の労働者には期間制限無し、有期雇用の派遣労働者は上限3年となった。

派遣労働者の推移をみると制度導入後増加していったが、リーマンショックで労働市場が悪化し、派遣労働者に対する規制が強化されるなかで減少していき、その後の人手不足基調の労働市場で再び数を増やしていることが分かる。ただ、一度減少した後増加しているが、雇用者全体に占める割合は２・５％程度で、それほど大きいものではない。

パートタイム労働法

パートタイム労働者が増加してきたことから、１９９3年にパート労働法が制定された。法案の国会での趣旨説明でも「短時間労働者の就業をめぐっては、多様な就業意識や就業実態を踏まえた適切な雇用管理が行われていない等種々の問題点も指摘されており、また、短時間労働者も職業生活上の不安を抱えているところであります」という趣旨説明がなされた。

7　実際には有期労働者の契約更新停止の方が多かった。

そこでは以下の点が定められた。

① 短時間労働者対策基本方針を定めること

② 事業主がその雇用する短時間労働者について講ずるべき雇用管理の改善等のための措置に関し、その適切かつ有効な実施を図るために必要な指針を定めるとともに、指針に定める事項について必要な指導及び助言を行うことができること

③ 国、都道府県等が、短時間労働者として就職しようとする者に対し、雇用情報の提供、職業指導及び職業紹介の充実等必要な措置を講ずるように努めること

④ 労働大臣が、短時間労働援助センターを指定し、事業主等に対する給付金の支給、短時間労働者の雇用管理の改善等に関する技術的事項についての相談援助、短時間労働者に対する職業生活に関する事項についての相談援助等、短時間労働者の福祉の増進を図るために必要な業務を行わせること

均衡・均等待遇

パート・アルバイト等の非正規労働者が増加するにつれて、非正規労働者が雇用保障、処遇面等で正規労働者との格差が大きいことが問題ではないかという指摘が出てきた。国会会議録を非正規労働者で検索すると、１９９７年に初めて取り上げられている。２００１年には、国会でパートタイム労働者に対する均等待遇が議論された。こうした流れのなかで２００７年にパートタ

イム労働法が改正され、差別的取扱いの禁止、賃金、教育訓練、福利厚生施設に係る努力義務等が規定された。

2012年には、労働契約法の改正で以下の点が規定された。

① 同一の使用者との間で、有期労働契約が通算5年を超えて反復更新されたときに労働者の申込みにより無期労働契約に転換できる「無期転換ルール」の創設

② 「雇止め法理」の法定化

③ 労働契約の期間の定めのあることによる不合理な労働条件の禁止を創設

同じく2012年には労働者派遣法も改正され、①派遣先の労働者との均衡を考慮しつつ、一般の労働者の賃金水準や、派遣労働者の職務の内容、成果、意欲、能力、経験等を勘案し、賃金を決定する派遣元の配慮義務を規定、②派遣先の労働者との均衡を考慮し、教育訓練、福利厚生その他必要な措置を実施する派遣元の配慮義務を規定。

2014年には、パートタイム労働法の改正で、①差別的取扱いの禁止について対象範囲を拡大（無期要件を削除）、②パートであることを理由とする不合理な待遇の禁止を規定した。2015年の労働者派遣法の改正で①賃金決定等の際に考慮した内容について派遣元の説明義務、②賃金水準の情報提供等に係る派遣先の配慮義務、③教育訓練・福利厚生施設に係る派遣先の配慮義務を規定。

これらの法改正により、正規労働者と非正規労働者格差は縮小傾向にあったが、いまだに、正

規労働者と非正規労働者の間に雇用保障、賃金その他の処遇面での格差が大きい。そのため労働市場が二分化されているという批判があり、それが日本の競争力を削いでいるという問題意識が存在する。実際に2017年3月の働き方改革実行計画では、以下のような記述がなされている。

正規、非正規という2つの働き方の不合理な処遇の差は、正当な処遇がなされていないという気持ちを非正規労働者に起こさせ、頑張ろうという意欲をなくす。これに対し、正規と非正規の理由なき格差を埋めていけば、自分の能力を評価されていると納得感が生じる。納得感は労働者が働くモチベーションを誘引するインセンティブとして重要であり、それによって労働生産性が向上していく

このような議論の結果として、2018年に働き方改革関連法(労働基準法、労働施策総合推進法、労働者派遣法、職業安定法、パートタイム労働法、労働契約法、労働安全衛生法の改正が一括して審議された)が成立し、いわゆる「同一労働同一賃金」が導入された。

この改正により、主に以下の4点が新たに導入された[8]。

① 短時間・有期雇用労働者に関する正規雇用労働者との不合理な待遇の禁止に関し、個々の待遇ごとに、当該待遇の性質・目的に照らして適切と認められる事情を考慮して判断される

べき旨を明確化。併せて有期雇用労働者の均等待遇規定を整備する

② 派遣労働者について、派遣先の労働者との均等・均衡待遇、一定の要件を満たす労使協定による待遇のいずれかを確保することを義務化。また、これらの事項に関するガイドラインの根拠規定を整備。同種業務の一般の労働者の平均的な賃金と同等以上の賃金であることなど

③ 短時間労働者・有期雇用労働者・派遣労働者について、正規雇用労働者との待遇差の内容・理由等に関する説明を義務化する

④ ①、②の義務や③の説明義務について、行政による履行確保措置及び行政ＡＤＲを整備すること

8 多様な働き方が出現するなかで、「雇用労働者ではなくフリーランス（業務委託の相手方である事業主で、従業員を使用しない者）として働く人も増えてきた。そのような人を保護するため、２０２３年５月に「フリーランス・事業者間取引適正化等法」が成立した。この法律は、①フリーランスと企業などの発注事業者の間の取引の適正化と、②フリーランスの就業環境の整備を目的としている。

3——実質的に賃金受取額に影響を与える政策

課税最低限度の変化

所得税には、基礎控除、配偶者控除、扶養控除、給与所得控除等の所得控除制度があり、収入から差し引かれることにより課税所得が算出される。

パートタイム労働者として働く者に対しては、基礎控除、給与所得控除が適用され、それを超えた分について所得税が課税される。それだけであれば、課税最低限以上の所得に課税されるという当たり前のことであるが、配偶者がいる場合、配偶者控除の適用配偶者の範囲を外れてしまうことから、配偶者の所得に対する課税額が増加することになる。１９８１年度税制改正で、配偶者控除の控除限度額が29万円に引き上げられ、給与所得控除の50万円と合わせて、79万円が課税最低限だったが、１９８４年に90万円に引き上げられた。

１９８０年半ばくらいには、パートタイム労働者が課税最低限を超えてしまうことにより、配偶者の配偶者控除がなくなってしまうことについての批判が高まり、１９８７年の税制改正で配偶者特別控除が導入された。[9]

１９９４年の税制改正で、配偶者控除額、配偶者特別控除額が38万円に引き上げられ、給与所得控除の最低控除額65万円と合わせて１０３万円が課税最低限となり、２００３年に配偶者特別控除の上乗せ控除部分が廃止となった。２０１７年税制改正で、所得控除額38万円の対象となる配偶者の給与収入金額の上限を１５０万円（合計所得金額85万円）に引き上げた。控除額は逓減し、配偶者の給与収入金額約２０１万円（合計所得金額１２３万円）で消失する。また、納税者本人に所得制限を導入し、給与収入金額１１２０万円（合計所得金額９００万円）で控除額が逓減を開始し、１２２０万円（合計所得金額１０００万円）で消失することとなった。[10]

所得の壁として税は社会保障の適用範囲以上となり、壁としての意味が無くなった。ただ、職種別民間給与実態調査によれば、２０２３年でも従来の１０３万円を配偶者手当の収入制限の基準としている企業が20・６％あり、配偶者手当制度が税制に必ずしも連動していない。

賃上げ促進税制

政府による賃上げ促進税制の効果については必ずしも明らかではなく、効果が十分ではないと

9　これは、『わが国税制の現状と課題――21世紀に向けた国民の参加と選択』（税制調査会、２０００）によると、「納税者本人の所得の稼得に対する配偶者の貢献に配慮し……配偶者控除が適用されなくなることから、かえって世帯全体の税引後手取額が減少してしまうという手取りの逆転現象への対応の観点」から導入されたもので、控除対象配偶者の所得が増えるに従って、配偶者特別控除額が逓減していくことにより従来の課税最低限を超えると配偶者控除の対象から外れてしまうことを避けるものである。

10　平成29年度税制改正の大綱の概要を参照。

いう批判もあるが、政府の賃金引き上げ支援策として「所得拡大促進税制」が２０１３年度から創設された。制度導入当初は、基準年度と比較して5％以上、給与等支給額を増加させた場合、当該支給増加額の10％を税額控除（法人税額の10％〈中小企業等は20％〉を限度）できる制度で２０１６年度までの時限措置であった。

その後累次拡大の方向で改正されていき、２０２４年度の税制改正では、中堅企業のカテゴリーが加わり、女性活躍・子育て支援に対する加算も導入され、大企業、中堅企業では最大控除率35％、中小企業では最大控除率45％となった。また、赤字企業にはメリットが無いという批判から、中小企業に対しては5年間の繰り越し控除が認められた（２０２６年度まで）。

また、２０２２年の税制改正で、中小企業の賃上げには中小企業自身の取り組みに加え、大企業の取引先への労務費も含めた適切な価格転嫁も重要な要素となることから、大企業については、軽減税制の適用を受けるためには、「従業員への還元」や「取引先への配慮」を盛り込むことが必要な「マルチステークホルダー方針」を公表して、経済産業大臣に届け出ることが義務づけられた。

最低賃金

１９５９年に最低賃金法が成立した。衆議院本会議での趣旨説明では、「低賃金労働者の労働条件を改善し、大企業と中小企業との賃金格差の拡大を防止することに役立つのみでなく、さらに、労働力の質的向上をはかり、中小企業の公正競争を確保し、輸出産業の国際信用を維持向上させて、国民経済の健全な発展のために寄与するところが大きい」とされた。

その後、1968年に業者間協定に基づく最低賃金及び業者間協定に基づく地域的最低賃金の2つの最低賃金決定方式が廃止された他は大枠変更が無かったが、2007年改正で、地域別最低賃金については、地域における労働者の生計費及び賃金並びに通常の事業の賃金支払い能力を考慮して定められなければならないものとし、労働者の生計費を考慮するにあたっては、生活保護に係る施策との整合性に配慮するものとすることとした。その結果として、1999年以降対前年上昇率が1％未満で推移していたが、2007年は2・1％となりその後もコロナ禍の2020年に0・1％となった以外の年は1％を超える引き上げとなっている。

2012年の安倍政権の成立以降、最低賃金を引き上げる方向となっている。2013年6月に策定された日本再興戦略で「全ての所得層での賃金上昇と企業収益向上の好循環を実現できるよう、今後の経済運営を見据え、最低賃金の引上げに努める」とされた。

2016年の「経済財政運営と改革の基本方針」では、最低賃金については、「全国加重平均が1000円となることを目指す」と最低賃金の引き上げの具体的な目標が経済政策に盛り込まれた。その後2023年の最低賃金法の改定で、全国加重平均が1004円となり1000円という目標は達成された。

また、2023年11月に策定された「デフレ完全脱却のための総合経済対策」において、最低賃金額については、「２０３０年代半ばまでに全国加重平均が１５００円となることを目指す」とされている。

社会保険（年金・健康保険）の適用範囲

税以上に、女性の就業に影響を与えるものとして、社会保険の適用関係がある。厚生年金保険、健康保険で配偶者の被扶養者と認定されれば、保険料の支払いから免れることができる。認定基準は、１９８６年4月までは、所得税の控除対象配偶者収入限度額に連動して改定されてきたため、１９８４年に90万円に引き上げられたが、１９８７年5月以降は、所得税との連動をやめ、被扶養者の適用を維持するという考え方から、所得水準の伸びに応じた改定を行っている。[11]１９８７年に１００万円に引き上げられ、１９９３年に１３０万円に引き上げられて以降据え置かれている。これがいわゆる「１３０万円の壁」である。

パートタイム労働者本人が社会保険の適用労働者になるかどうかは、週30時間以上の労働時間があるかが適用の基準となっていたが、２０１６年10月から①週20時間以上、②月額賃金８・８万円以上（年収１０６万円以上）、③勤務期間1年以上見込み、④学生は適用除外、⑤従業員５０１人以上の企業の条件を満たすパートタイム労働者が社会保険の適用対象となった。これがいわゆる「１０６万円の壁」である。適用対象企業規模は拡大されていて、２０２２年10月から１００人以上規模、２０２４年10月から50人以上規模の企業の従業員に対して適用される。

実際にどの程度「壁」を意識しているかを２０２１年「パートタイム・有期雇用労働者総合実態調査」でみると、配偶者を持つ労働者のうち「就業調整をしている」労働者は、「有期雇用パートタイム」では男性が７・１％、女性が26・４％となっている。「毎月勤労統計」でみると、２０１２年にパートタイム労働者の時給は１０２６円で月間の総実労働時間は92・０時間だったが、２０２３年には時給は１２７９円に上昇したが、月間の総実労働時間は79・３時間と減少している。

この「１０６万円の壁」「１３０万円の壁」を意識して就業調整をするパートタイム労働者が一定程度存在することから、２０２３年10月から「年収の壁・支援強化パッケージ」が導入され、「キャリアアップ助成金のコースの新設」「事業主の証明による被扶養者認定の円滑化（一時的に１３０万円を超えても被扶養者認定を行う）」などが行われた。

賃金以外の処遇改善の動向――労働時間短縮の動き

１９８０年代、90年代の労働政策の大きな流れとして、労働時間の短縮という課題があった。戦後の労働時間法制の変革は、初期の労働基準法の規制を緩和しようとする動きがあった時期を除けば、法定労働時間の短縮に向けた動きと変形労働時間制の拡大、裁量労働時間制などの労働

11　第7回社会保障審議会年金部会資料　２０２３年9月21日

時間管理の弾力化が並行して進んできた。

労働時間の弾力化は、第3次産業の拡大、パートタイム労働者の増加、成果を労働時間で測ることが困難なホワイトカラーの働き方への対応が必要であったからだが、それによって、多様な働き方が可能となってきた。ある意味、労働時間を短縮する見返りとして労働時間管理の弾力化が進んでいったとも言える。

1979年8月の第4次雇用対策基本計画で、雇用対策基本計画としては初めて「労働時間の短縮」が取り上げられた。ここでは、労働時間短縮のワークシェアリング的な側面にも注目しつつ、「週休2日制を含め企業の労働時間の水準が欧米先進国並みの水準に近づくように努める」とされており、労働時間短縮の労働供給を減らす効果についても当初から期待されていたことが分かる。

1983年8月の経済計画「1980年代経済社会の展望と指針」を受けて、1985年6月に策定された「労働時間短縮の展望と指針」でも、年間総実労働時間2000時間が目標とされていた。この時期は、行政指導ベースの施策が主な対策であったが、1983年10月に出された第5次雇用対策基本計画では、「サービス経済化の進展等経済社会の変化に対応して、労働時間法制のあり方について検討を進める」とされている。

1947年の労働基準法制定時の労働時間規制は、原則として1日8時間、週48時間の労働時間規制と労働者の過半数代表との協定による時間外労働を認めたものだった。平均労働時間をみると欧米先進国に比べて高い水準にあり、その削減が政策目標となっていた。

特に1980年代後半から日本の貿易黒字、対外不均衡が大きな政策課題となっており、その解決の手段の一つとして労働時間短縮が取り上げられた。「労働時間短縮の展望と指針」によれば、労働時間短縮の意義として、①労働者の健康の確保と生活の充実、②経済社会や企業の活力の維持・増進、③国際化への対応、④長期的にみた雇用機会の確保を挙げている。

1986年4月7日に発表された「国際協調のための経済構造調整研究会報告」（前川レポート）のなかでは、内需拡大のため「経済成長の成果を賃金にも適切に配分するとともに、所得税減税により可処分所得の増加を図ることが個人消費の増加に有効である。また、労働時間の短縮により自由時間の増加を図るとともに有給休暇の集中的活用を促進する。労働時間については、公務・金融等の部門における速やかな実施を図りつつ、欧米先進国なみの年間総労働時間の実現と週休二日制の早期完全実施を図る」とされた。

このような流れを受けて、1987年に労働基準法の制定以来の大改正が行われ、法定労働時間の短縮が導入されたほか、変形労働時間制度の拡大、フレックスタイム制度の導入、裁量労働制の導入などが行われた。

本則では週40時間として、附則で「当分の間は、40時間を超え48時間未満の範囲内において命令で定める」として、当面は46時間とされたが、業種、規模で様々な猶予措置が残っていた。また、それ以前は4週間以内の期間を単位とする変形労働時間制がフレックスタイム制、1カ月単位・3カ月単位の変形労働時間制等の導入などが行われるとともに、事業場外及び裁量労働についての労働時間の算定に関する規定が整備された。

1993年改正においては、特に生活大国5カ年計画が策定されたこともあり、法案の趣旨説明では、「労働時間の短縮は、働く人々が時間的余裕を持ち、家族とのコミュニケーションや健康の増進により、心身を健全にし、能率的でよりよい仕事をするための大きな課題であり、『時』のゆとりを実感することのできる生活大国実現のための大きな柱であります」とされた。

週所定労働時間は原則週40時間制だが、業種、規模により猶予措置の特例があり、1997年4月から猶予措置は終了して、原則として週40時間制に移行することとなった。時間外労働の賃金割増率についても見直しが行われ、法定休日労働の割増率が35%に引き上げられた。変形労働時間制については、新たに最長1年単位の変形労働時間制が導入された。

弾力的な働き方の実現

法定労働時間の短縮は1997年で終了したが、社会経済情勢の変化や働き方や就業意欲の多様化に対応した法改正が求められるようになった。労働基準法の1998年改正では、高度の専門的な知識、技術等を有する労働者や高齢者について労働契約の期間の上限を3年に引き上げるほか、企画裁量型裁量労働制導入、時間外労働の限度基準の根拠の導入、一年単位の変形労働時間制について、対象期間における労働日数の限度を定めることなどが決められた。

当時雇用失業情勢が厳しかったことから、２００２年３月に「ワークシェアリングに関する政労使合意」が結ばれ、「多様就業型ワークシェアリングの環境整備に早期に取り組むことが適当である」とされた。

２００３年に労働者一人ひとりが主体的に多様な働き方を選択できる可能性を拡大するとともに、働き方に応じた適正な労働条件を確保し、紛争の解決にも資するよう、労働契約や労働時間など働き方に係るルールを整備することを目的として、労働基準法について以下の３点が改正されている。

① 有期労働契約の契約期間の上限を1年から3年に延長するとともに、高度の専門的な知識等を有する者や満60歳以上の者については、その期間の上限を5年とした。また、有期労働契約の締結、更新、及び雇い止めについての基準を定めることとなった

② 従来、判例の積み重ねで確立していた解雇権濫用法理を法定化した

③ 裁量労働制が多様な働き方の選択肢の一つとして有効に機能するようにするため、企画業務型裁量労働制について、その導入の際の要件、手続を緩和するとともに、裁量労働制が働き過ぎにつながることのないよう、専門業務型裁量労働制においても、健康・福祉確保措置等の導入を必要とすることとされた

その後、少子高齢化が進行し労働力人口が減少するなかで、子育て世代の男性を中心に、長時間にわたり労働する労働者の割合が高い水準で推移していること等に対応し、長時間労働を抑制

し、仕事と生活の調和がとれた社会を実現する観点から、２００８年に労働基準法が改正され、60時間超の時間外労働に対する割増率を5割以上とし、中小企業については、当分の間適用しないことや、５日を上限として時間単位の年休取得を認めることが定められた。

２０１８年に働き方改革関連法が成立し、そのなかでも労働基準法の改正が行われた。趣旨としては、多様な働き方を選択できる社会の実現と過労死防止のための長時間労働の是正である。そのため、

① 時間外労働の上限について、月45時間、年３６０時間を原則とし、臨時的な特別な事情がある場合でも年７２０時間、単月１００時間未満（休日労働含む）、複数月平均80時間（休日労働含む）を限度に設定する（適用猶予・除外の事業・業務あり）

② 月60時間を超える時間外労働に係る割増賃金率（50％以上）について、中小企業への猶予措置を廃止する

③ フレックスタイム制の「清算期間」の上限を1カ月から3カ月に延長する

④ 特定高度専門業務・成果型労働制（高度プロフェッショナル制度）の創設

が盛り込まれた。

図2－3で示した総実労働時間の推移をみると、１９９０年には２０５２時間だった総実労働時間は、２０２２年には１７８１時間まで減少している。ただ、これはパートタイム労働者比率の上昇によるところが大きい。「毎月勤労統計調査」では１９９３年から一般労働者とパートタイ

図2-3　労働時間（総実労働時間、所定内労働時間）の推移

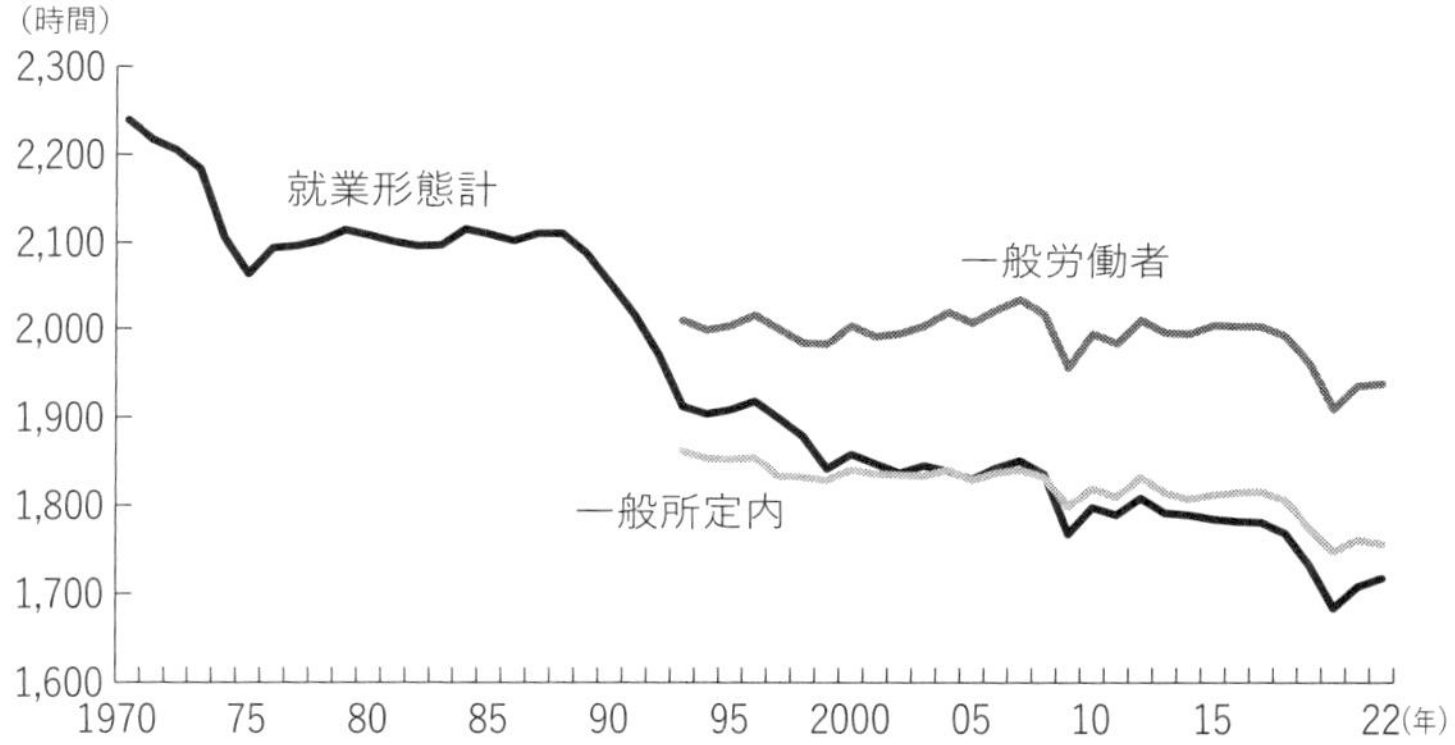

（出所）「毎月勤労統計調査」（厚生労働省）

ム労働者を分けて集計するようになったが、一般労働者の総実労働時間は１９９３年の２０１０時間から２０１７年まで２０００時間前後で推移しており、顕著な減少はみられなかった。

２０２２年には１９３９時間となっており、働き方改革関連法の影響か２０１８年以降の減少が大きい。一般労働者の所定内労働時間については、上述の通り週所定労働時間を40時間にしていく法改正のなかで着実に減少していった。

今後の労働時間政策

上述のように、労働時間の短縮にはワークシェアリングの効果がある。労働市場が緩和している状況であれば、労働供給を減らす効果がある労働時間の短縮には、労働市場の需給調整という立場からは合理性がある。

ただ、最近のように労働力人口が減少傾向にあるなかで、労働供給を制限する政策がマクロ的に合理的なものなのか再検討する余地があるのではないか。労働者の健康、安全を守るというのは譲れない保護法益であり、その点に配慮しつつ、例えば高度プロフェッショナル制度の対象となる労働者に対して求められる健康確保措置と同様の措置と過半数労働組合との合意を前提に、時間外の上限を緩和して36協定を締結することを認めることも、政策としては一つのオプションかもしれない。

企業としては、過重労働による健康被害や過労死は絶対認められない。残業時間の規制が労働時間の規制となっているから、一定の労働者に対して時間外手当を支払わない制度は「ゼロ残業法案」という批判を受けがちである。ただ、多くの企業にとってはきちんと残業してくれた労働者に対して残業代を払うのは当然であると考えていて、時間外労働規制の緩和と時間外手当の支払いは分けて考えるべきだと思われる。[12]

4——日本の労働政策概観

過去30年間ほどの主要な労働政策を概観すると、高度経済成長期以降の日本の労働市場においては、人口構成の変化などによる高齢化、女性労働力の職場進出などに対する対応を行いつつ、労働者、使用者のニーズの変化による雇用形態の変化、リーマンショック等の外部からのショックへの対応を行ってきた。

オイルショック以降、日本の労働需給は、バブル経済などの一時の好況期を除けば、有効求人倍率が1を下回る、労働力が余剰気味の状態となっていたため、労働市場政策は基本的には失業対策がメインだった。しかしながら、2012年以降、団塊の世代が徐々に労働市場から引退していき、若年人口が減少していくなかで、次第に人材の確保が労働政策において重要な課題となってきた。

また、労働市場の需給双方のニーズにより雇用形態が多様化していくなかで、新たな雇用形態について労働法制の整備が行われていった。また、使用者側も1995年の『新時代の『日本的経営』』で示したように、長期勤続の労働者以外の労働者も活用した、雇用者のポートフォリオを志向していった。

雇用形態が多様化していくなかで、正社員とそれ以外の雇用形態の格差が問題となってきた。2010年に公表された「雇用政策研究会報告」では、正規・非正規労働者の二極化解消のため、働き方の改善を提言しており、「多様な正社員」の環境整備、有期雇用ルールの整備、最低賃金の引き上げ、均等・均衡待遇の推進などを提言している。その後、累次の法改正とともに、2018年の働き方改革関連法案の成立で、「同一労働同一賃金ガイドライン」などが発出された。

12　2005年6月に日本経団連が「ホワイトカラーエグゼンプションに関する提言」を発表した。そのなかで、あくまでも例示であるとしながらも年収要件400万円以上を年収要件として盛り込んだ。

また、職務限定、勤務地限定など多様な正社員が今後増えていく場合、契約時において業務、就業場所の範囲を明確にすべきではないか、また有期契約労働者についても正規労働者への転換があり得るということから、2024年4月から労働契約時において、すべての労働者について就業場所・業務の変更の範囲の明示、有期契約労働者については、更新上限の明示、無期転換申込機会の明示、無期転換後の労働条件の明示が義務づけられることとなった。

労働条件については、経済発展に伴って、先進各国との対比、貿易不均衡の是正、様々な働き方への対応などから長労働時間などの問題点を指摘されるようになり、法定労働時間の短縮と労働時間制度の弾力化が行われた。また、長時間労働に伴う健康被害への対応から、時間外労働時間についても指針などで制限がかけられてきたが、2018年の働き方改革関連法により、時間外労働時間についても法的な上限が設定されることとなった。

そのようななかで、最低賃金などの最低保障以上の賃金に関しては、労使の自主的な交渉を原則として決定されていった。いわゆる春闘を中心として、月例賃金、賞与、その他の労働条件も含めた交渉を毎年行うことにより、その時々の経済情勢に合わせた賃金、賞与の額が決定された。また、オイルショックのような時期にはハイパーインフレーションに陥ることを防ぎつつ、労使の対話を行ってきた。

このような背景には労使ともに雇用の安定を最も基本方針としており、賃金決定における労使協調路線が長年にわたって構築されてきた結果とも言える。また、企業内組合の存在が、そのような労使協調路線を維持するために大きな意味を持っていた可能性もある。

ただ、特に雇用失業情勢が厳しい場合には、労使交渉においてベースアップよりも雇用確保を優先することになりやすい。実際に日本において、デフレ下ではあったが、ほとんどベースアップが行われない時期がかなり長く続いていた。

2012年12月に第2次安倍内閣が成立して、政府が「官製春闘」と呼ばれるほど賃金引き上げについて直接介入するようになって、それ以前よりは賃上げ率は上がっているが、比較的高かった2017年から2019年でも2・0%にとどまっていた。2023年になり、人手不足感が一層深刻になり、また物価上昇が政策課題となってきた。このような状況になって労使団体、各企業とも賃上げに向けて取り組むこととなり、この流れは2024年も続いている。

1990年代の労使交渉では、前年の物価上昇分＋生産性向上分がベースアップの目安といわれていた。生産性の向上の裏づけがない賃金上昇が持続的なものとなることは考えにくい。一つのあり得るシナリオとしては、賃金上昇についていけない生産性が低い企業が市場から退出していくことが、経済全体の生産性の向上に資する可能性はある。

その場合、縮小均衡に陥らないためには、労働政策としては、就業率の向上による労働供給増加策、円滑な労働移動が行われるような、労働市場の需給調整機能の強化、労働者の自己啓発に対する支援、労働者に対する教育訓練等によるスキルの付与が必要となってくるだろう。これらの政策は2024年現在も行われていることであり、その方向で続けていく必要がある。

【参考文献】

伊田賢司「配偶者控除を考える」『立法と調査』№.358、2014年11月
大竹文雄、川口大司、鶴光太郎編著『最低賃金改革』日本評論社、2013年
菅野和夫、山川隆一『労働法　第13版』弘文堂、2024年
倉重公太朗、白石紘一編『実務詳解　職業安定法』弘文堂、2008年
呉学殊「日本的雇用慣行における――労使関係と賃上げを中心に」『日本労働研究雑誌』№.747、2022年10月
小池和男『日本の雇用システム――その普遍性と強み』東洋経済新報社、1994年
笹島芳雄『最新　アメリカの賃金・評価制度』経団連事業サービス、2008年
清水傳雄『現代日本雇用慣行――統計からみたその実態』労働新聞社、1988年
関英夫『安定成長期の雇用政策』労務行政研究所、1981年
通商産業省産業政策局編『21世紀型経済システム』経済産業調査会、1993年
鶴光太郎、樋口美雄、水町勇一郎編著『労働時間改革』日本評論社、2010年
中馬宏之他「雇用調整助成金の政策効果について」『日本労働研究雑誌』№.510、2002年
日本労働政策研究・研修機構「企業におけるキャリア支援の現状に関するアンケート」2022年1月
日本労働政策研究・研修機構「雇用調整助成金の政策効果に関する研究」『労働政策研究報告書』№.187、2017年
日本労働政策研究・研修機構「雇用調整助成金の支給実態」『資料シリーズ』№.265、2023年
濱口桂一郎『日本の労働法政策』日本労働政策研究・研修機構、2018年
リクルートワークス研究所「5カ国リレーション調査」、2020年

コラム⑴

企業の内外における人材育成と労働市場

内部労働市場が主体であった日本においては、人材育成はどちらかというと企業が主体となって行っていたと言える。企業で働きながら技術・技能を習得するＯＪＴ（On the Job Training）が中心であり、それに加えて外部の教育訓練施設等で学ぶＯｆｆ－ＪＴ（Off the Job Training）や社員自身が考えて民間の人材教育施設などで学ぶ自己啓発が行われている。

労働政策研究・研修機構が２０２２年1月に実施した「企業におけるキャリア支援の現状に関するアンケート調査」によれば、従業員の能力開発に対して「積極的である」企業の割合は10・3％、「やや積極的である」32・9％、「どちらとも言えない」36・4％となっており、積極的な企業割合は高く、また、従業員の能力開発については「企業の責任である」24・9％、「どちらかと言えば企業の責任である」58・9％となっており、能力開発は企業の責任とする企業の割合が高い。

「人材育成・能力開発について特に方針を定めていない」という企業は13・8％と少ないが、公的な「事業内職業能力開発計画」を作成していない企業が66・8％とフォーマルな計画をそれほど作成していない。キャリアコンサルタント、セルフ・ジョブドック、ジョブカードなどについてもそれほど活用されていない。

一方、若いうちから将来の進路を考えて人事管理を行っている企業は「かなりあてはまる」5・4％、「ややあてはまる」32・4％、「どちらとも言えない」34・3％とかなりの企業が若いときからの人材育成を考えてはいる。また従業員を育てることを大切だと考えている企業は「かなりあてはまる」45・0％、「ややあてはまる」44・0％とほとんどの企業が従業員を育てることを大切だと考えている。

以上のことをまとめれば、日本企業は従業員の教育には積極的であり、従業員の能力開発については企業に責任があると思っている。能力開発について何らかの方針を定めており、若いうちから将来の進路を考えて人事管理を行ってはいるが、公的な計画を立てたり、キャリアコンサルタント等の活用をしたりすることにはそれほど積極的ではないという、なんとなく直感的には納得できなくもないが、曖昧な結果が出てくる。

一方、「能力開発基本調査」で正社員に対して重視する教育訓練についてみると、２０２３年度調査ではＯＪＴを重視するまたはそれに近い企業の割合は78・５％、Ｏｆｆ－ＪＴを重視する、またはそれに近い企業の割合は21・１％となっている。正社員以外に対して重視する教育訓練についてみると、ＯＪＴを重視するまたはそれに近いとする企業が80・６％、Ｏｆｆ－ＪＴを重視するまたはそれに近いとする企業は18・９％となっている。

２００６年度調査はやや聞き方が違うが同様の調査項目があり、正社員に対するこれまでの教育訓練の方法については、ＯＪＴを重視するまたは重視するに近いとする企業の割合は75・３％、Ｏｆｆ－ＪＴを重視するまたは重視するに近い企業は22・９％と大きく傾向は変わっていない。また、今後の教育訓練の方法をみると、ＯＪＴを重視するまたは重視するに近い企業は65・８％、Ｏｆｆ－ＪＴを重視するまたは重視するに近い企業は32・２％となっていたが、実際にはそれほどＯｆｆ－ＪＴを重視する企業は増えていない。

非正規社員に対するこれまでの教育訓練の方法については、ＯＪＴを重視するまたは重視するに近いとする企業は75・７％、Ｏｆｆ－ＪＴを重視するまたは重視するに近い企業は19・７％。今後の教育訓練の方法についてはＯｆｆ－ＪＴを重視するまたは重視するに近い企業は24・０％と正社員同様Ｏｆｆ－ＪＴを重視する企業は増加しているが、実際の2017年はそれよりも増えていない。

ちなみに、異なる調査で単純な比較はできないが、1984年「雇用管理調査」で、対象者別にみた教育訓練で重視している方法をみると、新規学卒者は、OJTが46・0%、Off－JTが25・1%、自己啓発援助が2・5%、無回答が26・0%に対して、中途採用者は、OJTが55・6%、Off－JTが14・2%、自己啓発援助が4・1%、無回答が25・9%とOJT重視という傾向は変わらず、自己啓発援助については、当時はあまり念頭に置かれていなかったことが分かる。

一方、実際に行われている教育訓練をみると、2023年度調査で、正社員に対して計画的なOJTを実施した事業所の割合は60・6%で長期的にはほぼ横ばい、正社員以外に対して計画的なOJTを実施した事業所の割合は23・2%となっておりやや低下傾向にある。

また、正社員に対してOff－JTを実施した事業所の割合は71・4%で長期的には横ばい、非正規社員に対してOff－JTを実施した事業所の割合は28・9%で近年低下傾向にある。

重視する教育訓練については、OJTという企業が多いが、実際に計画的OJTを実施している事業所の割合は、Off－JTを行っている事業所の割合よりも低く、OJTの主流は必ずしも計画的ではなく、実際の仕事のなかでの技術、技能の習得であることが分かる。

自己啓発についてみると、正社員に対しては82・2%の事業所が支援を行っており、正社員以外については、57・3%の事業所が支援を行っている。2009年度調査では、正社員に対して、66・5%の事業所が支援を行い、正社員以外に対しては、41・2%の事業所が支援を行ってきたのに比べると、自己啓発に対する支援は拡大している。

このように、国内の調査をみる限りは、日本企業は従業員の能力開発については、熱心にやっており、それなりの実績を残しているようにもみえる。しかしながら、比較方法の問題はあるが国際的にみると、日本の従業員の能力開発の水準は高くない。２０１８年の『労働経済白書』でＯＪＴ実施率を国際比較しているが、日本のＯＪＴ実施率は国際平均よりも低い。ＯＥＣＤ平均は、男性が55・1％、女性が57・0％となっているが、日本のＯＪＴの実施率をみると、男性が50・7％、女性が45・5％と平均より低く、下位グループに位置づけられる。また、労働者の能力不足に直面している企業の割合は、ＯＥＣＤ諸国のなかで日本が81％と最も高くなっている。

ただ、ここでいうＯＥＣＤ調査でのＯＪＴの定義は、大学などの教育機関において、学位の取得を目的とするものではないが計画的に実施される職業訓練であり、セミナーやワークショップの形式で行われる形式も包含しているというもので日本の感覚だとＯｆｆ－ＪＴに近い。またＯＥＣＤの調査ではＯｆｆ－ＪＴは学位の取得を目的とするような訓練であり、日本のＯｆｆ－ＪＴとは大分異なっているようである。

さらに、ＧＤＰ（国内総生産）に占める企業の能力開発費の割合（ＯＪＴを除く）を比較すると、２０１０から14年では、日本が０・１０％でアメリカが２・０８％、他の先進諸国も１％を超えているのに比べて日本の能力開発費の割合は極めて低い。「能力開発基本調査」をみると、一人当りＯｆｆ－ＪＴに費用支出した金額は２００９年度の調査からほぼ横ばいで、２０２２年度の調査で１・３万円となっている。また、自己啓発支援に費用支出した金額の推移をみると、やや減少傾向にあり、２０２２年度調査で１人３０００円とかなり少額となっている。ただ、「能力開発基本調査」で把握しているＯｆｆ－ＪＴのコストは、企業の人事担当部門で把握している金額で、現場レベルの予算で行われているようなＯｆｆ－ＪＴの金額までは把握していないと思われる。

以上をまとめれば、日本企業は従業員の能力開発には熱心だが、そもそも経験がない学卒採用を採用ルートとして持ち、初歩の段階から企業内で教え、長期勤続が前提のため通常の仕事を通じたＯＪＴが中心であり、Ｏｆｆ－ＪＴという場合も、企業内で行う場合が多いため、費用もそれほどかかっていないものと考えられる。

一方で、現状に対して不満を感じている企業も多い。２０２２年度「能力開発基本調査」では、能力開発や人材育成に関して何らかの問題があるとする事業所は、80・２％となっている。不満を感じつつも、能力開発にかける費用、実施割合にほとんど変化がないということから、企業主体の能力開発には限界があるかもしれない。また、現在のように技術革新が早い場合、企業側も十分に必要な技術、技能を把握できない可能性もある。

そのため、２０２３年6月の「経済財政運営と改革の基本方針」いわゆる骨太方針では、「二人一人が自らのキャリアを選択する時代となってきたなか、職務ごとに要求されるスキルを明らかにすることで、労働者が自らの意思でリスキリングを行い、職務を選択できる制度に移行していくことが重要であり」とし、「リスキリングによる能力向上支援」については、現在、企業経由が中心となっている在職者への学び直し支援策について、5年以内を目途に、効果を検証しつつ、過半が個人経由での給付が可能となるよう、個人への直接支援を拡充する。その際、教育訓練給付の拡充、教育訓練中の生活を支えるための給付や融資制度の創設について検討する」とされた。

このため、２０２４年の通常国会に雇用保険法について以下のような改正が成立した。

① 自己都合で退職した者が、雇用の安定・就職の促進に必要な職業に関する教育訓練等を自ら受けた場合には、給付制限をせず、雇用保険の基本手当を受給できるようにする。自己都合で退職した者については、給付制限期間を原則2カ月としているが、1カ月に短縮する

② 教育訓練給付金について、訓練効果を高めるためのインセンティブ強化のため、雇用保険から支給される給付率を受講費用の最大70％から80％に引き上げる

③ 自発的な能力開発のため、被保険者が在職中に教育訓練のための休暇を取得した場合に、その期間中の生活を支えるため、基本手当に相当する新たな給付金を創設する

コラム⑵ 日本の雇用者はなぜ企業と直接交渉しないのか

リクルートワークス研究所の「5カ国リレーション調査」で賃金決定関係の項目をみると、報酬は「従業員の声や交渉によって変わる」という割合が、日本は「どちらかといえば」を含めても16・4％と最も低い、アメリカは32・4％、フランスは23・4％、デンマークは31・9％、中国は36・7％となっている。

入社時の賃金決定も、「会社から提示額で合意した」というのが、日本は62・0％と最も高く、アメリカは28・0％、フランスは18・4％、デンマークは24・8％、中国は11・0％と他の国は自分から賃金を提示する、もしくは会社側提示賃金に対して交渉を行っている。

賃金の決定要因のうち、1番目に影響が大きいものをみると日本は「わからない」が23・8％と一番高いのが他の国と比べて特徴的である。また、「個人と会社の個別交渉」は日本は6・8％と最も低く、アメリカは26・8％、フランスは29・2％、デンマークは26・1％、中国は25・3％と他の国と傾向が異なる。「労働組合と使用者の団体交渉」をみると日本は5・6％、アメリカは8・8％、フランスは13・5％、デンマークは23・0％、中国は15・6％でやはり日本が低くなっている。

入社後の賃上げについても、「賃上げを求めたことがない」というのが日本は71・3％と高く、アメリカは28・7％、フランスは23・6％、デンマークは33・9％、中国は5・2％で日本はそもそも賃上げを求めない。

このように日本は賃上げ要求しないが、賃金に満足しているかといえば、そんなことはなく、現在の給与について「不満である」「とても不満である」の割合は、日本は34・3％、アメリカは15・7％、フランスは16・6％、デンマークは15・7％、中国は9・0％となっており、他国に比べると給与に不満を持つ割合が高い。

調査時が2019年で、まだ賃上げに対する意識が弱かったことがあるかもしれない。この調査だけみると、給与について自分から会社に対して直接は言わないけれど、安いとぶつぶつ不満を言う姿は他国からはよく分からない国民性にも思える。しかし、自ら振り返ってみると自分の賃金についてあれこれ会社に対して言うことについて抵抗がある感覚は理解できる。

日本の雇用者が自分の処遇に対して企業に何らかの要求をするということに慣れていないのだろうか。学校を出てすぐに入社する。そのプロセスにおいても会社に入社条件を提示することなどは極めてまれであろう。なぜ、そのような構造が出来上がってしまったのだろうか。一つには学校卒業後に入社するまでのシステムが大きく影響しているのではないだろうか。以下で、新規学校卒業者が入社するまでの状況を簡単に整理してみよう。

日本の若年者労働市場の特徴は、学卒一括採用と呼ばれる採用方式である。高校、大学などの卒業の直後に4月から新入社員として企業で働き始める。そのため、日本においては欧米諸国にあるような、学生時代と仕事の開始のブランクがなく、日本の若年失業率は諸外国に比べて低くなっている。

高卒の採用選考の特徴としてはいわゆる「1人1社制」がある。これは、高校から企業に推薦する際に1度に1社だけに対して応募するというものである。この制度については、高校生が適切に職業選択をすることに役立つという意見と高校生の応募機会を制限するものであるという意見があり、２０１９年６月の規制改革推進に関する第５次答申では、「高校生の就職の機会を保障しようとするあまり、かえって当事者の主体性を過度に制限しているのではないかという意見や、現行の採用選考のやり方について、当事者である高校生や保護者の希望や意向が十分に反映されていないのではないか、という意見がある」とされ、１人１社制の在り方の検討が行われた。

その結果として、２０２０年に「高等学校就職問題検討会議ワーキングチーム報告」が提出されたが、結論としては、都道府県単位で実情に応じて、①一次応募の時点から、複数応募・推薦を可能とする。ただし、応募企業数を限定することもあり得る（例えば、2—3社までとするなど）。②一次応募までは1社のみの応募・推薦とし、それ以降（例えば10月1日以降）は複数応募・推薦を可能とする。また、就職面接会で応募する場合は、期間にとらわれず2社以上の応募を可能とする、とされた。

ただ、これは当時の現状の追認であるとも言える。２０１８年7月でも秋田県と沖縄県では当初から一人3社までの応募・推薦を可能としており、他の都道府県はそれぞれの判断で10月以降複数応募解禁、11月以降複数応募解禁としていた。２０２３年6月でみると秋田県、沖縄県に加えて、大阪府、和歌山県が当初から複数応募を可能としており、他の都道府県も２０１８年に比べると複数応募解禁の時期を前倒ししているところが多くなっている。

２０２５年3月卒業の高卒求人のスケジュールをみると、6月1日から、ハローワークによる求人申込書の受付が開始され、企業からの求人はハローワークで求人の内容を確認されてから、学校に求人が提出される。7月1日から、企業による学校への求人申込及び学校訪問開始。9月5日（沖縄県は8月30日）から、学校から企業への生徒の応募書類提出開始、9月16日から企業による選考開始及び採用内定開始というスケジュールとなっている。

大学生については、過去は労働省も加わった就職協定などもあったが、強制力に乏しいため、1982年から労働省が協定から手を引いた。その後は経団連などが指針を策定してスケジュールを定めていたが、2018年10月に経団連は「採用選考に関する指針」を策定しない方針を明らかにして、それ以降は政府が「就職・採用活動日程に関する考え方」を取りまとめて、関係団体に対して要請をしている。

ちなみに、2025年3月卒業予定の大学生の就職スケジュールは、2024年3月広報活動開始、2024年6月採用選考開始、2024年10月内定開始となっている。

また、インターンシップについても、以前の整理ではインターンシップを通じて得られた情報を採用活動に利用できないことになっていたが、2022年6月にその考え方が改められ、一定の基準を満たしたインターンシップで企業が得た学生情報を広報活動や採用選考活動に使用できるよう見直した。

大学生の就職活動については、政府は指針を定めているが、実際の募集・採用の多くはいわゆる就活サイトを通じて、就職志望者と企業間で自主的に進められている。一方、高校生については学校、ハローワークの関与が強くなっている。すなわち、社会経験に乏しい高校生が単独で企業を選ぶのは難しいであろうという前提から、求人条件などについてハローワークの確認を受けたうえで、学校推薦で募集に応募するというシステムがとられている。

高校生、大学生双方で共通して、提示された初任給、労働時間やその他の労働条件をみて企業を選択するが、入社時に労働条件の交渉を行うことは無い。これは、学卒一括採用というシステムを採用する以上、当然のことであるが、「5カ国リレーション調査」でみたように、日本の労働者が賃金についての個別交渉を行わない原因になっているかもしれない。

日本では一般的に市場において売り手より買い手が強いと言われている。賃金の引き上げのためには、労務費の価格転嫁が必要であることから、2023年11月に公正取引委員会が「労務費の適切な転嫁のための価格交渉に関する指針」を出す必要があった。

労働者と使用者の関係については、労働者に対して、使用者側の力が強いことから、労働組合その他の団体的労使関係法制が制定され、労働組合側には使用者側と交渉する枠組みは与えられている。ただ、「総じて言えば、1990年代以降、労働組合が、賃上げによる雇用関係の高度化、生産性向上および事業の高付加価値化に資する役割を果たしたとは、国際比較からみる限り、言いがたい。」[12]という評価もあり、人手不足基調の労働市場のなかでの行動が問われていると言える。

当事者であった、どちらかと言えば規模が小さい労働組合の産業別労働組合であるJAM（ものづくり産業労働組合）の安河内会長は、「日本経済新聞」のインタビューに答えて「バブルが崩壊し、組合はリストラを選ぶか賃金を我慢するか二者択一を迫られた。私たち組合は雇用を守る方を選んだ。しかし雇用を守るために非正規雇用、賃下げ、最終的にはリストラも受け入れた。本当に守ろうとしたものは何だったのか」

「労働組合がデフレに陥った戦犯だとは思わないが、共犯であることは間違いない。（今振り返れば）デフレの時代においても、『自分たちの生活は苦しい』という組合の基本的な主張を忘れるべきではなかった」[13]

12　呉学殊（2022）を参照。
13　2024年5月22日付、『日本経済新聞』朝刊

3章

雇用形態別にみた賃金

——正規雇用者の賃金

本章のポイント

1章でも示したように、正規雇用者（特に男性）は相対的に高い賃金を得ているが、他の雇用者層に比べて賃金の上昇は相対的に低かった。この章では、男性正規雇用者の賃金決定の枠組みがどのように変わってきたのか、変わってきたとすればその理由は何かについて整理することを目的としている。

男性正規雇用者については大企業を中心としていまだに企業と雇用者の長期的雇用慣行が続いており、結果として2000年代に入ってから年功的な賃金の在り方はそれほど変化していない。しかし、生え抜き社員においても同期社員間で賃金格差が拡大してきており、年功的賃金も個々の雇用者にとっては徐々にではあるが変化してきていることがうかがえる。また、最近の正規雇用者の賃金上昇が抑制されてきた背景には、バブル崩壊後の財界のデフレ志向や労働組合が提唱する「雇用の安定」が強く影響していたことが示唆される。

この章では、雇用形態の違いによって、賃金の変動にどのような違いが生じているかをみてみよう。ここでは雇用形態を、正規雇用と非正規雇用に大きく分類する。正規雇用者とは雇用期間を定めないで雇用された者を指し、非正規雇用者とは正規雇用以外の雇用形態で雇われた者、言い換えれば雇用契約において1年とか3年とか比較的短い雇用期間で雇われることを前提とした雇用者を指す。

2000年と2020年の国勢調査の数値からは、過去20年間で雇用者全体に占める正規雇用者の比率は79%から63%と16ポイントもの下落を示している。逆に急速に増加した非正規雇用者についてはアルバイト、パートタイマーなどと呼ばれる人たちが多く、短時間労働が主流である。また、正規雇用者の賃金の多くが月給制であるのに対し、非正規雇用者の賃金は時給、日給などの実際に働いた時間に比例して支払われることが多い。

後述するように、短時間労働で相対的に賃金の安い非正規労働者が増加すれば、他の条件が変わらなくとも1章でみた平均的な賃金の減少もしくは上昇率の低下を引き起こす。

なぜ非正規雇用者が相対的に増加したのかについては様々な理由が考えられる。短期的な理由と中長期的な理由に大きく別ければ、以下のような点が主な理由として考えられている。

短期的な理由としては、非正規雇用者の採用や解雇は正規雇用者に比べてコストがかからないことがある。さらに、非正規雇用者の賃金が相対的に正規雇用者の賃金より低いために、人件費の節約ができることなどが考えられる。一方、中長期的な理由としては、5章において詳しく述べるが、正規雇用者での就業は難しいが短時間労働ならば受け容れやすい女性や高齢者の労働供給が増加したこと、[1]景気の好不況に対応させることにより短期間での雇用を行うメリットが企業側にも増加するなかで、非正規雇用の需要の増加が顕著になってきたことなどが考えられる。

労働市場において性格の異なる2つの雇用形態が存在することにより、マクロ的にみた平均的賃金の変動は、単に両者の賃金の変動だけでなく、両者の人数の割合に大きく影響することになる。先に示したように非正規雇用者の雇用者全体に占める比率は急速に増加している。このような雇用形態の変化は、平均的な賃金に対して具体的にどのような影響を与えたのだろうか。以下で簡単な思考実験をしてみよう。

1――簡単な思考実験

雇用構造が変化したことがマクロ的賃金の変動にどのような影響を及ぼしたか、簡単な頭の体操をしてみよう。雇用構造の変化を考える際に雇用のされ方として、以下の2種類を考える。

① 正規雇用：雇用期間の定めのない雇用者

② 非正規雇用：短時間雇用者、契約社員、パート労働者、アルバイトなどという正規雇用以外の形態で雇われている人たち

雇用者として定義される労働者は上述した2種類のいずれかの形で雇用されているとしよう。

ここで、マクロ経済の雇用者報酬は、すべての雇用者の平均的賃金とすべての雇用者数を掛け合わせたものである。

雇用者の人数を記号Lで表し、正規雇用者をL_1、非正規雇用者をL_2で表すことにする。全雇用者数はLで表すことができ、$L=L_1+L_2$となる。今、正規雇用者と非正規雇用者の一人当たり賃金を各々w_1、w_2とすると雇用者報酬（Y）は、

$$Y=w\cdot L=w_1\cdot L_1+w_2\cdot L_2$$

となる。したがって、マクロでみた一人当たりの賃金wは、

$$Y/L=w=w_1\cdot L_1/L+w_2\cdot L_2/L$$

となる。以上の式から分かるようにマクロ経済でみた一人当たり雇用者報酬は、異なったタイプの雇用者の賃金に各々の比率を掛けて導出されたものである

したがって、賃金の値が変わらなくとも各々の雇用者比率（正規雇用者数÷全雇用者数、非正規雇用者数÷全雇用者数）が変われば、一人当たり雇用者報酬の値も変化する。その度合いは、各々の賃金格差に依存することは上記の式からも分かる。また、以上では雇用者に2種類のタイプしかないと仮定したが、現実には性別、学歴、年齢など賃金に差を与える異なる属性を持った雇用者層がたくさん存在する。

以下では実際に簡単な計算をしてみよう。平均賃金の変化は、2種類の雇用者の各賃金の変化と全体の雇用者数に対する比率の変化で決定される。そこで、2000年と2020年の各数値を

1　この中には定年後に任期制に移行した高齢者も含まれる。

求め、平均賃金の変化に対してどの変化がどの程度寄与したのかみてみよう。実際の計算においては、相対的に大きな男女賃金格差を考慮して男女別のデータを用いて行っている。したがって、4つの異なった雇用者と各々に支払われる異なった賃金が存在することになる。

用いた数値について

2000年の男女の正規雇用者数は同年の国勢調査より各々、243・7万人と105・2万人であり、非正規雇用者数は43・1万人と102・1万人である。雇用者の合計は494・1万人となる。2020年も同様に男女の正規雇用者数は各々、237・9万人と124・9万人であり、非正規雇用者数は66・9万人と143・2万人である。2020年の雇用者計は572・9万人となる。

また、正規雇用者の賃金は両年の「賃金構造基本統計調査」より所定内給与月額を用いており、男性については正規雇用者賃金で33・7万円（2000年）と33・9万円（2020年）、非正規雇用者賃金で11・2万円と11・3万円とした。女性については正規雇用者で22・1万円（2000年）と25・2万円（2020年）、非正規雇用者賃金で7・4万円と8・4万円とした。

正規雇用者と非正規雇用者の男女別の全雇用者数に対する比率は、2000年には、正規雇用者比率の値は男性が49・3％、女性が21・3％である。非正規雇用者比率は男性が8・7％、女性が20・6％である。2020年では、正規雇用者比率の値は男性が41・5％、女性が21・8％

である。非正規雇用者比率は男性が11・6％、女性が24・9％であり、20年間で男性正規雇用者の比率が減少し代わりに女性非正規雇用者の比率が増加したことが分かる。[2]

実験結果

以上で示した数値から、2000年と2020年の全雇用者の平均賃金を計算すると23・83万円から22・9万円となり、20年間で非正規雇用者も含めて雇用者の平均賃金が名目値でみても減少していることが分かる。その大きな理由は、全体の雇用者数は増加しているにもかかわらず、最も賃金の高い男性正規雇用者の人数が20年間で2537万人から2379万人へと大きく減少していることである。

では、仮に全体の雇用者は現実の数値通りに増加するが、個々の雇用者の割合は20年前と同じであった（つまり男性正規雇用者の減少は起こらない）とした場合に、一人当たり賃金はどのように変化するのだろうか。結果は、23・83万円から24・8万円となり平均賃金（一人当たり所得）は4％程度上昇することになる。

以上の結果だけをみると、企業は労務費削減のために、男性正規雇用者を賃金が相対的に安い女性雇用者や非正規雇用者に代替し、その過程において相対的に需要の少なくなった男性正規雇

2　この期間での男性正規雇用者減少の最大の要因は、団塊の世代が定年を迎えたことであろう。

用者の賃金が低迷していった、とみることもできる。

この状況については、さらに詳しく検討する必要がある。より生産性の高いスキルや技能を持った雇用者の需要がなぜ減少したのか、たとえ一部の産業においてそのような現象がみられたとして、より付加価値の高い産業への移動がなぜ起こらなかったのか。背後にある様々な問題を検討しない限り、この期間の男性正規雇用者の賃金の低迷を説明することは危険である。

以上の簡単な思考実験から分かることは、雇用形態の変化などによる影響とともにマクロ全体で一人当たり賃金が上昇しなかった理由の一つが、男性正規社員の賃金上昇の抑制にあることが確認できる。なぜ、男性正規雇用者の賃金が他の雇用者層の賃金に比べて上昇率が相対的に低かったのか、さらには、当該雇用者の人数自体が減少していったのか、以下で少し詳しくみていこう。[3]

2――日本的雇用慣行と男性正規雇用者の賃金

正規雇用者の賃金をみる前に、従来言われている日本的雇用慣行がどのように推移してきたのかをみることが重要である。なぜならば、雇用者と企業の長期的雇用関係、それに伴う年功的賃金の存在が日本的雇用慣行の主たる特徴であり、その性質が正規雇用者の賃金変動に大きな影響を持っていると考えられるからである。

一般的に企業と雇用者の長期的雇用関係は弱まってきていると言われている。実際はどうであろうか。日本的雇用慣行が最も反映されていると思われる男性大卒正規雇用者について、企業と雇用者の間の長期的雇用関係をみてみよう。

本当に企業と男性正規雇用者との長期的雇用関係は弱くなってきているのだろうか。そうだとすれば、それはどの程度弱くなっているのだろうか。２０２２年版「賃金基本構造統計調査」より、企業と男性大卒正規雇用者との長期的雇用関係について、産業別（製造業、情報産業、金融・保険業）、規模別（規模計、１０００人以上、１００－９９９人、10－99人）についてみてみよう。

表3－1は、各産業について企業規模をコントロールして男性正規雇用者の各年齢層（25歳から59歳までの5歳ごと）において勤続年数が０－２年の雇用者の比率を整理したものである。

この比率が高いほど、中途採用者が多く生え抜きの社員が相対的に少ないことを示すことになる。ただし、この結果からは離職者が多いケースでも中途採用者が少なければ長期的雇用関係が強いということになり、日本的雇用慣行が維持されているようにみえてしまうなどの問題点もあることに注意が必要である。参考のために55－59歳層における勤続30年以上の比率も掲載した。

3　ここで男性正規雇用社員について年齢別の賃金を用いていないことに留意が必要。年功的賃金においても中高齢層の賃金は年齢とともに低下する可能性も高く、50歳以上の賃金を分けて計算すればここでの数値（約４％）とは異なった結果が得られる可能性が高い。

	金融保険業勤続0-2年			
	(1)	(2)	(3)	(4)
	0.140	0.117	0.180	0.236
	0.186	0.174	0.193	0.381
	0.094	0.064	0.118	0.308
	0.061	0.041	0.096	0.160
	0.059	0.052	0.063	0.122
	0.025	0.013	0.041	0.125
	0.029	0.011	0.069	0.117
	0.040	0.013	0.053	0.209
	0.715	0.804	0.625	0.296

この数値が高いほど、定年直前の大卒男性正規雇用者の「生え抜き度」が高く、長期的雇用関係が強いことを示すことになる。

この表からは、大企業においてはいまだに20代後半から30代にかけての若手社員においても10－20％程度の中途採用率があり、30代後半以降では10％未満まで低下しその後は極端に中途採用の比率は低下している。中規模以下の企業では大企業と異なり、比較的各年齢層ともに中途採用の比率は高くなっている。

しかしながら、各企業規模ともに40代後半くらいから中途採用の比率はかなり小さくなり、中年以降の転職状況がかなり厳しいことを示唆している。また、定年直近の55－59歳層における生え抜き率の代理指標として勤続30年以上の比率をみると、企業規模1000人以上では、いずれの産業も8割を超えており、現在でも大企業においては高い生え抜き率を維持していることが確認できる。

以上のように現状においても大企業においては相対的に中途採用の比率は低く、それは若年層に偏ってお

表3－1　年齢別の勤続0－2年雇用者比率

	製造業勤続0-2年				情報通信業勤続0-2年			
	(1)	(2)	(3)	(4)	(1)	(2)	(3)	(4)
年齢計	0.147	0.109	0.151	0.192	0.210	0.126	0.248	0.242
25-29	0.304	0.072	0.313	0.412	0.366	0.253	0.378	0.451
30-34	0.185	0.148	0.058	0.255	0.185	0.102	0.187	0.235
35-39	0.115	0.075	0.111	0.120	0.110	0.078	0.129	0.107
40-44	0.075	0.043	0.062	0.136	0.082	0.025	0.114	0.085
45-49	0.074	0.040	0.077	0.110	0.054	0.015	0.068	0.073
50-54	0.048	0.017	0.063	0.086	0.071	0.011	0.108	0.144
55-59	0.042	0.016	0.042	0.099	0.067	0.021	0.130	0.078
(勤続30年以上)	0.615	0.815	0.571	0.258	0.628	0.837	0.492	0.250

（注）勤続30年以上は年齢が55-59歳層について計算している
（1）は規模計、（2）は1000人以上、（3）は100-999人、（4）は10-99人規模を示す
（出所）令和4年版「賃金構造基本統計調査」（厚生労働省）

り、中年以降での中途採用者はまだまだ少ないと判断するのが妥当であろう。

勤続年数と賃金

以上みたように直近のデータでみる限り、大企業においてはいまだに企業と雇用者での長期的雇用関係は維持されているようにみえる。では、年功的賃金はどうであろうか。2002年、2012年および2022年版の「賃金構造基本統計調査」より、製造業と金融保険業について企業規模別に男性大卒標準労働者について年齢（勤続年数）とともに賃金がどのように変化していくかを示した賃金プロファイルをみて

みよう。標準労働者とは新卒入社後から同一企業のみに勤務している生え抜き社員を意味しており、彼らの年齢別賃金の変化はある意味で最も日本的雇用慣行に対応したものと言えよう。

図3－1は、製造業と金融保険業について規模別に3時点での名目値でみた賃金プロファイルを描いたものである。注目すべきは、金融保険業の大規模企業を除いて3時点での賃金プロファイルの位置がほとんど違わないということである。約20年の間に物価上昇があったにもかかわらず、各年齢（勤続年数）での賃金の値はほとんど変わらなかった、という事実である。

図は所定内給与を用いて描かれており、3時点では所定内労働時間はかなり減少しており、時間当たり賃金でみればある程度の上昇となり、最近ほどプロファイルは全体的に上方にシフトしている可能性はある。[4]

以上のことから、次のようなことが言えよう。過去20－30年において日本の労働市場での雇用の広がりは正規から非正規へ、また、男性中心から相対的に女性を重視した枠組みへと雇用の在り方が変化していった。同時に、伝統的な日本的雇用慣行の枠組みのなかで雇用されていると思われる男性大卒者の賃金は、一部を除いて産業、企業規模などに関係なく名目値でみてほとんど変化してこなかった。[5]一方、非正規雇用者や女性正規雇用者の賃金は男性大卒雇用者と異なり、相対的に上昇させていった。

もともと賃金が低かった雇用者層の賃金が上昇し、平均的にみて高い賃金を得ていた大卒男性雇用者の賃金の上昇がほとんどみられなかった。それまでの賃金格差が個別労働者の生産性等の

図3-1　標準労働者の賃金プロファイル

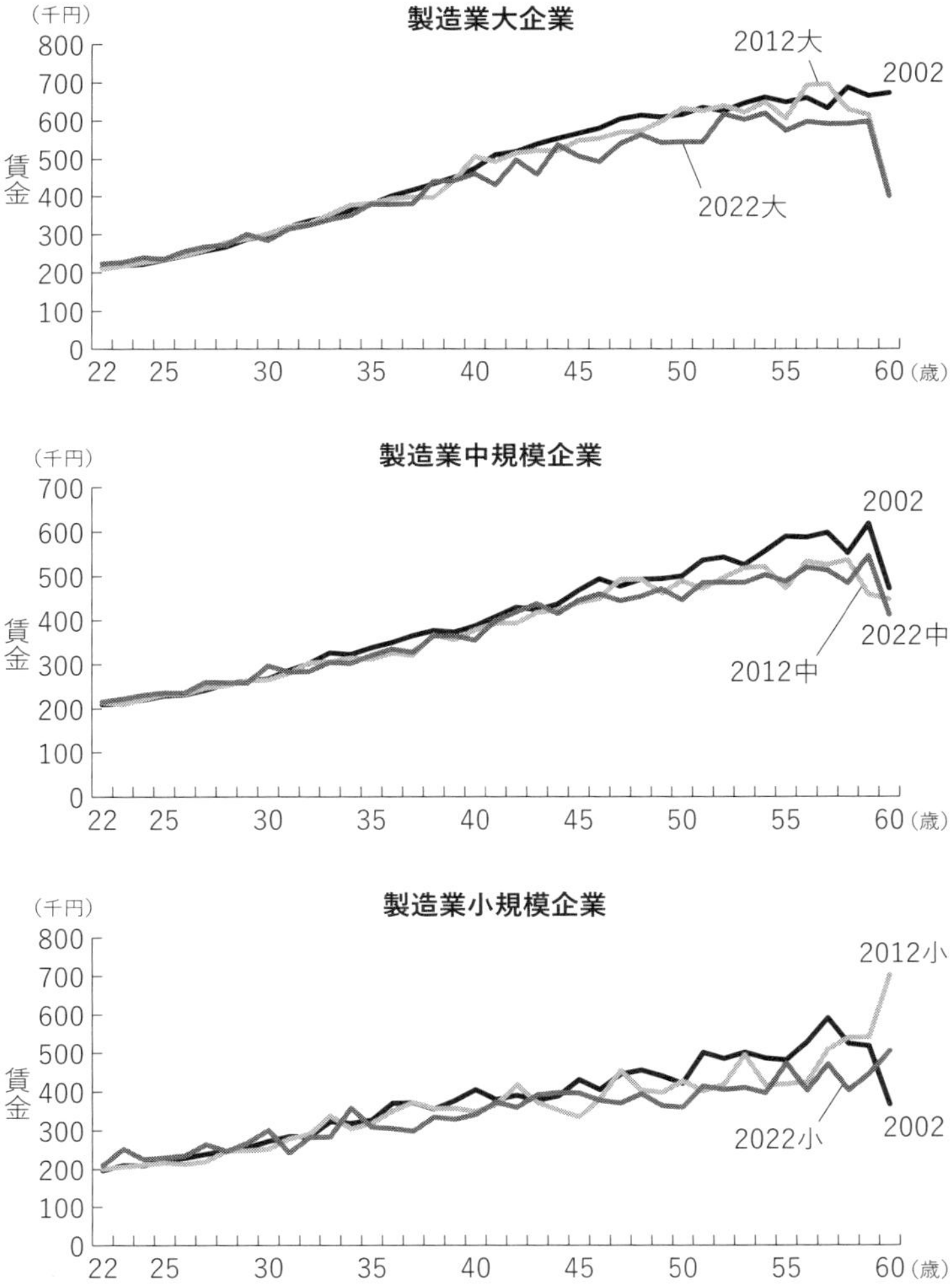

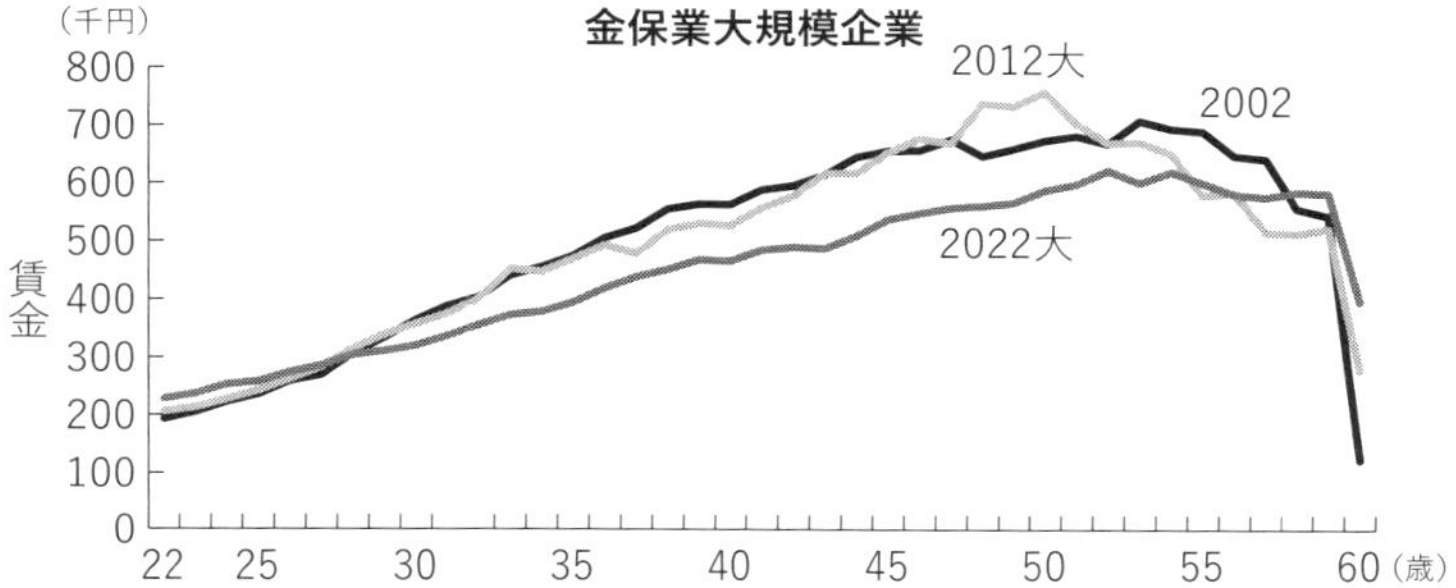

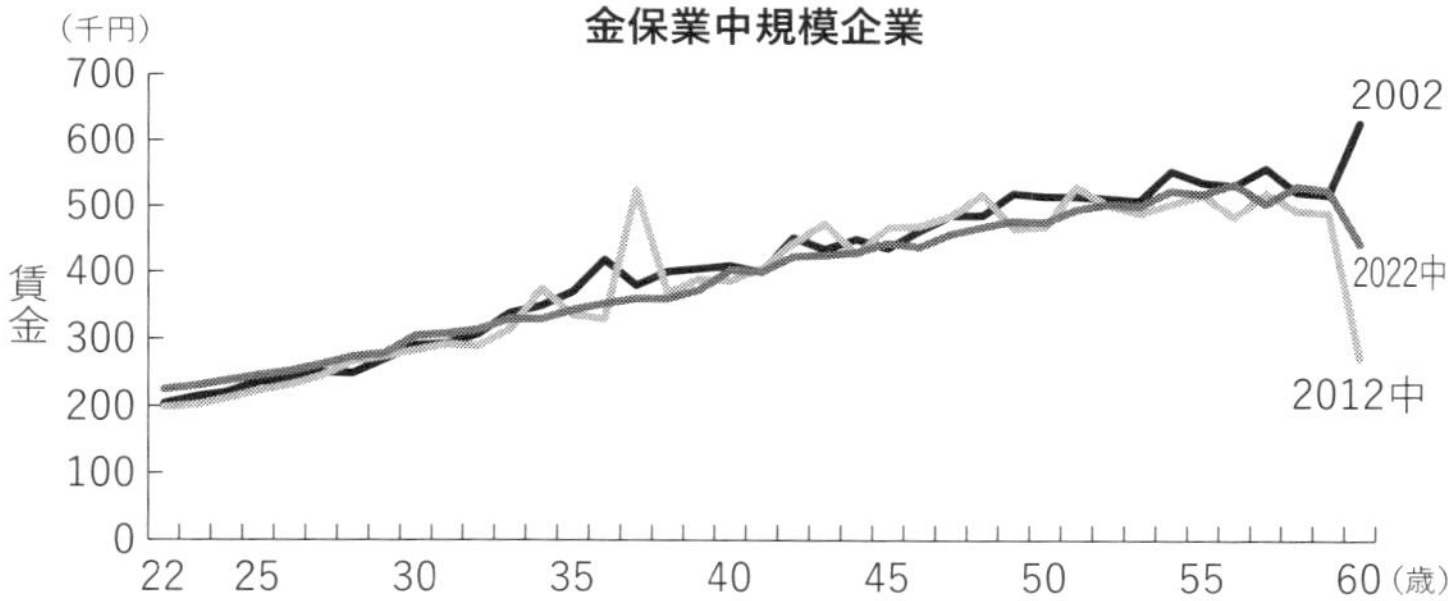

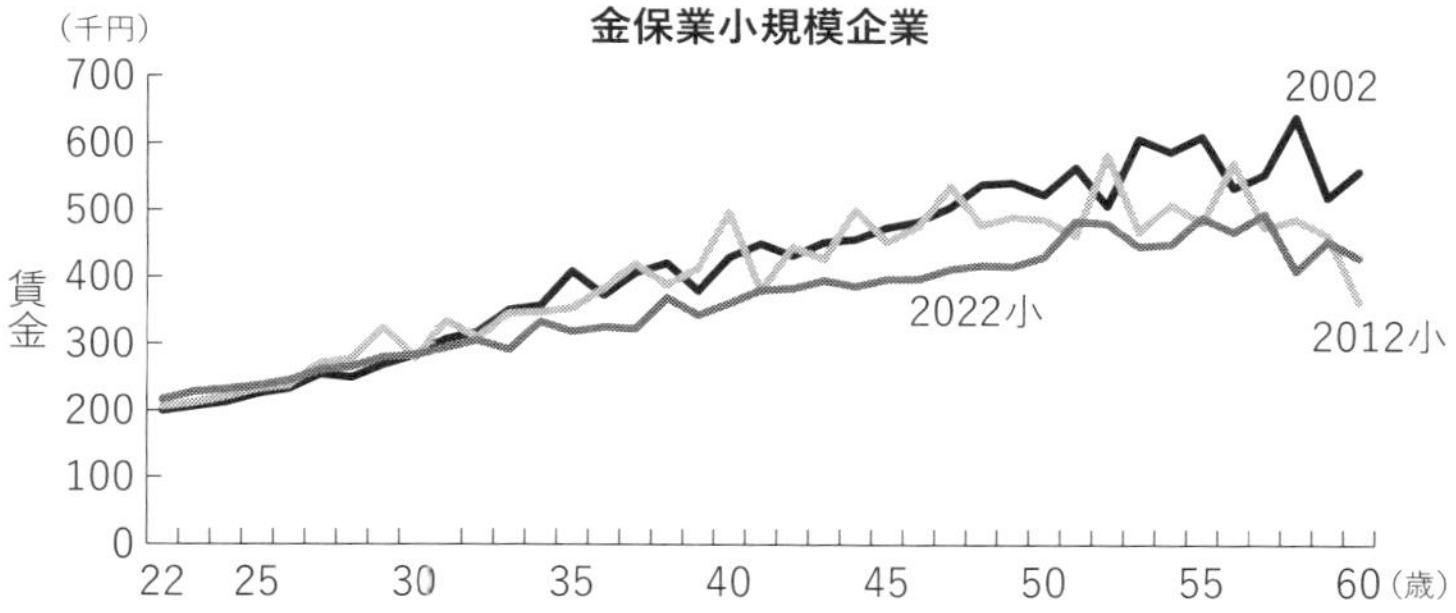

(出所) 各年の「賃金構造基本統計調査」(厚生労働省) より作成

能力による格差というよりは、制度的な枠組みがもたらすものであったとすれば、以上のような現象は市場を通した格差解消ともみなすこともできる。また、企業が必要とする技能やスキルが勤続年数の長い大卒男性雇用者の優位性を失わせるように変化していったことの影響かもしれない。

正規雇用者の賃金について——年功度と同期間格差

雇用者の貢献度が正確に評価できない場合には、労使における長期的雇用関係が成り立つには困難が伴う。そこで査定などをより厳密に行うことにより単に年功だけでなく、個別の貢献度によっても給与に差がつくようなシステムが最近は採用されている。実際の査定による効果を正確に評価できるようなデータは公表されていないので、同期入社社員間での査定等の結果として実際の賃金格差がどのように生じているか、「賃金構造基本統計調査」からみてみよう。

表3－2①②は、製造業の男性高卒社員と大卒社員同期入社組（標準労働者）について特定の年齢ごとに所定内給与の散らばり（格差）を分散係数の値を用いて2時点（2005年と2022年）で整理したものである。

4　労働時間の変動については2章3節において詳しく触れている。
5　賞与額は増加している。これは、賞与によって利益の増減に対応しようとする方針の表れとみることもできる。

この表からは、最近になるほど同期社員間での賃金格差が大きくなってきていることが分かる。格差の大きさを示す分散係数は、その値が大きいほど格差が大きいことを示している。四分位分散係数でも十分位分散係数でみても最近になってその値は大きくなっており、各年齢ともに同期入社社員間でも給与格差が広がってきていることが確認できる。特に、十分位分散係数の値の方が相対的に大きな値をとっており、すべての給与格差が幅広く拡大していることが分かる。

さらに、学歴別、規模別にみると高卒より大卒で、中小規模より大規模で、分散係数の値は大きくなっており、大企業大卒社員において同期社員間で給与格差が拡大していることが分かる。また、年功度の高い40代以降の社員だけでなく、それよりも若い30代においても格差が拡大していることは、非常に興味深いことである。

これまでに大卒男性正規雇用者における賃金の年功度は、過去20年程度あまり変化していないことを示した。しかし、それは平均値でみたものであり、同期間では年功度にかなりの差が出ていることが分かる。これは、査定などで評価された貢献度が昇格・昇給により厳格に反映されるようになり、同期間での給与格差が拡大したものと思われる。

このような状況は退職金の支払い額にも表れている可能性がある。１９９０年代に導入されたポイント退職金制度は従来の退職金制度と異なり、在籍時代の査定成績などで評価された会社への貢献度が退職金額に影響するものであり、個人間で差がつくようになってきている。

以上みてきたように、雇用形態の多様化により賃金の支払い方も多様になってきている。最も

表3-2① 製造業男性標準労働者同期内賃金格差（高卒）

高卒男性

		規模計							
		22歳	25歳	30歳	35歳	40歳	45歳	50歳	55歳
2005年	十分位分散係数	0.19	0.19	0.2	0.23	0.26	0.27	0.24	0.29
	四分位分散係数	0.09	0.09	0.11	0.13	0.13	0.13	0.13	0.15
2022年	十分位分散係数	0.20	0.24	0.28	0.27	0.32	0.33	0.34	0.55
	四分位分散係数	0.10	0.12	0.13	0.13	0.17	0.17	0.17	0.28
差	十分位分散係数	0.01	0.05	0.08	0.04	0.06	0.06	0.10	0.26
	四分位分散係数	0.01	0.03	0.02	0.00	0.04	0.04	0.04	0.13

		1,000人以上							
		22歳	25歳	30歳	35歳	40歳	45歳	50歳	55歳
2005年	十分位分散係数	0.17	0.18	0.19	0.19	0.22	0.25	0.23	0.28
	四分位分散係数	0.08	0.1	0.1	0.1	0.11	0.13	0.13	0.15
2022年	十分位分散係数	0.19	0.19	0.23	0.30	0.34	0.30	0.30	0.48
	四分位分散係数	0.09	0.09	0.15	0.16	0.16	0.17	0.14	0.24
差	十分位分散係数	0.02	0.01	0.04	0.11	0.12	0.05	0.07	0.20
	四分位分散係数	0.01	-0.01	0.05	0.06	0.05	0.04	0.01	0.09

		100～999人							
		22歳	25歳	30歳	35歳	40歳	45歳	50歳	55歳
2005年	十分位分散係数	0.2	0.17	0.21	0.24	0.2	0.2	0.27	0.29
	四分位分散係数	0.08	0.1	0.11	0.1	0.12	0.11	0.15	0.18
2022年	十分位分散係数	0.22	0.20	0.23	0.26	0.28	0.34	0.34	0.69
	四分位分散係数	0.09	0.09	0.12	0.14	0.17	0.18	0.18	0.34
差	十分位分散係数	0.02	0.03	0.02	0.02	0.08	0.14	0.07	0.40
	四分位分散係数	0.01	-0.01	0.01	0.04	0.05	0.07	0.03	0.16

		10～99人							
		22歳	25歳	30歳	35歳	40歳	45歳	50歳	55歳
2005年	十分位分散係数	0.17	0.22	0.21	0.25	0.28	0.22	0.22	0.47
	四分位分散係数	0.09	0.12	0.08	0.11	0.21	0.14	0.14	0.19
2022年	十分位分散係数	0.19	0.23	0.26	0.27	0.26	0.41	0.38	0.56
	四分位分散係数	0.09	0.13	0.12	0.13	0.16	0.24	0.23	0.32
差	十分位分散係数	0.02	0.01	0.05	0.02	-0.02	0.19	0.16	0.09
	四分位分散係数	0.00	0.01	0.04	0.02	-0.05	0.10	0.09	0.13

表3-2② 製造業男性標準労働者同期内賃金格差（大卒）

大卒男性

		規模計							
		22歳	25歳	30歳	35歳	40歳	45歳	50歳	55歳
2005年	十分位分散係数	0.13	0.15	0.21	0.27	0.3	0.32	0.34	0.27
	四分位分散係数	0.06	0.07	0.12	0.14	0.19	0.19	0.2	0.18
2022年	十分位分散係数	0.18	0.28	0.33	0.39	0.37	0.40	0.45	0.66
	四分位分散係数	0.09	0.12	0.14	0.21	0.20	0.21	0.24	0.32
差	十分位分散係数	0.05	0.13	0.12	0.12	0.07	0.08	0.11	0.39
	四分位分散係数	0.03	0.05	0.02	0.07	0.01	0.02	0.04	0.14

		1,000人以上							
		22歳	25歳	30歳	35歳	40歳	45歳	50歳	55歳
2005年	十分位分散係数	0.11	0.12	0.19	0.26	0.3	0.27	0.28	0.27
	四分位分散係数	0.06	0.04	0.09	0.13	0.16	0.16	0.18	0.14
2022年	十分位分散係数	0.20	0.25	0.33	0.40	0.39	0.40	0.42	0.76
	四分位分散係数	0.09	0.13	0.15	0.19	0.18	0.25	0.24	0.33
差	十分位分散係数	0.09	0.13	0.14	0.14	0.09	0.13	0.14	0.49
	四分位分散係数	0.03	0.09	0.06	0.06	0.02	0.09	0.06	0.19

		100～999人							
		22歳	25歳	30歳	35歳	40歳	45歳	50歳	55歳
2005年	十分位分散係数	0.11	0.17	0.17	0.2	0.29	0.28	0.28	0.27
	四分位分散係数	0.04	0.07	0.09	0.11	0.15	0.14	0.11	0.12
2022年	十分位分散係数	0.18	0.30	0.33	0.36	0.37	0.34	0.35	0.51
	四分位分散係数	0.09	0.12	0.14	0.21	0.17	0.17	0.18	0.30
差	十分位分散係数	0.07	0.13	0.16	0.16	0.08	0.06	0.07	0.24
	四分位分散係数	0.05	0.05	0.05	0.10	0.02	0.03	0.07	0.18

		10～99人							
		22歳	25歳	30歳	35歳	40歳	45歳	50歳	55歳
2005年	十分位分散係数	0.23	0.16	0.27	0.18	0.38	0.22	0.28	0.18
	四分位分散係数	0.07	0.11	0.17	0.15	0.2	0.14	0.15	0.12
2022年	十分位分散係数	0.15	0.21	0.23	0.29	0.27	0.31	0.30	0.55
	四分位分散係数	0.08	0.10	0.06	0.13	0.15	0.17	0.13	0.38
差	十分位分散係数	-0.08	0.05	-0.04	0.11	-0.11	0.09	0.02	0.37
	四分位分散係数	0.01	-0.01	-0.11	-0.02	-0.05	0.03	-0.02	0.26

日本的な雇用慣行が残っていると思われる大企業の正規雇用者のなかでも、年功的賃金を維持しながらも査定による評価によって同期入社の社員間での格差を拡大させ、雇用者間での競争を促進するような給与体系に変化していっていることが示唆される。

3——賃金決定のプロセスにおける春闘の役割

日本の賃金決定プロセスにおいて春闘が一定の役割を果たしていたことは疑いようもない。[6] 厚生労働省の「賃金引き上げ等の実態に関する調査」(企業規模100人以上)で賃上げ率をみると、1990年には6%だった賃上げ率は、1999年以降2%台を割り込んでいて、2017年に2%を回復するまで低い賃上げ率が続いていた。なお、この調査では賃金の引き上げには定期昇給も含まれるので、ベースアップとしてはほぼゼロの時期が続いたと言える。

同調査で、企業が賃金の改定にあたり重視した要素をみると、1990年では「企業業績」が85・7%、「世間相場」が84・2%で最も高くなっていた。「世間相場」は1960年代は一番重視される要素だったが、1997年以降70%を割り込んでいる。ただ、2022年でも17・2%

6 春闘とは春に集中的に行われる、企業と労働組合との賃金や労働時間などの労働条件の改善を交渉する労働運動の一つである。通常、春季生活闘争、春季労使交渉、春季闘争などの呼称が使われるが、「春闘」がどの用語の略称かは定かではない。

とある程度は重視されている。最近は人手不足に対応して「労働力の確保・定着」の割合が高まっており、2022年では39・4％となっている。

これは、労働市場に提示する賃金水準を他社との比較を考えて企業が決定していると考えられるため、近年になっても賃金引き上げは、企業業績とともにそれ以外の他社との比較によって決定されていることが分かる。日本の賃金決定においては、いわゆる「春闘相場」の形成がかなり重要な要素となっていると言えよう。

では、春闘での民間主要企業の賃上げ状況の長期的推移はどのようなものであったのだろうか。基本的には、景気循環に沿って景気拡大期には1990年の賃上げ率が5・94％（厚生労働省「民間主要企業春季賃上げ要求・妥結状況」より）と高い妥結額（率）が提示されている。しかし、2000年代に入り妥結額（率）の抑制傾向は強まるとともにリーマンショックによる2009年の落ち込み後は景気回復期でも賃上げ率は高い年でも2％台と従来と比べて低位で推移することとなった。最近になって回復傾向がみられ、2024年の賃上げ率は5・33％と1994年以来久しぶりに高い上昇率となっている。

しかし、雇用形態の多様化や労働組合組織率の低下などにより、労働組合の雇用者のなかでの位置づけが従来とは異なってきた。正規雇用者比率の低下、企業と雇用者の長期的雇用関係の変化など様々な要因が変化し、従来の賃金決定プロセスが大きく変容していったことが考えられる。

賃金決定における財界、労働組合、政府の立場と役割

以下では賃金決定プロセスがどのようなものであったか、そして、それらが最近になってどのように変容していったのかについて財界、労働組合そして政府について公表された報告書や資料から再整理してみよう。

春闘における財界の立場・役割

毎年の賃金交渉のプロセスにおいて、前年末くらいに連合から春闘に向けての方針が出され、それに続いて年明けに経団連（経済団体の統合前は日経連）からも労使交渉の方針が公表される。両者の方針に従って労使間で交渉が行われ、「春闘相場」が形成されていくことになる。

日経連時代の財界側の方針の公表は、「労働問題研究委員会報告（以下、労問研報告と省略）」によって行われていた。1990年代以降の大まかな流れをみると、1990年代初頭はバブル期ということもあり、インフレ懸念から生産性基準原理による賃金抑制を提言していた。1993年以降はバブル経済崩壊後の不況期になったため、固定コストの削減を前面に出した。1995年以降は日本の賃金水準が世界のトップレベルであること、雇用問題が優先であることを前面に打ち出すとともに、97年には、「国民経済レベルの生産性を上回り、支払能力がある企業においても、節度ある賃金決定が望まれる」として、支払能力がある企業に対しても賃金引き上げの抑制を求めることになった。

2000年代前半における財界の賃金抑制論の根拠

日経連時代の最後の労働問題研究委員会委員長は当時の日経連会長でもあり、統合後の経団連の会長に就任した奥田トヨタ自動車会長であった。最後の「労問研報告」となる2002年「労問研報告」の序文に以下のような記述がみられる。

わが国経済は、高コスト体質の是正という最も重要な問題の解決を迫られている。国際的にみて高いわが国の賃金・物価水準を是正するためには、産業・企業間の生産性格差の是正が必要である。生産性の低い部門での生産性を超える賃金決定の繰り返しが高物価をもたらし、産業全体の賃金水準を押し上げている要因である。生産性に即した賃金決定を貫徹するとともに、低生産性分野の生産性向上と高生産性分野の創出・育成により経済構造改革を進め、適正な競争が推進されれば、わが国の高コスト構造は是正される。

これには、物価の下落をもたらし、デフレを促進するという批判も予想される。（中略）構造改革の最重要の目的は、民間主導の経済を確立し、参入規制の撤廃等による公正な競争を通じて、わが国の高コスト体質を是正する点であることを忘れてはならない

以上の記述では明確にデフレ対策よりもコストカットを強調している。2000年代は、ほぼこの方針が経営側としては堅持された。

２００２年の経団連と日経連の統合後は、「労働問題研究委員会」は「経営労働政策特別委員会」となり、その報告も「経労委報告」と呼ばれるようになった。統合直後の２００３年「経労委報告」では、以下のような表現になっている。

デフレ・スパイラルが危惧される状況下での合理的賃金決定のあり方が問われているが、企業の競争力の維持・強化のためには、名目賃金水準のこれ以上の引き上げは困難であり、ベースアップは論外である。さらに、賃金制度の改革による定期昇給の凍結・見直しも労使の話し合いの対象になり得る

この記述から分かるように賃金上昇に対して極めて強い反対を示しており、定期昇給の凍結・見直し論まで言及している。

翌年の２００４年においても同様な方針として、以下のように発言している。

デフレ下においては、労働の対価である賃金について、従来以上に付加価値生産性に準拠して総額人件費管理を徹底していく必要がある。労使に求められるのは、労働分配率の適切な管理、すなわち、付加価値生産性の上昇率の範囲内に人件費の上昇率を抑制することであり、それができなければ、労働分配率の上昇を抑えることはできない

この発言は、賃金上昇に関して生産性基準原理の踏襲を強く支持している。

内外価格差の解消を目指して

当時はそれほど日本の賃金が高かったのか。調査対象の範囲、規模等が異なるため厳密な賃金の国際比較は難しいが、1章の**図1－3**でみるように、OECD調べの各国通貨建ての平均年収をドル建て表示にしてみると、1990年代を通じて日本の賃金は、アメリカ、イギリス、ドイツ、フランスよりも高くなっており、2000年（対ドル為替相場107・8円）においても日本は4万2886ドル（アメリカ：3万8863ドル、イギリス：3万3330ドル、ドイツ：2万5798ドル、フランス：2万3598ドル）で最も高くなっている。

そういう意味では、経営側が「日本の賃金は世界最高水準にある」と主張していたことにはそれなりの根拠があった。

その後のドル建ての年収の推移は為替レートの影響が強くなっているが、アベノミクスで円高が是正された2013年以降では日本の賃金は5カ国で最も低い水準となり、2022年には約3万4000ドルとアメリカの半分以下にまで減少している。

財界側はなぜこれほどまでに賃金の引き上げに対して拒絶反応を示したのであろうか。大きな理由の一つとして挙げられるのは「内外価格差の解消」である。同じ品物に対して各国の通貨で実際に購入した場合にいくらかかるかを基準として評価した購買力平価ベースでみると、賃金水準の評価が若干異なってくる。

購買力平価の分かりやすい例としては、マクドナルドのビッグマックが1個いくらで買えるかがよく取り上げられる。アメリカで買うビッグマックが3ドルのときに、日本で買うと300円ならば1ドル＝100円となるし、600円ならば1ドル＝200円となる、ちなみに2024年現在、アメリカではビッグマックは6・99ドル、日本では480円であり、1ドル約69円となる。[7]

表3－3は、購買力平価で換算した各国の平均賃金を比較したものである。1990年代では購買力平価ベースでみた日本の平均年収は、他の先進国に比べるとむしろ低い水準となっている。すなわち、1990年代は、日本の賃金は為替レートで換算したドル表示では世界最高水準となっていたが、実際に買えるものの価値としてはそれほど高くなく、国民が豊かさを実感していないという批判があった。

1994年の「労問研報告」で「今次春季労使交渉においては雇用の安定を優先し、実質生活水準の向上は規制緩和の徹底による消費者物価の引き下げで実現するべき」としたように、1990年代の「労問研報告」において、賃金の引き上げではなく、物価の引き下げによって勤

7　もちろん、実際にはもっと様々な品目について総合的な比較をしている。

表3-3　購買力平価で評価した各国の平均賃金

（ドル）

	1991	1995	2000	2005	2010	2015	2020	2022
フランス	39,639	41,318	43,694	46,824	49,926	51,415	50,550	52,764
ドイツ	45,193	49,414	51,344	52,378	52,912	57,431	60,309	58,940
日本	40,379	41,013	41,428	41,936	40,999	40,062	41,442	41,506
イギリス	36,983	38,995	44,967	50,067	52,455	52,549	53,612	53,985
アメリカ	52,224	53,231	61,132	63,987	67,263	70,320	77,567	77,463

（出所）OECD Stat.

労者生活の向上を図るべきであるとしたのには、それなりの理由があった。

当時「内外価格差の解消」が政策の一つのテーマとなっていた。そのため、規制改革など様々な構造改革を行うことにより日本の高コスト構造を是正しようとしたものであり、ある意味でデフレ政策を目指していたとも言える。その後も、景気の動向、雇用失業情勢の動向により表現の変化はあるが、財界における春闘に対する基本的方針は変わらず、2012年の報告書でも「恒常的な総額人件費の増大を招くベースアップの実施は論外」としており、総額人件費の抑制という基調も変わることがなかった。

第2次安倍内閣の登場による財界の変貌

一方で、第2次安倍内閣が成立した2012年12月以降は、それまでと流れが変わってきた。2014年の「経労委報告」には以下のような記述がなされている。

企業労使は、経済の好循環実現に向けたマクロ的な認識を踏まえて労使交渉・協議に臨むことになるが、賃金などの労働条件は労使が自社の経営状況に即して徹底的に議論して決定するものである。賃金は、基本給をはじめ諸手当や賞与・一時金、福利厚生費なども含め、自社の支払能力に基づき判断・決定するとの原則は揺るがない。そのうえで、業績が好調な企業は、拡大した収益を設備投資だけでなく、雇用の拡大、賃金の引き上げに振り向けていくことを検討することになる。その際、賃金の引き上げについて、ここ数年と異なる対応も選択肢となり、実に多様な対応が考えられる

この記述からは、ベースアップも選択肢の一つであることを暗に主張しているとみることもできる。さらに、２０１６年になると、「15年を上回る「年収ベースの賃金引き上げ」に向けた前向きで踏み込んだ検討を呼びかけた」となり、賃金引き上げを勧め、その後も「賃金引き上げのモメンタム維持」として賃金の引き上げが基本的方針となってきている。

直近の２０２４年の「経労委報告」では、以下のようにさらに賃金引き上げの方針が強調されている。

物価上昇が続くなか、賃金引上げのモメンタムを維持・強化し、「構造的な賃金引上げ」の実現に貢献することが経団連・企業の社会的な責務である。自社に適した賃金引上げについては、

23年以上の意気込みと熱意を持って、積極的な検討と実施を求めたい。具体的には、月例賃金、初任給、諸手当、賞与・一時金を柱に、自社に適した結論を見いだすことが大切である。月例賃金の引上げにあたっては、ベースアップ実施を有力な選択肢とした検討が望まれる明示的にベアを求めるようになり、以前とは全く異なった対応となってきた。以上のように、財界側の春闘に対する基本方針は２０１２年を境に大きく変化してきたことは明白である。

労働組合の立場・役割

以下では、労働組合側の春闘に対する基本方針についてみてみよう。ここでは労働組合の代表として連合の方針を取り上げる。連合も毎年「春期生活闘争方針」を発表している。

２００２年では「①賃金カーブ維持分プラスαとし、プラスαは産業別部門連絡会との調整のうえ、各産別が産業動向・企業動向を踏まえ設定する。②賃金カーブ維持要求の組合も要求書を提出する。③賃金カーブ維持分の算定が困難な組合については、定期昇給相当分2％の確保を目安にプラスαを設定する」と定昇維持プラスαとしていたが、その後２００３年から２０１３年まで、２００８年以外は具体的なベア率について要求には盛り込んでいない。この時期は物価上昇がほとんどなくデフレ下にあったこと、雇用失業情勢が厳しい情勢にあったことが原因として考えられる。

連合も2014年は1%、2015年からは2%の賃上げ要求を行い、2023年は3%の賃上げ要求をしている。連合の方針をみると財界側の方針を後追いするような形で変化させているようにもみえるが、景気の動向をみながら賃金カーブの維持を重要視して賃上げ要求していることが分かる。

政府の立場・役割

以上のような労使の春闘における基本方針の動向に対する政府側の伝統的なスタンスは、「賃金は労使の自主的な交渉で決定されるもので、政府としてはコメントする立場ではない」というものだった。例えば、1991年4月10日の参議院予算委員会で小里労働大臣は以下のように答弁している。

> 今賃金額についてのお話がございましたが、私の立場といたしましては賃金の多寡について言及する立場ではございませんでして、いずれにいたしましても、真摯な労使間の話によりまして穏やかな形でおさめていただいたなと、今までの過程についてはさような見解を持っております

1993年1月26日の衆議院本会議でも宮澤総理大臣は、以下で示すように同様な答弁をして

いる。

春闘における賃上げは、労使が自主的に交渉して決定するものでございますので、水準について私どもがかれこれ申すべきではございませんけれども、願わくは春闘に際して、労使が、国民経済的な観点も含めまして自主的かつ真摯に話し合いを行い、合理的な解決を図っていただくことを期待をいたしております

民主党政権になっても、２０１０年1月27日の参議院予算委員会で鳩山総理大臣は「……労使が意見を交換をしていきながら最終的な結論を見出していくべきであって、私が何も自分の立場からどうこう申し上げる立場ではない……」として、労使交渉には介入しないというスタンスを保っていた。

第2次安倍政権が成立してから政府の賃金引き上げに対するスタンスは大きく変わった。安倍政権にとって初めての通常国会である２０１３年４月23日の参議院予算委員会で、安倍総理大臣は以下のように答弁している。

そもそも政府が賃上げ交渉をするというのは初めてのことでありまして、本来はこれは労働組合と労使間で行われるものでありますが、我々はなぜ要請をしたかといえば、これはずっと、

先ほども申し上げましたように、デフレマインドがこびりついている中において、そしてあのバブル崩壊のときのことが脳裏の中にしっかりと焼き付けられている中においてなかなか投資をしない。そして、事実、デフレ経済でありますから、デフレ経済の中において五十兆円これは国民の収入が減ってしまったわけでございます。その中において、企業が言わば防衛に走っていたという結果なんだろうと、このように思います

この答弁においてデフレマインド脱却のため賃金引き上げを要請する立場を明らかにし、「官製春闘」とも言われる状況をもたらすことになった。

この方針の転換については評価が分かれるかもしれない。賃金引き上げやベースアップに対するマインドが冷え切っていた当時としては、デフレ脱却のために必要な対応の一つだったとも考えられる。ただ、現在のように、物価上昇、労働市場の逼迫という状況を労使ともに認識してきており、賃金引き上げが当然視される状況の下では、政府がどのような立場をとるかについては様々な考え方があり得よう。

労働組合の役割とは

春闘は、企業内組合が主流である日本において各組合が協調して使用者側と折衝（交渉）する、それも毎年行われるという世界的にみても珍しい労使交渉の一つと言えよう。春闘相場が、

どの程度各企業の賃金決定に波及するかは定かではない[8]。そのようななかで、先に示したように春闘の妥結額（率）は最近になって低い値を示している。

一方で、春闘が賃金決定に関する闘争の場であるとすれば、労働組合の武器はストライキ等の集団闘争であると考えられるが、日本の労働争議件数は後述するように国際的にみてかなり少ない。妥結額（率）が低下するとともに闘争自体も少ないという事実は、何を意味しているのだろうか。

仮に賃金決定のシステムが変化して労働組合が賃金の決定に関与できる割合が低下したとすれば、春闘における妥結額（率）の低迷はそれほど気にする必要はないのかもしれない。しかし、いまだに賃金決定に制度として労働組合の関与する余地が大きいとすれば、現状における労働組合の役割について詳細に検討する必要があろう。

一方、日本以外の労働組合の活動状況はどうなっているのだろうか。日本も含めた最近の労働組合の争議件数等による損失日数を、日本労働政策研究・研修機構が作成した国際比較統計からみてみよう。

日本の損失日数は、２００５年、２０１０年、２０１５年、２０２２年の各年で６、23、15、２（単位は千日）であるのに対し、アメリカでは１７３６、３０２、７４０、２１９５、韓国では８４８、５１１、47、３４４、イギリスでは２２４、３６５、１７０、２５１８となっている。各国とも時期によってかなりの変動がみられるが、明らかに日本の労働組合の争議による損失日数が少ないことが分かる。先に示したように、十分な労働条件の改善が行われているならば労働争議が起こらないにこしたことはない。しかし、他国に比べて長期にわたって相対的に賃金の上昇が低いような状況が続くなかで、なぜこのような低い争議日数が続くのだろうか。

「闘争が少ない」こと自体が春闘の重要な役割ではないだろうか。企業内組合である日本においていったん労使紛争が起これば、組合員が所属している企業自身の存続問題に大きな影響を与える。まして、雇用者（組合員）と企業の間に長期的雇用関係が存在するならば、企業の業績不振は雇用者自体の生活不安に直結する。

賃金決定における各企業（労働組合）の個別的紛争は、全体の指標となる妥結額（率）を決定・提示し、各企業や労働組合がその指標を基準に自分たちの賃金を決定していくという枠組みを構築することにより、未然に防ぐことが可能となる。

そのように考えると、春闘は、企業内労働組合という先進各国では珍しい組合の形態を採用する労働市場において、効率的な賃金決定を行うための工夫であったとみなすことができる。

そのようなシステムが機能するためには、日本的雇用慣行という企業と雇用者の長期的雇用関

8　1980年代までのデータを用いた中村（1984）の研究によれば、その当時はかなりの波及効果を持っていたが、現在ではその効果は一般的に低下してきていると言われている。先に述べたように「賃金引き上げの実態に関する調査」（厚生労働省）では、賃金の決定をする際に「世間相場」を重視する比率は以前に比べて低下している。

係の存在だけでなく、それを支えるための年功的賃金の存在が不可欠である。また、そのような日本的雇用慣行を背景として、賃金決定における全体の基準作りを行えるほどの経済全体に対する大きな影響力を持つ産業や、企業の存在が、春闘相場を形成するためには不可欠である。従来の春闘における鉄鋼産業、電機産業、自動車産業などがそれであり、経済的取引において様々な産業に属する企業との取引が行われる製造業に属する大手企業が該当しよう。

環境変化と労働組合

一方で、世界的な産業構造の変化の流れのなかで、製造業からより付加価値の高い第3次産業のウェイトが拡大していった。日本は産業構造の高度化という意味では、産業構造の変化が他国に比べて緩慢であったが、流れの方向自体は同じであり、先に示したように製造業の比率は徐々にではあるが低下してきている。

過去20年ほどの労働市場を取り巻く環境をみると、様々な状況が変化していることが分かる。一番顕著なものの一つは、人口構成の変化である。就業者における高齢化は顕著であり、企業内の雇用者の年齢構成も大きく変化している。また、若年労働力の相対的な減少は女性や高齢者の雇用に対する需要を増加させ、そのことが雇用の非正規化の一つの要因ともなっている。

一方で、企業内で必要とするスキルや知識も大きく変化している。ある部分では、より高度なスキルや知識が必要となり、企業内での人事育成がより重要なものになっている。一方で、逆の現象も起きている。従来の専門的知識なしには処理できないような事柄が、比較的一般的な知識でもこなせるように変化している。このような企業が必要とするスキルや知識の変化は、企業内の人材育成や大学や専門学校などの外部教育の重要性の増加をもたらすだけでなく、雇用の多様化をももたらす原因となっている。

このような労働市場を取り巻く変化のなかで、労働組合の役割や影響力も変化してきたことは明らかである。組合が企業内組合である以上、企業と雇用者との関係が変化すれば当然のこととして企業と労働組合との関係も変化せざるを得ない。

【参考文献】

赤羽亮・中村二朗「企業別パネルデータによる賃金・勤続プロファイルの実証分析」『日本労働研究雑誌』No.580、2008年
連合「連合・賃金レポート2021」日本労働組合連合会、2021年
中村二朗「製造業における産業間賃金波及効果の検証」『三田学会雑誌』76（6）、1984年

4章

労働市場の流動化と賃金

本章のポイント

労働市場の流動化において、正規雇用者の転職行動と女性や高齢者などの非正規雇用者の増加が主要な要因となっていることは疑いようがない。今後労働力人口の急速な減少が見込まれるなかで、産業構造の高度化のためにはより付加価値の高い産業や企業への人材の移動の必要性が唱えられてきた。実際には、男性正規雇用者などの転職者は必ずしも増加していない。国際的にみて転職に伴う賃金の上昇が低く、転職によるメリットが少ないことが原因と考えられる。

年功的賃金の下では転職のコストが相対的に高くなることや、実際の転職者の転職理由には「給与等の収入が少ないから」などの賃金に対する不満が少ない。一方で、徐々にではあるが、転職のコストが低下するような傾向がみられる。

また、もう一つの労働市場流動化の要因である女性や高齢者の労働市場への参入が、どのような要因で加速されてきたのか、また、そのことが賃金決定の全体的な枠組みにどのような影響を与えているのかは、必ずしも明確ではない。

本章では、労働市場流動化の実態を整理するとともに、そのことが賃金の動向とどのように関係しているのか簡単に整理・検討を行う。

最近、労働市場の流動化が唱えられるようになってきている。実際に労働力人口が減少していくなかで、産業構造の高度化を円滑に成し遂げるためには産業間・企業間の人材の移動が不可欠である。

労働市場の流動化の促進要因は、これまでも述べてきたように大きく分けて2つである。一つは既に正規雇用者として就労している労働者の転職活動等に伴う外部労働市場への参入である。現状では女性の正規雇用者の参入による影響が大きく、いまだに男性の正規雇用者の離職・入職比率は**図4−1**で示すように女性に比べて低い。しかしながら、徐々にではあるが、男性労働者についても外部労働市場を通じた転職が増加してきていることが示されている。もう一つは、雇用形態の多様化による女性や高齢者などの新たな労働者の労働市場への参入である。

以下では、労働市場の流動化の主な2つの要因について、その動向を市場全体の賃金の変動と関係づけて整理してみよう。

1——正規雇用者の転職行動と賃金決定

序章で説明したように労働経済学的に表現すれば、労働サービスの取引は基本的に2つの市場類型に別けられる。一つは、正規雇用者の市場であり企業と労働者の長期的雇用関係を前提として、採用や賃金等が決定される企業内労働市場である。もう一つは、主に非正規雇用者や転職者が直面する市場であり、企業と労働者は長期的な関係を考慮せずに、その時々の需要と供給に応じて採用や賃金が決定されると考える企業外労働市場（略して外部労働市場）である。

大橋・中村（２００３）でも指摘したように、従来日本の労働市場は内部労働市場が中心であり、日本的雇用慣行の枠組みで雇用される労働者が想定的に多かったと言われている。バブル崩壊後の非正規雇用者の増加は外部労働市場の相対的な拡大を引き起こし、内部労働市場と外部労働市場における賃金決定が相互に影響しながらも、独自に決定されるシステムが構築されてきたと言える。このような過程で労働組合は非正規雇用者の組合への取り込みなどを試みたが、組合組織率の持続的な低下などもあり、外部労働市場の拡大と男性正規雇用者の相対的な減少などと相まって労働組合全体の弱体化が進んだとみなすこともできる。

このように労働市場を考えたときに、市場本来の機能がどのように発揮するのか不透明になってきているように思える。本来の市場機能とは需要と供給によって価格が決定されるものであるが、いったん内部労働市場に組み込まれた雇用者に関しては、その価格である賃金は労働の需給状況が直接的に影響するというものではない。

また、市場において需要超過になればその価格は上昇するが、外部労働市場に参入する雇用者はかなり限定的なものであり、市場メカニズムによって価格（賃金）が決定されにくい。また、より高い賃金を求めて転職を目指す雇用者にとっては、外部労働市場を通じて他社に移動するコストは大きい。

2章でも示したように日本においては、労使ともに「雇用の安定」を謳い文句にしていた時期があり、正規雇用者を企業内に抱え込むことが労使ともに望ましいこととされていた。その意味で、多くの正規雇用者にとっては、外部労働市場を通じての転職活動などについては関心が低かったと言えよう。

日本では転職による賃金の上昇が他国に比べて低いことが指摘されている。年功的賃金の下では転職コストが相対的に高くなる可能性があることを指摘したが、転職の状況と転職による賃金の変動について実態を把握しておくことは、今後の労働市場における賃金の変動を考えるうえで重要である。

2——正規雇用者の転職

過去20年間程度は、3章で示したように大企業に勤める正規雇用者の賃金の年功度はそれほど低下してはいない。ただし、同期入社社員の賃金格差は経験年数が上がるほど分散が大きくなってきており、同期社員間でも従来に比べて賃金格差がより明確になってきている。

このような状況は、比較的早い段階で会社と雇用者のミスマッチの存在を互いに確認することができるようになっていると理解できる。会社との相性が悪い社員は、出世が遅れるだけでなく、会社からの人的投資なども少なくなることが想定される。このような状況は、より自分との相性

図4－1　性別離職率・入職率の推移

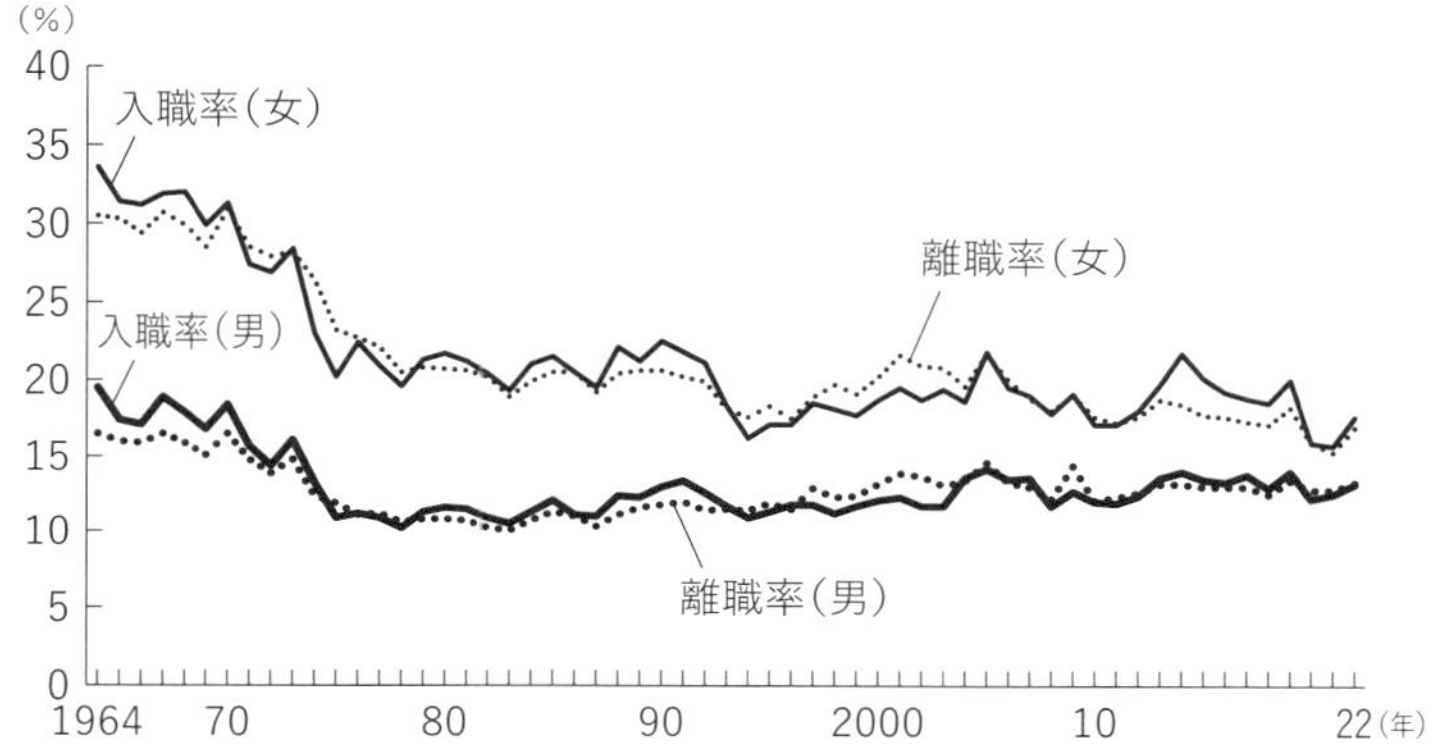

（注）1．入職（離職）率は年初の常用労働者数に対する入職者（離職者）数の割合
2．1990年以前は建設業を除き、2003年以前は学校教育、社会教育等を除く。接続用の数値は統計表を参照

（出所）「雇用動向調査」（厚生労働省）

が良い企業への転職を選択肢として考えることを促すことになろう。

実際に外部労働市場を通じて転職するケースは、**図4－1**で示すように景気状況に応じて変動するが常に存在している。その割合は他国に比べて相対的に低いと言われているが、不景気であっても有能な人材を探している企業は常に存在する。このような状況の下でジョブマッチングがどのように行われていたのだろうか。

図4－1は、過去50年間ほどの離職率、入職率の推移をみたものであるが、男性については高度経済成長の終焉とともにいずれも低下し、１９８０年代に入ってからはしばらく横ばいで安定し、その後１９９０年代の後半から幾分上昇傾向を示すようになっている。この１９９０年代後半以降の動きは平均勤続

年数の推移と対応しているとも言えるが、必ずしも労働市場全体でみて大きな変化が起こっているようにはみえない。

転職先の企業からみた場合

では、転職先の企業側からみた場合には、転職はどのようになっているのだろうか。実際に転職状況はどのように変化してきているのだろうか。当然のこととして企業と雇用者の長期的関係に変化がみられるはずである。以下では両者の時系列的変化をみてみよう。既に**表3－1**において、大卒男性の勤続0－2年の雇用者の割合を示したが、そこではいまだに中途採用者の比率が少ないことが示唆された。

正規雇用者全体でみるとどうなっているのだろうか。年齢別の平均勤続年数をみると、30歳代まではほぼすべての期間で平均勤続年数は低下してきている。男性30－34歳では1980年に9・1年であったが2022年には7・3年に減少している。35－39歳では同様に1980年に12・6年であったが2022年には10・1年に減少している。40代以降ではピークは異なるが各年齢ともに最近では減少傾向になっている。

一方、女性の平均勤続年数は各年齢ともに1980年に比べて2022年まで増加傾向を示している。以上のことから、男性はバブル崩壊を境として平均勤続年数は横ばいもしくは減少基調に変化していったことが見て取れる。一方で、女性の勤続年数は傾向的には増加しているが、

２０２２年時点においても男性より2年から7年ほど勤続年数が短くなっている。

正規雇用者のなかでも２０１５年頃から女性の雇用者の増加が顕著になっている。平均勤続年数の性別による差がいまだに大きく、このことが正規雇用者全体の平均勤続年数を引き下げていることも考えられる。以上のことからだけでは日本の長期的雇用慣行が変化していったとみることはできないが、少なくとも何らかの変化が生じていることが分かる。

既存の日本的雇用慣行の見直しは、労働市場における流動化を促し、より生産性の高い産業（企業）への労働移動が活性化し、経済全体でみた場合には長期的にみて産業構造の高度化を促進するはずである。仮に、企業自身の生産性に差がないとしても、雇用者のミスマッチが解消され、より能力を発揮することが可能な企業に転職することができ、賃金の上昇につながることが想定される。

転職者からみた場合

そもそも転職者はどのような理由で転職を考えるのだろうか。厚労省の転職等に関する調査「雇用動向調査」では、転職を果たした離職者に前職の離職理由を尋ねている。調査項目が２０１７年で変わっているため以下では２０１７年の数値をみてみよう。前職の離職理由は個人的理由（10項目）とその他の理由（定年・契約期間満了、会社都合、その他の理由）である。仕事に関係する離職理由だけをみるために個人的理由と仕事に関係のない理由（結婚、出産・育児、

表4－1　男性前職離職理由

（％）

	仕事内容に興味が持てない	能力・資格などを生かせない	職場の人間関係が良くない	会社の将来が不安	給料等の収入が少ない	労働時間・休日などの労働条件
20-24歳	20.04	11.27	12.52	15.65	11.27	29.85
25-29歳	8.47	7.70	17.14	17.72	16.37	32.56
30-34歳	8.78	6.94	15.93	16.27	22.71	29.15
35-39歳	7.70	10.78	18.68	29.67	15.99	17.14
40-44歳	10.17	8.75	23.03	14.82	26.07	17.14
45-49歳	15.18	13.16	27.08	15.18	16.96	12.40
50-54歳	4.69	17.49	38.90	17.23	13.05	8.61
55-60歳	13.9	10.05	14.20	15.68	35.79	10.35

（出所）「令和4年雇用動向調査」（厚生労働省）

介護・看護、その他の個人的理由）を除いた以下の6項目について年齢別にその比率を計算したのが以下の**表4－1**である。

この表から分かることは、転職理由において「給料等の収入が少ない」ということが転職の主な理由ではない、ということである。年齢によって離職理由が異なっているが、収入の問題で離職を考えたのは主に20代と30代前半である。

一方、労働時間や休日などの労働条件を理由に挙げた離職者は、相対的に各年齢層で多くなっている。特に20代においては賃金が低いという理由の2倍以上を示している。40歳未満では、各年齢層で「給料等の収入が少ない」

ことよりも「労働時間や休日などの労働条件が悪い」ことの比率が高くなっている。また、表からは、給与が少ないという理由だけでなく、労働条件や会社の将来性など様々な要因が、離職に関しては影響していることが分かる。[1]

実際に同じ調査から転職後の給与について前職からどのように変化したかの問いに対しては、男性40歳未満の転職者では4割前後の転職者が「給与が増加した」としており、仮に主な離職理由が「給与が少ない」からではないにしろ、転職活動を通じて半数近い転職者が転職によって給与を増やしている。

ただし、転職者に対する初任格付けがどのようになっているのか、また転職数年後の賃金が転職前に勤めていた会社にいた場合の給与と比べてどうなっているのかなどを調べないと、転職による給与の効果については厳密には分からない。

賃金制度の見直しと転職行動

『令和5年版労働経済白書』(2023)では、年齢別に2012年から2021年の毎年について転職前後の賃金変動を分析している。25－34歳層と35－44歳層の比較的若い年齢層では、ほとんどの年において転職後には賃金が5から10%程度上昇している。一方で、45－54歳層では逆に5から10%程度減少していることを示している。また、全年齢では、各年ともに±5%前後での増減を示している。

以上からは、比較的若い雇用者層では転職に伴って賃金が上昇する傾向がみられるが、40代後半以降ではむしろ賃金が減少する傾向があることを示している。
年功的賃金の下では、転職直後の賃金の変化だけでなく転職後数年経ってからの賃金の変化をみることも大事である。大橋・中村（2002）では転職後5年後の賃金について、転職しなかった場合と転職したことによって得られた賃金について比較している。営業職などの専門職についていた雇用者が転職後も同一の職種に就くケースにおいて賃金の上昇がみられることが、統計的に確認されている。[2]
一方、賃金カーブは、程度の差こそあれ男女ともに傾向的には年功度は低下してきている。1990年代に入ってからの年功度の低下傾向は顕著であったが、3章において示したように2000年代においては大卒男性標準労働者の賃金プロファイルで示したようにそれほど大きな変化はみられない。このことは、『令和5年版労働経済白書』（2023）などで述べられているように、2000年以前に既に賃金プロファイルの見直しが行われ、2000年以降においては

1　この結果を解釈するには、若干の注意が必要であろう。例えば、転職しても給与が増えることを期待できないと思っている人たちは、「給料等の収入が少ない」ことを理由に転職を希望しない可能性が存在する。
2　『労働経済白書』では、リクルートワークスが行った全国就業パネル調査を用いて1年後、2年後に賃金がどのように変化したかを分析しているが、厳密な結果は得られていないように思われる。

小幅な見直しが行われていた程度であり、その変化が落ち着いてきたとみることができる。

日本的雇用慣行に取り込まれているのは、大企業に勤める雇用者であるとされている。そのような雇用者についても、雇用環境がここ20－30年間で変化しつつあることが示唆されている。当然のこととして、彼ら以外にも多くの労働者を取り巻く環境が変容しており、そのことが相互に関連しながら労働サービスの価格である賃金の在り方にも、大きな影響を与えていることが考えられる。

年功的賃金の見直し

今回の話のなかで強調すべきことは、日本的雇用慣行のなかで働いている雇用者に対して単に年功的賃金の変化だけでなく、手当に関する見直し、同期入社社員間での賃金格差の拡大や退職金支払額の減少などの見直しなど、企業と雇用者の長期的雇用関係を維持・強化するような制度の多くが徐々にではあるが見直されていることである。これらの変化は、雇用の流動化に対する対処として考えられるものもあるが、日本の人口構成の変化に伴う企業内年齢構成などの変化がもたらした影響とも考えられる。

日本の正規雇用者の45－64歳層の中高年の全体に占める構成比の推移（２０００年、２０１０年、２０２０年）は、２０００年には男女合計で36・５５％（男性で38・０７％）、２０１０年には36・６５％（38・３２％）、２０２０年には41・４３％（44・２１％）と２０１０年以降に急速な高齢化が生じている。

その傾向は、男性正規雇用者で顕著になっている。このような雇用者の高齢化の下で、従来の年功的賃金を支払うことは、大幅な労務費の上昇をもたらすことになる。年功度を引き下げつつも同期の雇用者間での賃金格差を大きくすることにより、相対的に長期的雇用関係を期待するグループには相対的に高い賃金を、期待しないようなグループには低い賃金水準を提示するようなシステム（そこには手当や退職金の在り方なども含まれる）が構築されていった、とみることもできる。

以上のように、日本的雇用慣行が徐々にではあるが見直されてきたという実態は統計からもある程度確認できるが、必ずしも労働市場の全体像の変化を説明できるものではない。仮に長期的雇用関係が薄れてきているとすれば、離職率や転職率が上昇し、新卒採用だけでなく中途採用による雇用者の産業（企業）間の移動がよりスムーズに行われてきているはずである。

転職者の賃金はどのように変動するのか？

テレビでは連日のように「転職すれば給料が上がる」かのような転職関連のCMが流れている。平均的な雇用者について本当に転職によって賃金が上昇するのか、公表されたデータからみてみよう。

図4－2は、年功的賃金を採用しているA社と生産性に応じて賃金が支払われる（ただし、こ

図4−2　転職による賃金の変化——年功的賃金と非年功的賃金

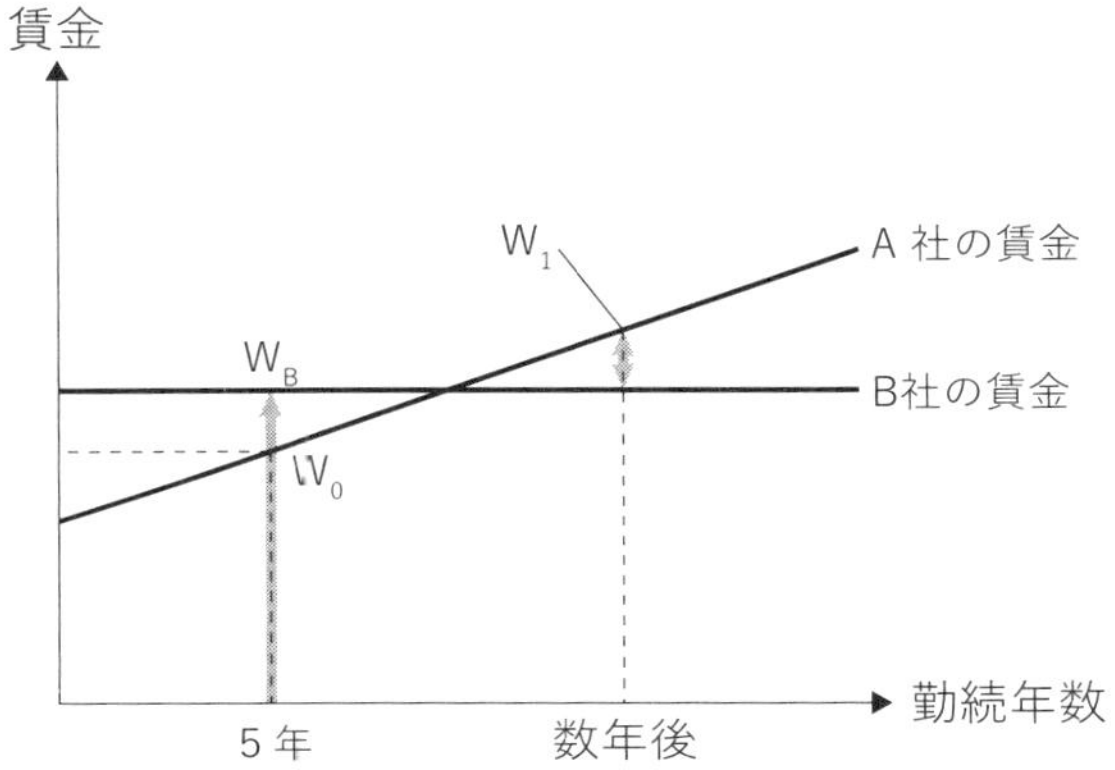

こでは各個人の生産性ではなく雇用者全員の生産性であり、その生産性は勤続年数に比例しないと想定している）B社の勤続年数と賃金支払額の関係を図式的に示したものである。

いまO氏は企業Aに勤めており勤続年数は5年である。賃金は図で示したW_0点で支払われておりB社で受け取る賃金額（W_B）より低い。ここで、O氏がB社に転職するとすれば、受け取る賃金額はW_BでありA社で受け取っている賃金額より高くなる。しかし、仮にO氏があと数年A社に留まっていたら受けとる賃金W_1は、B社で受け取る賃金より高くなっている。

このような状況では、O氏は現時点でB社に転職することには躊躇するだろう。年功的賃金には以上のように雇用者に転職をとどまらせるような機能を持っていると言われている。

年功的賃金の背景には、企業の雇用者に対する技能育成の考え方が存在している。雇用者が仕事に必要な知識やスキルを身につけるために、企業自身がコストを負担してまで何らかの教育（人材育成）をすることが、長期的には企業だけでなく雇用者にとっても利益になる（いわゆる人的資本論）。そのような人材育成の結果として長期雇用が可能になる（つまり自発的転職を抑止する）賃金システムが、年功的賃金である。長期的雇用関係と年功的賃金が裏表の関係にあると言われる所以である。

さて、このような日本的雇用慣行の下で企業と雇用者が契約を結んでいたとすれば、当然のこととして転職希望者は相対的に減少するとともに、個別企業の賃金決定は市場の需給関係で決まる水準とは異なったものとなる可能性が高い。したがって、失業率が低くなったからといって賃金上昇率が鈍化するとは限らなくなる（むろん、日本的雇用関係の枠外で雇用されている労働者も数多く存在するため、賃金変化率と失業率の負の関係は存在する）。

以上の日本的雇用関係の時系列的変化をみる限り、日本的と言われる関係が弱まってきていることは確認できる。一方で、転職率が増加し、より市場価値の高い知識や技能を持った労働者がより生産性の高い産業（企業）に移動するという、産業構造の高度化を加速させるような状況を作り出していないことは明白である。

転職経路の変遷

日本における転職者（率）は諸外国に比べてまだまだ少ないのが現状である。年功的賃金の下では、平均的にみて転職コストは高いと言わざるを得ない[3]。一方で、最近ではテレビなどでも頻繁に民間の転職斡旋会社のＣＭが流されている。ＣＭの内容から比較的若い学卒社員や中堅社員を対象としているようにみえる。

「雇用動向調査報告」（厚労省）からは、転職者の入職経路についてみることができる。そのなかで、民営の職業紹介機関を経て入職した者の比率は２００５年には10万人程度であったものが、２０１７年には約40万人と４倍ほどに拡大している。この間の公的職業紹介機関を通じての入職者数は両年ともに約１６０万人であり、ほぼ横ばいであったことを考慮すると、民間部門を通じた転職が傾向的に拡大していることが分かる。

民間職業紹介会社のデータからみた転職実態

転職経路としての公的部門と民間部門ではどのような特徴の差があるのだろうか。正確な統計が少ないので厳密な比較はできないが、簡単に整理してみよう。

「雇用動向調査」で、１０００人以上規模で新たに入職した人の内訳をみると、２０１３年では、正社員（一般労働者で雇用期間の定めが無い労働者）75・０１万人のうち、新規学卒者は26・０２万人、転職入職者は39・２８万人で転職者の割合は52・４％であったが、２０２２年で96・９６万人中、58・０３万人が転職者でその割合が59・８％と増加している。

民間職業紹介会社の利用が増えることにより、転職時においてどのような経路を用いたかによって転職状況が異なってきていることも予想される。以下では参考として、民間職業紹介会社のマイナビによる、転職時に規模の大きい会社に転職するケースについての調査結果をみておくことにしよう。

マイナビの転職者調査をみると、全年齢層合計で2019年度に転職により従業員規模が大きい企業に移動した割合は32・3%であり、小さい規模に移動した割合は37・7%であった。これに対して、2023年度は大きい規模への移動が33・8%、小さい規模への移動が31・3%と大きい規模への移動が増えている。

年齢別にみると、2023年度では男性は20代から50代の各年齢層で転職により従業員規模が大きい企業に移動する割合が高くなっている。一方、女性は50代以外の年齢層で従業員規模が小さい規模への移動が多くなっている。

また、大企業への移動をみると、2022年度は5001人以上規模への移動が10・5%、1001人から5000人規模への移動が10・7%と約2割が大企業に移動している。マイナビの転職者調査は50代までであり、60代になれば小さい企業への移動も増えると予想される。また、女性については、結婚、出産などのライフイベントに伴って、小さい規模の企業への移動が増えるのではないかと予想される。

3　図4－2で示したように、年功的賃金の下では転職後の初任格付け次第では一時的に賃金が下がる可能性すらある。

移動前後の賃金の動向を比較してみると、「雇用動向調査」では、２０２２年では給料が上がった34・８％、変わらなかった29・１％、下がった34・９％と、上がった人、下がった人の割合はほぼ同じだが、若年層の方が転職によって給料が上がった割合が高く、高齢層になると転職により給料が下がる人の割合が高くなっている。

マイナビデータでみると、２０１９年には全年齢層合計で年収が増えた割合が33・７％、減った割合が23・８％に対して、２０２３年度は年収が増えた割合が39・１％、減った割合が20・５％と年収が増加する移動が増えている。２０２３年度でみると、男性は20代から40代の年齢層において40％以上が転職により年収が増加している。

産業構造の高度化と転職行動

日本のこれまでの賃金の動向をみると、為替レート等の変化を考えれば他の先進国とそれほどの差異はみられないとも言える。むろん相対的に労働生産性の上昇率が低いなどの問題もあり、今後の経済成長を考慮した場合には、人口減少などの負の要因を相殺するようなさらなる構造的変化が必要であることは言うまでもない。

これまでにも指摘されているように、日本の産業構造を考えた場合に、より生産性の高い産業（企業）への転換が他の国に比べて低いことは事実である。このことは、労働市場の構造とも密接に結びついている。

一国全体の生産性の上昇を考えた場合には、労働市場を通じて労働者の適材適所が達成されることが極めて重要なことは言うまでもない。一つの企業で様々な技術開発などが行われ成長していくことも大事だが、経済全体の成長を考えた場合には常により生産性の高い企業・産業が登場し、次の世代に必要な新たな商品や技術を市場に提供するというダイナミズムが必要であろう。

そのためには、新たな企業の登場とそこに必要な労働者が労働市場を通して集まってくることが重要である。既存企業の基盤となる活動と新規企業の活躍が組み合わさることにより、経済全体の成長が健全な形で加速していく枠組みの構築が求められるだろう。

先進各国における職種別構成比の変化

実際はどうであろうか。産業構造の変化については産業分類の問題や個々の産業の生産性の相違等を正確に判断することが難しいため、以下では専門性（もしくは生産性）の異なる9つの職種について、その構成比の変化が各国においてどのように異なっているかをみてみよう。

表4－2は、日本を含んだ先進6カ国（日本、アメリカ、イギリス、ドイツ、フランス、イタリア）について職種を9分類（①管理職、②専門職、③技師・准専門職、④事務補助員、⑤サービス・販売従事者、⑥農林漁業従事者、⑦技能工・関連職業の従事者、⑧設備・機械の運転・組立工、⑨単純作業の従事者）に分けて就業者の構成比をみたものである。

最初に、職業構成比について共通点や相違があるのかを整理しておこう。[4]管理職については、アメリカとイギリスにおいて構成比が相対的に高く他の国は10％未満となっている。そのなかでも日本は３％以下とかなり低い値を示している。いずれにしろ各国とも管理職については過去10年間において減少傾向を示している。

次に専門職であるが、日本とアメリカでは技師や准専門職が一緒に分類されている（②と③）年もあるので両者を含めてみる。両者を含めた構成比はヨーロッパの国ではいずれも30％を超えている。アメリカについては２０２０年とそれまでの期間との連続性に疑問が残るが、それでも少なくとも20％を超していることは確かである。日本については、他国に比べてその構成比は極めて低い。次に、事務補助員であるが、この構成比は日本だけが20％前後と高い値を示し、他国との相違をみせている。また、サービス・販売従事者も同様に、日本は高い比率を維持している。

新たな技術や知識を創造するという意味では、重要な職種は専門職（技師や准専門職も含む）的な職業の動向であろう。各国で専門的職業（職種②と③）の構成比の10年間の変化をみると、日本が２・４ポイント、アメリカが18・３ポイント、イギリスが10ポイント、ドイツが５・１ポイント、フランスが７ポイント、イタリアが３・３ポイントの上昇となり、日本とイタリアの構成比の伸びが各国と比べて低くなっている。

日本は構成比そのものの値が低いだけでなく、その増加率も他国と比べて低い。このような状況をつくりだしている要因の一つとしてデータ作成上の違いも考えられるが、それ以外にも内部労働市場を中心とした日本企業の人材育成の方法に大きな問題があることも考えられる。

表4－2　各国の職種別構成比の推移

職業		①管理職	②専門職	③技師・准専門職	④事務補助員	⑤サービス・販売従事者	⑥農林漁業従事者	⑦技能工・関連職業の従事者	⑧設備・機械の運転・組立工	⑨単純作業の従事者
日本	2010	2.6	15.8	注(1)	20.5	26.7	3.9	29.6	注(2)	注(2)
	2015	2.3	16.5	注(1)	19.7	27.7	3.5	13.8	3.4	11.7
	2020	1.9	18.2	注(1)	20.2	27.1	3.1	13	3.2	11.6
アメリカ	2010	15.1	22.2	注(1)	13	28.8	0.7	20.3	注(2)	—
	2015	16.2	22.7	注(1)	12	27.9	0.7	20.4	注(2)	—
	2020	11.5	23.1	17.4	8.9	14.5	0.4	8.5	5.7	9.9
イギリス	2010	15.3	15.2	12,9	12.6	17.6	1.2	8.5	5.9	10.2
	2015	10.7	24.6	12,4	9.9	18.5	1.2	8.5	4.9	8.8
	2020	11.3	22.6	15.5	10.1	9.2	9	7	5.7	9.4
ドイツ	2010	5.8	15.2	21.9	11.9	12.4	1.8	14.4	6.7	8.2
	2015	4.5	17.2	22.4	12.6	14.3	1.4	12.7	6.1	8.1
	2020	4.1	22.4	19.8	12.6	12.2	1.4	10	5.2	6.9
フランス	2010	8.8	14.2	18.9	11.5	13.1	3.6	10.9	8.3	9.6
	2015	7.1	17.2	20.3	8.9	15.5	3.2	9.1	7.4	10.2
	2020	7.8	20.2	19.9	8	15.4	2.8	8.7	7	9
イタリア	2010	7.8	10	20.1	12.6	11.3	2.3	16.1	8	10.6
	2015	3.8	14.4	17.5	12	17.2	2.4	13.5	7	11.2
	2020	3.6	15.7	17.7	12.1	16.7	2.4	12.9	6.9	10.9

（出所）JILPT国際比較より
（注）1．職業分類②に統合
　　　2．職業分類⑦に統合

鶴（2023）でも指摘しているように、欧米企業の主な採用方法がジョブ型採用であるのに対し日本ではメンバーシップ型が主流である。採用方式に合わせて、日本の人材育成においては職種にとらわれることなく各企業独自の人材育成が行われる傾向が強く、専門性を追求する意向が他国より希薄になる傾向があるのかもしれない[5]。

「既存の物やサービスをつくりだす」ということに長けていたとされる日本企業において、「新たな物やサービスをつくりだす」という開発力の背景となる、専門職の人材を積極的に育てるという気持ちがどこかで薄れてしまったのだろうか。

内部労働市場に組み込まれた正規雇用者にとって、企業内での人材育成は、他の企業においても専門家としてみなされるような技術・知識であるよりも、在籍する企業に固有な技術・知識に偏る傾向があるのではないだろうか。それとも、企業内における専門職の位置づけが低く、出世等を考えた場合には特定の職種の能力を高めることが利益につながることが少ないということもあったのだろうか。また、専門的な能力を高めたい労働者が転職や起業などによる方法をとることは、年功的賃金の下では他の国より相対的にリスクが高くなることも考えられる。

3——労働市場流動化のもう一つの要因——雇用の多様化と雇用者の多様化

これまでにみてきたように、日本の労働市場は様々な面で大きな変化を経験してきた。それを一言で表現すれば「需給における多様化」であろう。働く人も女性や高齢者などが労働市場に多く参入してきており、従来に比べて働き方も働く人もそれまでとは異なった多様性が出現した。過去においては正規雇用以外の働き方は比較的少数であり、日雇い労働者、臨時雇いなどという非正規での雇用形態に対する呼び名に対しては、少し悲しげな響きを感じ取る人たちもいたのではないだろうか。

非正規雇用という正規以外での雇用形態を一括りで呼ぶようになり、2章でも示したように多様な非正規雇用が表舞台でも認知され急速に増加することになった。増加させる原因は、需要（企業）側にも供給（労働者）側にも存在する。主なものを列挙してみよう。[6]

需要（企業）側

D－1　人件費が安い（賃金だけでなく手当など労務コスト全般で正規より安い）

D－2　必要な時に必要なだけ労働力が調達できる（採用コストと解雇コストが安い）

D－3　正規雇用者でなくとも（企業内で訓練をしなくとも）できる仕事が増えた

D－4　非正規雇用者として働きたい人が多く採用が比較的簡単にできる

4　職業分類については国や時期において定義が異なる場合があるので、厳密な比較は難しいことに留意してほしい。

5　さらには、日本企業においては企業内での人材育成に対する支出を減らしており、専門性を育てるという意向がますます低下しているように考えられる。

供給（労働者）側

S－1　簡単に仕事を始められる（辞められる）

S－2　都合の良い時間帯を選んで働くことができる

S－3　子供の都合などで急遽仕事を休むなど家族（自分）の都合に合わせて仕事ができる

S－4　自宅から近い場所で勤務地等を探すことができる

ここで気がつくのは、片方のメリットがもう片方のデメリットになる可能性が高い、ということである。企業側にとって人件費が安いということは、非正規雇用者で可能であるような仕事を正規雇用者に任せることは好ましい話ではない、ということになる。一方、勤務時間等がある程度働く側の都合によって選択できるということは、企業側にとっては時間管理が難しいということであり、正規雇用者と比べて非正規雇用者にはデメリットが存在する。[7]

このように互いのメリットがデメリットになる可能性があるなかで、非正規雇用の形態は様々な形で分化・進化していくことになった。「年齢階級・雇用形態別雇用者数」（労働力調査長期時系列データ）をみると、２０００年代の初めには非正規雇用者の比率は全体の約30％（２００２年）であったものが最近では40％近くまで増えてきている。[8]

非正規雇用者の増加要因

急速な増加の背景には、様々な要因が考えられる。一つには、正規雇用者の賃金の相対的な減少である。それは、家庭内での家計補助的な女性のパートタイムなどの非正規での労働供給を促進させた可能性がある。また、急速な高齢化の下で定年後の就労先を非正規雇用に求めた高齢者も、その構成比を急速に増加させた要因として考えられる。一方では、正規雇用者においても2015年頃から女性の正規雇用者の増加が顕著になっている。この期間においては男性正規雇用者が傾向的に減少しており、男女で逆の動きを示している。

また、2章で説明したように非正規雇用を増加させた理由として、企業側にも多くの理由が考えられる。2000年代の幾度かの大きな不況に伴う余剰人員の見直しの必要性や、先行きが不

6　企業側の要因としては、浅野・伊藤・川口（2011）では不確実性の上昇に対する対応として、砂田・樋口・阿部（2004）において業務の標準化が非正規労働者の比率を相対的に増やす役割を果たしていることを指摘している。また、「平成27年度年次経済財政報告」では、雇用形態別の特徴を丁寧に整理している。

7　このような要因の組み合わせによる企業と雇用者のメリット・デメリットと賃金の関係については、ヘドニック賃金の話が参考になる。例えば中馬・中村（1990）、中村・中馬（1994）などを参照。

8　最近では全数調査である国勢調査においても回収率が8割前後と低下しており調査の厳密性が失われている可能性があることに注意が必要である。詳しくは1章コラム(1)を参照してほしい。

確実な下での新規雇用の難しさ、定年年齢などの引き上げによる高齢者雇用の活用策導入、さらには企業を取り巻く新たな技術やスキルの登場により、企業内での長期にわたる訓練の必要性の低下などが生じた。

それらにより、外部の一時的に活用できる労働力の受け入れに対する可能性とともに必要性も高まってきた。さらには非正規雇用に関する法整備なども進み、企業での非正規雇用活用の枠組みが整備されてきたことも、導入の後押しをしたものと考えられる。

正規雇用者と非正規雇用者については以上で示したように、企業側にとってはその雇用に際して明らかに相反する要因が影響していることが考えられる。実際、時期によっては正規雇用者と非正規雇用者の毎年の増減に負の相関がみられ、正規雇用者が減少（増加）するときには非正規雇用者がそれを補うかのように増加（減少）するような傾向がみられた。このような現象は、正規雇用者の雇用調整には大きなコストがかかるため、先行きの景気状況が不確実な時ほど非正規雇用者数で調整しようとする企業の行動が大きな影響を与えていたものと考えられる。

これまでに活用されてこなかった労働力を新たに活用しようとする試みも行われた。2章で示したように、正規、非正規などの雇用の仕方だけでなく、女性や高齢者などのそれまであまり活用されてこなかった労働力を労働市場に参入しやすくさせるための様々な政策が、試みられている。例えば、高齢者に対しては単に定年延長だけなく、継続雇用制度の導入や委託契約など様々な活用策が提案されてきた。

一方で、労働力や雇用の仕方の多様化により、正規雇用者の社内での位置づけも当然のこととして異なってくる可能性がある。後述するように、正規社員における日本的雇用慣行、特に年功的賃金などの枠組みは、表面的にはそれほど変化していないようにみえるが、その中身は3章でみたようにかなり変化している可能性がある。

労働時間の二面性――自分で選ぶか指定されるか

正規雇用者と非正規雇用者を区分する主要な要因の一つとして労働時間がある。労働時間は、労働市場において複雑な役割を果たしている。企業側からみれば、それは労働投入量を示す指標であり労務コストの増減に関係する指標である。労働者からみれば労働時間はどの程度働くかという労働供給量の指標であるとともに、賃金を決める重要な労働条件の一つでもある。また、正規雇用者にとっては、所定内給与が固定されている場合、所定内労働時間の短縮は一時間当たり賃金の上昇と同じ意味を持つ。企業にしてみれば、一時間当たりの労務費用の上昇につながる。

また、労働時間をどのように扱うかは、雇用の仕方や賃金の決め方にまで影響を与える。雇用のされ方の多様化でみたように、基本的にそれは時間管理の仕方に依存している。所定内労働時間として1日、1週間、1カ月、1年単位で最低限勤務する時間帯および時間が事前に決められているのが、正規雇用者の通常の働き方である。一方、非正規雇用のなかには、パートタイム労働のように一律の時間管理は行われず、1日や1週間に何時間もしくは何日働くかを各自で雇用主との間で決定するケースもある。

経済学の中級程度の教科書に載っているように、労働供給側の合理的な行動として、自分の効用（満足度）を高めるために提示されている賃金額に応じて労働時間（労働供給）を決定するが、提示される賃金額が高ければ最適な労働時間が長くなるとは限らない。さらに、夫の賃金が高いほど妻が専業主婦を選択しやすくなり、夫の賃金が低下すれば専業主婦が働くことを選択するケースが増えてくることなども合理的な選択の結果として示すことができる。[9]

また、労働時間を自分の合理的な行動から自由に選択できないような正規雇用（所定内労働時間として賃金と労働時間がセットとして企業側から提示されているようなケース）では、自分の効用（満足度）が最も高くなるような労働時間と賃金の組み合わせを選択することになる。その意味では、正規雇用を選択するような労働者にとっては、選択のための大事な要因は賃金だけでなく労働時間も含まれることになる。つまり、提示された賃金が同じであるならば（あるいは多少低くとも）、短い労働時間を提示した企業の方を選択する可能性が高くなることを示している。

多様な雇用形態と賃金の支払い方

雇用形態が多様化するとともに、賃金の支払い方も多様化してきている。イギリスにおける産業革命直後においては、労働者に対する支払（報酬）は基本的には出来高給であった。出来高給は成果主義であり、つくった製品の数によって1個当たりの報酬を受け取るため、雇用主は労働者を何らかの形で管理する必要が少なくて済む。

生産工程が複雑化して一人で最初から最後までを担当するのではなく、何人かで一つの工程を分担して担当するようになると一人ひとりの貢献度を評価することが難しくなる。そこで考えられたのが時間給もしくは日給などの、仕事に費やした時間と貢献度が比例すると仮定した支払い方である。

それに対して月給制は、毎月ごとに少なくとも一定額（所定内給与）を得ることができ、病気や何らかの原因による一時的な欠勤に対しても安定的な収入が保証されるシステムといえる。一方でこのようなシステムの下では、企業に対して異なった貢献度であっても得られる月給の額が同じであるという不公平感を、労働者に与えることになる。査定システムは、そのような不公平感を回避するとともに、個々人の能力や貢献度を適正に判断することにより、成果を昇給・昇格に反映させる。また査定システムは、長期的には適材適所を行うための判断材料として使うことにより、雇用者の能力を発揮させることを可能にしている、と考えることもできる。

雇用形態に見合った賃金の支払い方が行われることにより、労働者も自分に適した働き方（賃金の支払われ方だけでなく労働時間や休日などの様々な労働条件も含む）を選択することになる。このような雇用の多様化が雇用者の多様化を促すことにより、様々な階層の労働者が様々な

9　興味ある読者は、大橋・中村（２００２）などを参照してほしい。

働き方を選択してきた、選択できるようになってきたというのが、2000年代の労働市場に対する一つの評価ではないだろうか。

むろん、正社員で働きたかったが非正規での雇用機会しかなかった、などの問題がいまだに多く生じていることは、否定できない。このような状況を改善するためにはどのような対策を講じる必要があるかを検討することが、今後の課題の一つであろう。

4――労働市場の流動化は何をもたらすのか

非正規雇用は、短時間でなら働いてもよいという雇用者を増やしたが、その結果として相対的に低賃金の雇用者を増やすことになった。一方で、働き方改革などにより正規雇用者の労働時間もますます短くなっている。また、非正規雇用者の待遇改善を謳い文句としたいくつかの法制度の変更は、正規雇用者と非正規雇用者の相違を小さくする方向に向かっている。

今後、このような制度変更がどのような形で労働市場に影響を与えるのだろうか。非正規雇用者の待遇改善に寄与するのか、それとも正規雇用者の「非正規化」とも言えるような状況が生み出されるのかは明確ではない。

現状では、少なくともマクロ的にみた平均的賃金の動向はともかく、賃金の支払い方や雇用の多様化が着実に進展しており、そのことが女性や高齢者を中心として労働供給を促進する役割を果たしている。

また、正規雇用者についても、日本的雇用慣行と言われるシステムはいまだに存在しているものの、企業内における正規雇用者に対する賃金決定や人材育成などの枠組みなどは徐々に変化してきていることがうかがえる。このような変化が、企業内の労働生産性の上昇や労働移動を通じて産業構造の高度化促進にどの程度の寄与をしていくのかは不明確ではあるが、マクロ的にみた賃金の変化に比べて、様々な変化が労働市場内において起きていることがうかがえる。

既に、ＯＥＣＤ報告書「新たなＯＥＣＤ雇用戦略――仕事の世界が変化する中での全ての人々に対する良い雇用」（２０１８）のなかで「国際比較を通してみた日本」について触れており、以下のように整理している（一部抜粋）。


日本の労働市場は、終身雇用という伝統のため、経済ショックに対して最も強靭な労働市場の一つである。また、賃金交渉が企業レベルで行われ、賃金に柔軟性があるため、失業の増加が制限される。さらに、企業の収益性と連動する賞与が従業員報酬の重要な要素となっていることから、賃金の柔軟性が高くなっている。

日本は……事業投資も比較的好調であるにもかかわらず、労働生産性の伸びがＯＥＣＤ平均を下回っている。このように生産性の伸びと技能水準が結びつかないことは……中小企業の低生産性を反映している。非正規雇用労働者の技能が十分に活用されておらず、また存続が難しい企業に正規雇用の熟練労働者が保蔵される状況を通じて、労働市場の二重構造が低調な生産性成長の一因となってきた。

以上の整理がどこまで日本の労働市場の核心をついているかは定かではないが、非常に重要な指摘であることは間違いない。これまで指摘したような変化が、今後どのような影響を及ぼすのかについては、詳細な検討が必要になろう。

【参考文献】

浅野博勝・伊藤高弘・川口大司「非正規労働者はなぜ増えたか」RIETI Discussion Paper Series 11-J-051、2011年

大橋勇雄・中村二朗「転職のメカニズムとその効果」玄田有史・中田喜文編『リストラと転職のメカニズム』東洋経済新報社、2002年

砂田充・樋口美雄・阿部正浩「情報化が正規労働者比率へ与える影響」RIETI Discussion Paper Series 04-J-043、2004年

中馬宏之・中村二朗「女子パート労働賃金の決定要因――ヘドニックアプローチ」『日本労働研究雑誌』No.369、1990年

中村二朗・中馬宏之「ヘドニック賃金アプローチによる女子パートタイム労働者の賃金決定」『日本労働研究雑誌』No.415、1994年

補論——マクロ経済学の教科書からみた賃金

マクロ経済学における賃金変動——フィリップス曲線からみた日本の賃金変動

失業や転職などによって賃金がどのように変動するのかをみてきた。では、マクロ経済学的にみた場合には、労働市場における需要と供給が乖離したことによる、人手不足や失業の増加が生じたときに、賃金はどのように変化すると考えられるのだろうか。また、そのような枠組みにおいて日本の賃金変動は、国際的にみて特徴的な性質を持っているのだろうか。以下で簡単に整理しておこう。

通常のマクロ経済モデルでは、賃金の決定はフィリップス曲線と呼ばれる関係式で示されることが多い。これは、賃金変化率と労働市場の不均衡の度合いを示す失業率の関係を示したものである。労働市場において労働需要が供給より多くなり、人手不足（失業率の低下）が起これば賃金が上昇し、逆に、労働需要より供給が増えて失業率が上昇すると、賃金が下落する。この現象をマクロ的に捉えた失業率と賃金変化率の関係を示したものが、フィリップス曲線である。

もともとはケインズ派の経済学において有効需要政策の有効性を示すための道具として用いられたものであるが、その後マネタリストたちにより、企業や労働者（消費者）の将来のインフレ率に対する期待（期待インフレ率）の効果を明示的に示すために、フィリップス曲線に期待インフレ率を変数として直接導入するケースも多くみられるようになった。これは、多くの人が物価は上がるだろうと考えれば、買い占めなどにより実際の物価も上がってしまう現象を想像してみれば分かりやすい。[1]

日本のマクロ賃金の変動は、フィリップス曲線が他の国に比べてよく当てはまると言われている。必ずしも同一のデータを用いた分析ではないため結果は一様ではないが、多くの分析から分かることは、相対的に日本のフィリップス曲線の説明力は高く、失業率の変動が名目賃金変化率に与える影響が明瞭であり、その関係は他の先進国に比べて極めて安定していることがよく知られている。

フィリップス曲線自体は、労働市場における短期的な労働需給の過不足とその価格である賃金の変化率の関係を示したものであり、相対的に人手不足（失業率の減少）になれば賃金は上昇し、人が余れば（失業率の増加）賃金は低下するという関係を示すものである。

さらに、人々はインフレ率が今後どうなるかを考えながら行動するとすれば、労働市場においても今後のインフレ率（期待インフレ率）をどのように想定するかで、労働市場における人々の行動は異なることになる。期待インフレ率に応じて人々が行動し最終的に期待したインフレ率と現実のインフレ率が一致したときには、期待インフレ率の変化に伴う調整が終了し、新たな長期的な均衡が得られることになる。

このプロセスを示すのが、フィリップス曲線のシフトである。現実のインフレ率が期待インフレ率より低ければ、右下がりのフィリップス曲線が徐々に右上方にシフトし、逆にインフレ率が期待インフレ率より高ければ、右下がりのフィリップス曲線が徐々に左下方にシフトしていくことになる。日本のフィリップス曲線はほとんど一つの右下がりの曲線上に観測点が散らばっており、上下へのシフトがあまりみられない。それに対して他の先進国では、右下がりのフィリップス曲線が上下にシフトしていると判断できるような形状を示している、と言えよう。

最近では田中（２０２３）において日本の期待インフレ率は他国に比べて低く、１９９０年以降の消費者物価上昇率の低下要因の主な影響は期待インフレ率の低下にあるとしている。そのため、日本の場合は、物価や賃金の上昇を目指すためには期待されるインフレ率が高くなるように導く必要性が指摘されている。[2]

期待インフレ率の変化に伴うシフトだけでなく、労働市場の構造（例えば、労働需要や労働供給における構造変化、さらには賃金決定システムの変化など）が変わることにより、フィリップス曲線の形状が変化することもあり得る。

そのような視点からは、日本のフィリップス曲線が他の先進国に比べて非常に安定していると

1　最近のマクロモデルにおけるフィリップス曲線の説明などについては、例えば原・小池・関根（２０２０）、各国のフィリップス曲線については鈴木（２０２０）などを参照。

2　田中（２０２３）によれば、２０２２年以降はインフレ期待がそれまでに比べて加速していることを示している。

いうことは、期待インフレ率の変化だけでなく労働市場における構造的変化も他国に比べて相対的に小さなものであったことと考えられる。また、春闘などの賃金相場を決定する場が毎年設けられており、各年の経済環境の変化を賃金決定に反映するなど、賃金決定に関しては今期の情報が来期の決定にすぐに反映できるようなシステムになっている。

日本的雇用慣行の下では、雇用の安定を優先し労働保蔵等で余剰人員を抱え込むとともに人件費の増加を回避するために賃金の上昇を抑制、もしくは賃金を低下させることが行われていた可能性がある。このことは、中村（１９９５）などのこれまでの分析から確認されている。

後述するように政策的な後押しも無視することはできないだろう。例えば、雇用調整助成金などは、一時的な不況による失業を回避するために雇用者の休業に対する補償制度としての役割を果たしており、企業が内部に余剰人員を抱え込むコストに対して政策的に助成することにより、失業を顕在化させないようにしている。[3]

一方で、このような政策が産業構造の高度化を遅らせる負の効果を持つという指摘もあり、必ずしも否定的な意見がないわけではない。また、景気の下落が一時的なものであれば、企業内で発生した人員の余剰も一時的なものであり、人材育成した雇用者を長期にわたって会社内で有効的に活用できるものとして評価できよう。また、このような政策は、企業内組合である労働組合には雇用の安定という意味で非常に重要な枠組みとして迎えられていたと考えられる。見返りとしての賃上げ抑制があったとしても、受け入れやすい政策であったと言えよう。

期待インフレ率はなぜ低いのか

なぜ日本の期待インフレ率は国際的にみて低い水準で推移したのだろうか。想定されるインフレ率がどのように形成されるかについてはいろいろな考え方があるが、実証的に期待インフレ率の作成や形成要因を見つけだすことは極めて難しい作業と言える。一方で、これまでのデフレ的な局面や今後のインフレ率を予測するためには、インフレ期待の在り方が重要な意味を持つという認識が強く、様々な報告書等によって日本の期待インフレ率の動向について分析されている。[4]

期待インフレ率の分析は本書の目的ではないためここでは詳しい話を省略する。ただ、田中（2023）は、2022年以降、消費者と企業ともに期待インフレ率がそれまでと比べて急速に加速すると予測していることを示している。

各経済主体が同じようなインフレ率になると予想し、長期的には現実のインフレ率は期待インフレ率に近づいていくという傾向があることを考えれば、今後の日本経済は今以上にインフレが加速することが考えられる。当然のこととして実質賃金の維持・上昇を目指すためには、相当な率の名目賃金上昇が見込まれることになる。

このような状況で考えられるシナリオは一つだけではない。思いつくいくつかのシナリオを箇

3　2000年以前の賃金制度に関する話は、中村・大橋（2003）を参照。
4　原・小池・関根（2020）では、日銀においても最近になってインフレ期待に関する論文の作成が急速に増加していることを示している。

条書きにしてみよう。

① 大手企業を中心とした大幅な賃上げが起こり、その後中小企業の賃金上昇や非正規雇用者の賃金にも反映し労働市場全体で賃金が上昇する

② 大手企業を中心とした大幅な賃上げが起こり、その後中小企業の賃金上昇が起こるが、非正規雇用者の賃金上昇は抑えられ正規雇用者と非正規雇用者の賃金格差が拡大した。その結果、非正規雇用者の採用が相対的に増加することとなった

③ 大手企業を中心とした大幅な賃上げが起こったが、中小企業の正規雇用者の賃金や非正規雇用者の賃金上昇は大手企業ほどに上昇しなかった。そのため、企業規模間や正規雇用と非正規雇用での賃金格差が拡大することになった

マクロ経済からみた賃金変動要因——これまでの要因分解の分析から

以上示したことは、5年以上前にOECDのレポートで報告されたこととかなりの類似性を持っていることが分かる。そのときと比べてコロナ禍や働き方改革によって労働市場における人手不足の傾向はより顕著になっている。また、賃金のさらなる上昇に対する要請もますます強くなっているようにみえる。その原因の一つとして考えられるのは、1章でもみたように国際的にみた場合の日本の賃金の上昇率の低さである。また、その背後にある労働生産性の低さも指摘されている。

しかし一番の問題は、日本においてはこれまであまり問題視されてこなかった、インフレの加速による実質賃金の相対的な低下に対する不安であろう。これまでは、多少名目賃金の上昇率が低くとも物価上昇が相対的に低く、実質的な賃金の変動は他国と比べて極端に低いものではなかった。また、賃金上昇率抑制の主要な要因の一つとして労働時間の減少などがあり、時間当たり賃金などは他国と比べて上昇率が低いというほど差異はみられない。

ＯＥＣＤ（２０１８）も指摘するように、日本の労働市場は国際的にみても決して非効率な状態ではないと考えられる。むしろ今後の日本社会が直面する高齢者のさらなる増加や生産人口の減少などに対する準備が様々な形で行われてきており、部分的にはその副作用が現れているとみることもできるが、大局においては大きな問題は生じていないと考えられる。

マクロでみた平均賃金の動向に関する要因

では何が問題なのだろうか。この問いに対する一つの鍵は、マクロでみた平均賃金の動向に関する要因が何なのかを突き止めることにあると考えられる。実際にマクロ的にみた賃金変動に関する要因分解についいては、白書等においてこれまでにもいくつか行われている。以下で最近のマクロでみた平均賃金の動向に関する３つの要因分解のケースをみてみよう。

扱っている賃金はすべて雇用者報酬をベースにしたものであるが、名目か実質か、雇用者一人当たりの賃金か、延べ労働時間当たりの賃金かで異なっている。また、対象とする期間も異なっ

W ＝労働分配率×労働生産性×交易条件等

W：(名目雇用者報酬÷家計最終消費支出デフレータ)

÷雇用者数÷労働時間

労働分配率：(名目雇用者報酬÷雇用者数)÷(名目 GDP ÷就業者数)

労働生産性：実質 GDP ÷(就業者数×労働時間)

交易条件等：GDP デフレータ÷個人消費デフレータ

プラス要因：労働生産性

マイナス要因：労働分配率、交易条件

• 2017 年「日本の賃金はなぜ上がらないのか」みずほリポート

(みずほ総合研究所）について

期間：1980 年から 2015 年の 5 年おき（1980 - 85 年、2010 - 15 年）の時間当たり名目賃金の変動率を計算

対象国：日本、アメリカ、ドイツ

時間当たり賃金＝雇用者報酬÷総労働時間

＝雇用者報酬÷名目 GDP

×名目 GDP ÷実質 GDP

×実質 GDP ÷総労働時間

＝労働分配率× GDP デフレータ×労働生産性

ここで、GDP デフレータの 5 年間の変化率を長期インフレ期待と読み替える。

プラス要因：労働生産性（全期間)、労働分配率（2005 - 10 年)、インフレ期待（2010 - 15 年)

マイナス要因：インフレ期待（1995 - 2000 年、2000 - 05 年、2005 - 10 年)、労働分配率（2005 - 10 年以外)

●『**令和5年版労働経済白書**』

（Wは一人当たり名目・実質賃金に対する寄与度〈%〉）について

期間：1996 - 2000 → 2016 - 2020年

対象国：日本、イギリス、アメリカ、フランス、ドイツ

一人当たり名目賃金＝①時間当たり名目労働生産性
（名目GDP ÷就業者数）×
②時間当たり名目賃金
÷時間当たり名目労働生産性×
③一人当たりの年間労働時間

プラス要因：時間当たり名目労働生産性

マイナス要因：労働分配要因、時間要因

一人当たり実質賃金＝④時間当たり実質労働生産性×
⑤時間当たり名目賃金
÷時間当たり名目労働生産性×
⑥一人当たりの年間労働時間×
⑦ GDPデフレータ
÷民間最終消費支出デフレータ

プラス要因：時間当たり実質労働生産性

マイナス要因：労働分配要因、時間要因、デフレータギャップ要因

①と④は生産性要因、②と⑤は労働分配要因、③と⑥は時間要因、⑦はデフレータギャップ

（注）白書には一人当たり生産性の定義しかない。時間当たりについては不明

●『**令和4年度年次経済財政報告書**』

（延べ労働時間当たり実質雇用者報酬〈W〉）について

期間：2000年から21年までの毎期について寄与度（%）を計算

対象国：日本のみ

ている。したがって三者の結果を比較することにはあまり意味はないが、過去30年間ほどの日本のマクロ的な賃金変化がどのような要因によって影響を受けてきたかを整理するには役に立つ。三者について導出された寄与度について各々まとめると次のようになる。扱っている時期や変数が若干異なるため、以下では賃金に関する要因の効果について数字ではなくプラスかマイナスかだけで整理している。詳しい数値を知りたい読者は、もとの文献で確認してほしい。

以上から分かることは、要因分解に使われる要因が異なっているだけでなく、要因の定義が分析によっても異なっているということである。各々の分析を比較することを目的とした分析ではないため当然と言えば当然なのだが、非常に結果を判断することが難しくなっている。

以上で示した3つの分析は、いずれも同じデータを用いている。自国通貨建てでの変数を扱っており、対象とする賃金はいずれも雇用者報酬を雇用者数で除したものである。

寄与度としてみた場合に、労働生産性はすべての分析においてプラスに寄与しており1章でみた一人当たり、もしくは労働時間当たり実質GDPの推移と対応したものになっている。[5] 一方、他の要因については、『労働経済白書』と『経済財政報告書』ではマイナス要因となっている。ただし、5年ごとの寄与度を算出したみずほレポートでは、2005－10年の労働分配率と、2010－2015年でのインフレ期待がプラス要因となっている。

各分析にみる効果の相違

以上から類推できることは、マクロ的にみた場合に当たり前の話ではあるが、労働生産性は賃金に対して常に正の相関関係を、労働分配率やインフレ期待などの他の変数は定義の仕方や時期によって正の相関、もしくは負の相関を持ち得るということが確認できる。特に1章でみたように、GDPの推移について国際比較でみた結果と賃金変化の要因に関する各国比較ではそれほどの矛盾はなく、各国の労働市場における特徴や変数を作成する際の定義の違いを反映した結果になっているとも言える。

そのようにみると、賃金変動の国際比較においては、アベノミクスによる円安の影響が色濃く出たものとも言えよう。さらに、政策的な労働時間の短縮なども加わり、マクロ的にみた日本の賃金変動が国際的にみて低い水準でとどまっていたことの大きな理由の一つとして考えることができよう。

簡単に言ってしまえば、2000年前後の労働市場を取り巻く環境（為替レート、人口比率、労働時間など）の内でコントロールできる変数（例えば為替レートや労働時間）を加味して他国の賃金と比較したらどうなるのだろうか。1章で示したようにかなり異なった結果が出てくるのではないだろうか。

5 『労働経済白書』のケースでは、労働時間を寄与要因として独立的な変数とするため、賃金が一人当たりの賃金であるにもかかわらず生産性を時間当たりの賃金としており若干の疑問が生じる。

以上からマクロ的な視点から日本の賃金変動をみた場合には、誤解を恐れずに言うならば、分析者の視点に応じてかなりの範囲で導きたい結論に誘導することは可能である。

先の3つのケースからも分かるように、マクロ的な賃金変動に関して要因分解しようとすれば少なくとも労働生産性、分配率、就業者に占める雇用者比率、労働時間、GDPデフレータと民間消費者デフレータなどのデフレータギャップ、インフレ期待などの変数を取り上げることができる。また、各変数についても異なった定義を考えることが可能である。さらに言えば、取り扱う期間や観測する単位（例えば毎年について、5年ごとについてなど）が異なれば結果も異なってくることが考えられる。[6]

後述するように、税制の変化や社会保障等の掛け金の上昇等により雇用者が実際に手にする給与額は減少しているかもしれない。しかし、それは労働市場によって決められる賃金の問題ではなく、様々な社会制度の変化に伴って支払う必要が生じたコスト上昇の問題と言えよう。そのことは、「日本の賃金上昇が低下した」のではなく「日本における生活者が支払うべき社会的コストが上昇した」ことの結果であるとみなすことができよう。

政策的に賃金を引き上げるような影響が労働市場に加えられた場合には、市場の失敗等により賃金の上昇→インフレの加速→賃金の上昇という賃金・物価のスパイラルに陥る可能性すら排除できないなかで、不必要な政策的関与は無意味なインフレの加速を生じさせよう。人口の30％もが高齢者であり、その多くが生活を年金に頼っているような国でインフレを加速させることのコストを十分に考慮すべきであることは、言うまでもないであろう。

【引用文献】

OECD報告書「新たなOECD雇用戦略――仕事の世界が変化する中での全ての人々に対する良い雇用」OECD、2018年
鈴木将司「日米欧の雇用・所得環境の比較」『調査レポート（住友商事グローバルリサーチ）』2020年
田中康就「2％の物価上昇は定着するか――期待形成から2％の物価上昇を考える」三菱総合研究所、2023年7月
鶴光太郎『人事の経済学』日本経済新聞出版、2023年
中村二朗「わが国の賃金調整は伸縮的か――日・米比較による検討」猪木武徳・樋口美雄編『日本の雇用システムと労働市場』日本経済新聞社、1995年
中村二朗・大橋勇雄「日本の賃金制度と労働市場――展望」高山憲之編『日本の経済制度・経済政策』東洋経済新報社、2003年
原尚子・小池良司・関根敏隆「フィリップス曲線と日本銀行」『日銀レビュー』2020－J－3、2020年

6　寄与度とは単に相関がどの程度あるかの算出であり、因果の程度を示すものではないことに注意すべきである。

5章

受け取り手側からみた賃金変動

本章のポイント

この章は賃金の受け取り手からみた賃金の動向に対する考え方を整理することを目的としている。受け取り手とは、別の言葉で表せば家計や世帯ということにもなる。通常の雇用者は、賃金で家計を賄う。ただ、家計単位で考えれば働き手は一人でなくともよい。この章では、家計単位で賃金の受取額をみた場合に過去20年から30年間でどのように変化してきたかについて整理する。

最近の共働き夫婦の増加は、夫が一人で稼ぐのではなく妻と二人で働き方を相談して働くようになった、つまり家計も夫と妻でやりくりする世帯が増えてきたことになる。

これは、雇用形態の多様化に伴う変化でもあり、様々な働き方により家事・育児の負担を調整しながら夫婦で家計を維持することを可能にしたとも言える。実際、このような働き方の変化を世帯単位でみたときには、賃金に対する満足を示す世帯の割合は最近（2020年頃）になるまで増加している。このような変化をみる限り、雇用の多様化が、世帯における家計のリスク管理のための「家計のポートフォリオ」となってきたとみなすことができる。

マクロ的にみれば日本の賃金上昇が他国に比べて低いという傾向がみられるものの、それは高齢社会に対応するための労働市場における様々な変化による影響も大きかった。結果として、雇用形態の多様化やそれに伴う相対的に賃金の低い非正規雇用の高齢者や女性の多くが労働市場に参入してきた。

正規雇用者においても労働時間の減少が顕著であり、時間当たり賃金の上昇を相殺するような労働時間の減少が起こっていたことも、要因の一つとなっている。さらに、国際比較をする場合には、実際の賃金の変動だけではなく２０００年前後に比べて大幅な円安が生じており、為替レートの影響が強く表れていた。

では、なぜ今になって賃金上昇が強く唱えられているのだろうか。ここ2－3年間くらいだけをみれば、日本においてもインフレが加速してきており実質賃金の低下傾向が顕著になってきている。インフレに対応した名目賃金の上昇圧力は強くなっていると言えよう。ただ、既に２０１４年には脇田（２０１４）『賃上げはなぜ必要か』が、２０１７年には玄田（２０１７）『人手不足なのになぜ賃金が上がらないのか』というタイトルの本が出版されており、インフレが加速される前から賃金上昇が抑制されており賃上げが必要であるという議論が広まっていたことをうかがわせている。

毎年の『労働経済白書』において労働市場の主要な関心事が副題として整理されている。そこに、賃金が登場するのは、２００９年と２０１０年である。2年間続けて賃金について白書の主要な話題として取り上げている。この時期は、リーマンショックにより世界的に景気後退した時期に対応している。名目賃金についてみると、日本では２０００年前後から名目生産性との乖離が顕著になり、その後リーマンショックを契機に両者の差が拡大してきた。

１章の**図1－4**でも示したように、リーマンショック後の景気回復期において実質ＧＤＰや一人当たり実質ＧＤＰでみると、日本は各国に比べて遅れてきていることが分かる。一方で、労働時間当たり実質ＧＤＰでみるとドイツやフランスなどよりも順調な回復を示している。これは、リーマンショックの時期と日本における労働時間の短縮が急速に進んだ時期とが重なっているために生じた現象でもある。

『令和２年版厚生労働白書』によると、２０１０年から２０１９年の間に実質時間当たり賃金は、正社員で１９７５円から１９７６円とほとんど変化していない。したがって、労働時間の減少分だけ賃金総額が減少してしまうことになる。

短時間の非正規雇用者の時間給は同期間で１０４３円から１１０３円と６％ほど上昇しているが、その額は２０１９年時点でも正社員の半分程度（約56％）しかないため、非正規雇用者の増加は平均賃金の減少という状況を加速させたことになる。また、労働時間の減少は、個々の雇用者グループの労働時間が短縮されただけでなく、短時間労働で働く非正規雇用者の比率が高くなったことによって、さらに顕著なものとなっている。

以上のような労働市場における動向を踏まえると、正規雇用者の賃金は抑制傾向にあったが、従来家計を補助することを主な目的の一つとして働いていた主婦層などが、短時間労働の非正規雇用での就業を増やすことにより、世帯単位での収入の減少を補っていたことが考えられる。正規雇用者の雇用の安定を保証する代償として賃金を抑制し、その分を家族等の非正規雇用による収入で補塡するという共働き世帯の典型が、この時期に急速に拡大していったのだろうか。

前章までは、どちらかというと賃金の支払い側である企業の視点を中心に賃金の動向やその変動の理由を整理してきた。賃金は、支払い側と受け取り側の双方が満足できるような枠組みでなければ、お互いの不満が蓄積し良好な雇用関係を維持することはできない。労働市場内において過去20年から30年間に様々な変化が起こり、賃金を受け取る側においても働き方の変化が生じている。

雇用者のいる世帯においてどのような働き方の変化があったのか、それは労働市場における働き方や賃金の支払い方などによってどのように影響を受けたのかは、賃金全体の動向を検討するうえで重要な事柄である。以下では、賃金の受け取り手からの視点を中心にして、こうした点を少し詳しく整理・検討してみよう。

1——意識調査からみた収入・所得への満足度

実際に賃金を受け取っている人たちは、その額についてどのように思っているのだろうか。収

表5－1　所得・収入による満足度に関する意識調査

	満足	やや満足	満足計	やや不満	不満	不満計
1989	2.6	38.5	41.1	46.1	9.1	55.2
1993	7.4	41.2	48.6	35.6	12.2	47.8
1999	6.1	37.9	44	34.5	18.3	52.8
2003	5.1	33.9	39	36.9	20.7	57.6
2008	5.6	35.2	40.8	37.4	20.3	57.7
2013	7.5	40.4	47.9	35.7	14.1	49.8
2018	8.6	42.8	51.4	34.6	11.8	46.4
2019	7.4	44.9	52.3	34	11.6	45.6
2021	4.6	35.1	39.7	39.7	20.1	59.8
2022	4.7	30.1	34.8	40.4	24.4	64.8

（注）2021年から調査方法を変更しているためそれ以前と直接比較はできない。2020年は中止
（出所）内閣府世論調査（所得・収入に関する満足度）

入や所得に関して満足しているのか、不満に思っているのか意識調査の結果からみてみよう。

表5－1は、内閣府の世論調査から収入や所得に関する満足度を整理したものである。リーマンショックから調査の方法が変わる２０１９年までをみると、収入や所得に対して満足している人たちの比率は低下していない、むしろ傾向的に増加していることが読み取れる。

令和になってからは調査方法が変更されたためそれ以前と比較することは難しいが、同一の調査方法である２０２１年、２０２２年の2年間で満足している人たちの比率が低下しており、最近になって満足度が急速に低下してきていることが示唆されている。[1]

２０００年代の半ばから賃金の低下、もしくは伸び悩みが指摘されてきたが、意識調査からは収入・所得に対する不満が増加したのは最近になってからということになる。実際に「令和５年版労働経済の分析」の第１－(3)－９図で示すように、２０１９年までは名目賃金指数より実質賃金指数の値が上回っていた時期である。

仮に世帯主が雇用者であるケースでは、リーマンショック等による不況によって残業手当などが減少し実質賃金の低下が生じても、解雇などの大きなリスクが生じない限り、配偶者が他の収入を確保することができれば家計全体の収入を維持することは、それほど難しいことではない。特に２０００年代後半は、非正規雇用者の賃金等はかなり改善されてきた時期でもある。

しかしながら意識調査の対象は勤労者世帯だけではないため、収入や所得が賃金の受け取りによって発生しているかどうかは定かではない。そこで以下では、勤労者世帯に焦点を絞って、家計に関するデータから賃金の受け取り額がどのように変化しているのかを検討してみよう。

2――受け取り側からみた賃金の変化

雇用者側から考えれば、税金や社会保障の掛け金などを差し引かれた実際の受け取り額の変化

1　これは新型コロナ感染によるパンデミックが影響している可能性もある。

を賃金の変動とみなすだろう。そこで、『家計調査年報』や『消費実態調査』などの家計側からみた受取額について、その変化をみてみよう。

ここでは便宜的に世帯構成員が2人以上の勤労者世帯について検討する。勤労者世帯における専業主婦世帯と共働き世帯は2000年以降急速に共働き世帯の割合が増加しており、90年代の半ばには両者はともに約900万世帯と拮抗していたが、その後、直近の2022年には専業主婦世帯が約540万世帯、共働き世帯が約1260万世帯と倍以上まで増加している。

共働き世帯が急速に増加する時期は短時間労働での非正規雇用が急速に普及した時期と重なっており、短時間労働での雇用機会が増加することにより、多くの勤労者世帯から主婦が労働市場に参入してきたことを示唆している。

この時期は正規雇用者についても労働時間が短縮されており、個々の労働者の労働時間を短縮することにより世帯単位での労働時間を増加させた時期とも言える。この時期には正規雇用者、非正規雇用者ともに時間当たり賃金が増加しており、共働き世帯にとっては時間当たり賃金の上昇とともに世帯単位で労働時間の供給を増加させたことになる。

勤労者世帯の賃金受け取り額の推移

具体的に世帯単位でみた場合に勤労者世帯の賃金受け取りがどのように変化していったのかを、『家計調査年報』(もしくは消費構造基本調査、現在は改名)を用いて整理してみよう。

世帯人員が2人以上の勤労者世帯について世帯主（男性）の勤労所得と配偶者の勤労所得を時系列で整理したものが**表5－2**である。参考までに世帯平均の人員数、有業者数、世帯主年齢も掲載してある。

世帯主年齢は高齢化の影響で徐々に年齢が上昇している。有業率については2010年代の最初頃までは1・6人台であったが、その後増加傾向を示し、2022年には1・79人となっている。このことは共働き世帯の増加と対応したものになっている。

世帯主の勤労所得は、対象期間においては、リーマンショックなどにより2010年から2016年までは40万円未満と減少したが、その後の傾向として回復基調となっている。それに対して配偶者の勤労所得は5万円台から9万円台と倍近く上昇している。そのため夫婦合計としては、リーマンショック直後を底として15％ほど上昇させている。

以上のことから、夫の勤めている会社での賃金の低下（残業時間の減少に伴う残業手当や賞与等の減少などによる影響も含む）を補うような形で配偶者が短時間労働での非正規雇用者として収入を得ることにより、夫の賃金低下を補う以上の収入を得ていることが見て取れる。

ただし、**表5－2**は勤労世帯について全年齢での結果であり高齢者などが世帯主になっているケースも含まれており、定年後の再雇用等による収入減少なども世帯主の賃金があまり上昇しない原因になっている可能性もある。この点に関しては、年齢をコントロールして厳密にみてみる必要があろう。

表5-2　勤労者世帯における勤労所得の推移

	世帯人員	有業者数	世帯主年齢	男性勤労収入(円)	配偶者勤労収入(円)	非消費支出(円)	平均消費性向
2002	3.5	1.65	46.4	422,109	55,505	86,208	73
2003	3.49	1.64	46.4	415,323	52,782	84,143	74.1
2004	3.48	1.64	46.5	421,544	55,917	85,402	74.3
2005	3.46	1.66	46.9	412,147	57,035	83,429	74.7
2006	3.43	1.67	47	414,740	52,633	84,271	72.5
2007	3.45	1.66	47.4	418,560	53,440	86,257	73.1
2008	3.45	1.68	47.4	418,229	55,304	91,486	73.4
2009	3.43	1.67	47.1	403,022	56,081	90,314	74.6
2010	3.41	1.66	47.3	399,677	56,943	90,725	74
2011	3.42	1.66	47.3	392,931	53,460	89,611	73.4
2012	3.42	1.68	47.8	395,076	58,964	93,501	73.9
2013	3.42	1.7	48	400,903	60,739	97,457	74.9
2014	3.4	1.67	48.1	398,455	59,646	96,221	75.3
2015	3.39	1.73	48.8	396,809	63,981	98,398	73.8
2016	3.39	1.74	48.5	395,675	64,378	98,276	72.2
2017	3.35	1.74	49.1	400,901	64,323	99,405	72.1
2018	3.32	1.78	49.6	406,205	72,128	103,593	69.3
2019	3.31	1.77	49.6	418,160	82,305	109,504	67.9
2020	3.31	1.79	49.8	410,324	87,666	110,896	61.3
2021	3.28	1.78	50.1	421,323	88,164	112,634	62.8
2022	3.24	1.79	50.4	425,991	94,573	116,740	64

（注）勤労収入には賞与等の毎月以外の収入も含まれている
　　　2018年より使用する家計簿の改正があり、前後の比較には注意が必要である
（出所）「家計調査」（総務省）

表5－3　勤労者世帯における年齢別非消費支出割合の推移

（%）

年	30-39歳	40-49歳	50-59歳	60-69歳	70歳以上	65歳以上
2005	15.80	17.51	19.56	20.90		19.15
2010	16.15	18.48	20.78	23.94	26.80	
2015	18.42	20.41	21.47	23.34	22.35	24.74
2020	18.18	20.80	22.69	23.69	25.33	25.05
2022	17.69	20.44	22.73	24.53	24.62	26.71

（出所）「家計調査」（総務省）

一方、非消費支出で示される税金や社会保障の掛け金の合計は2000年代の前半は8万5000円（夫婦合計の収入に対する割合は約18％）ほどであったのが、最近では11万円（約22％）を超えるまでになっている。[2]

以下では、年齢別に勤労世帯での実収入に占める非消費支出割合について同じデータからみてみよう。**表5－3**は、世帯主の年齢階層別に5年ごとに世帯主夫婦の勤労所得に占める非消費支出の割合を示したものである。ただし、公表されているデータでは年齢区分が公表時期によって異なっているため、厳密に時点間で比較することは難しいことに留意する必要がある。

この表からは、世帯主の年齢が高くなるほど非消費支出の割合が高くなることが確認できる。これは、50代までは非消費支出の伸びに比べて年齢が高くなるほど収入も増加するが、60歳以降では非消費支出の減少以上に収入が減少するためである。ちなみに2022年でみると夫婦の合計収入は、50代で約64万円であったものが60代になると約37万円と27万円ほど減少するのに対し、非消費支出は約14・5万円から9万円と5万円程度の減少にとどまっている。

時系列的には**表5－2**と同様に、各年齢層ともに非消費支出の割合が2000年代になって以降上昇傾向を示していることが分かる。特に中・高齢層ほどその傾向が強い。高齢化社会の進展とともに雇用者においても高齢化が進み、中・高齢者の比率が高くなってきている。

夫と妻、そして世帯収入はどのように変化したのか

表5－2および**表5－3**から考えられることを整理してみよう。賃金の支払い側の企業側からではなく受け取り側の家計の世帯主の勤労収入についてみても過去20年間ほどはよく言われているようにほとんど上昇していない、ということが分かる。[3]

さらに、非消費支出である税金や社会保障などの家計の支払い額は、8・6万円（2002年）から11・7万円（2022年）と3万円以上も増加している。デフレ的局面が続いたとしても実質的な手取り額はかなりの減少となったことが分かる。それに対応するかのように配偶者の就業意欲は上昇し、配偶者が受け取る勤労者収入は5・5万円（2022年）から9・4万円（2022年）へと4万円ほど増加している。この額は、非消費支出の増額分とほぼ対応しているとも言える。

年齢別にみると非消費支出額の上昇などもあるが、リーマンショック以降（特に2000年代

後半以降）は配偶者の勤労収入の増加や世帯主自体の勤労収入の増加により、非消費支出額の割合の減少、家計全体での可処分所得の増加が高齢者世帯以外では確認できる。

過去20年間程度の勤労者世帯では、その多くが専業主婦から共働き世帯へと移行していった。夫の労働時間の短縮と妻の短時間労働での就業により、夫は家事時間を増やし妻は家事・育児にかけていた時間の一部を労働時間へと振り向けることで、家計全体での夫婦合計の労働時間と余暇時間の再配分が行われてきた、とも言える。いわば、労働市場における賃金構造の変化が、家庭内での夫婦の労働と家事・育児などの時間配分を同時に変化させていった時期とも言える。

このような変化は、高齢社会における働き手不足に対応するために、女性や高齢者が働きやすい労働市場の形成を目指した様々な制度変更に伴って、副次的に表れた現象とも言えよう。

2　ちなみに一国全体についての義務的な公的負担（租税負担や社会保障負担）の国民所得に対する国民負担率は、財務省の「国民負担率の推移」によると2000年度で35・6％、2010年度で37・2％、2020年度で47・9％となっている。

3　年齢別にみれば、リーマンショックで低下した賃金はその後各年齢層でも上昇している。平均的にみた表5－2の世帯主の勤労所得の低下は、相対的に収入の低い高齢者の比率が高まったためと考えられる。

3――労働市場と世帯類型の変化

働くことは家族の生活を維持する収入を得るためであることは、言うまでもない。従来、日本の勤労者の収入に対しては、個人としての働きに対する報酬というだけでなく、その背後にいる家族の生活を維持するための報酬という意味合いが存在すると言われてきた（いわゆる生活費保障仮説である）。給与体系としての手当のなかの家族（扶養者）手当や税制としての扶養者控除などとともに、福利厚生なども家族の存在を考慮したものだと考えられていた。[4]

日本の場合、正規雇用者であればどのような家族構成かで通常の給与水準と異なった様々な間接的な利益が供与されることが多い。また、そのなかには、家族の就業の在り方に影響を与えるような枠組みも存在する。[5] 個人として雇用者でいることによる様々な利益やコストが、家族の誰かが雇用者でいることにより影響を受ける、という家族単位での枠組みが、企業内のシステムや税制・社会保障などの行政が関係するシステムにおいても存在している。これらの手当の内で法的に支払い義務のある手当以外については企業内において見直しの傾向があり、今後の手当の在り方は流動的であると言えよう。

ここで、なぜ共働きが増えるのかを考えてみよう。主な論点は以下の3つである。

① 女性の就業意欲が高くなった

② 女性が就業するに際しての環境整備が整ってきた
③ 主たる稼ぎ手である夫の収入が減少してきた
以上挙げた項目のなかには様々な要因が含まれている。
①には、一般的に女性全体の就業に対する関心が高まってきたことだけでなく、就業した場合に高い賃金を得られる高学歴女性が増えたことなども考えられる。また、一般的に賃金の男女格差が減少し、女性でも相対的に高い賃金を受け取れるようになったことなども挙げられる。
②では、特に出産・育児などに対応した年齢層に対して、それらに対応したサービス（例えば、育児施設の拡充や外食の宅配サービスなど）を外部から購入することをより容易に行えるようになった、労働時間などの裁量的運用などの使用者側の配慮、夫の育児・家事等への積極的な参加、などが考えられる。
③は、長期的な労働市場の変化のなかで支給される賃金の実質的な価値が減少し、夫の賃金だけでは家計の維持が難しくなり、そのことが妻の就業を促進させたことなどが挙げられる。[6]

---

4 日本の場合、住宅に対する福利厚生策やその他の家計補助的な福利厚生などに対して税制上の優遇策がとられていることを留意すべきである。
5 例えば配偶者に対する扶養者手当は、配偶者の収入に依存してカットされるケースもある。さらに税制上の扶養者控除ができないなどのケースも存在する。
6 既婚女性の就業行動に関する教科書的な説明は、大橋・中村（２００４）などを参照のこと。

以下で、これらの要因について共働きの増加とどのような関連があるかを検討しよう。最初に、公表された政府の統計資料より確認できることから始めよう。それは、男女の賃金格差がどのように変化したか、および、従来は主たる稼ぎ手であった男性の賃金が、家計を支える購買力という観点からどのように変化していったかをみてみよう。

夫と妻の収入はどのくらい違うのか——男女の賃金格差

男女での賃金格差の動向についてみてみよう。賃金格差をみるためには様々な指標が考えられるが、ここでは日本労働政策研究・研修機構が公開している「早わかりグラフで見る長期労働統計」(2023年3月更新)での男女格差の推移をみてみよう。この指標は、各年の『賃金構造基本統計調査』(厚生労働省)より産業計、企業規模計、学歴計の所定内給与額を用いて男性の値を100として女性の値を数値化したものである。

1980年には58・9であったものが1990年には60・2、2000年には65・5と格差は縮小していった。その後も、65・9(2005年)、69・3(2010年)、72・2(2015年)、74・3(2020年)と着実に格差は縮小してきている。いまだに平均でみて女性の賃金が男性に比べて25%ほど低いということをどのように評価すべきかについては別として、徐々にではあるが男女格差が縮小してきていることが確認できる。[7]

論点②を考える際に最初に歴史的視点から検討してみよう。工業化が進むとともに、夫が世帯の稼ぎ手として労働市場に参入し、妻は子育てに専念するという「男性稼ぎ主型モデル」が20世紀のなかごろから多くの先進国において中心的な家族の枠組みとして捉えられていた。このモデルについては様々な歴史的見解が提示されているが、日本における歴史的起源については斎藤（2013）において整理されている。

斎藤（2013）によれば、日本の男性稼ぎ主型モデルは以下のような4つの歴史的経緯で成立されたことが示唆されている。

- 1980年代の日本では「諸外国にもまして強固な」男性稼ぎ主型モデルが確立した
- 主婦による「家事」という世帯内での役割分担があった
- 健康や育児などの世帯内での仕事を主婦が担わなければならないという概念に関する日本的文化の特徴である
- 政府が女性の市民としての権利を積極的に支援しようとしなかったため高度成長期の政府の福祉政策は男性稼ぎ主型モデルを暗黙の前提としていた

このような理由だけでなく、様々な要因が男性稼ぎ主型モデルを強固なものにしただけでなく、その崩壊後も女性の立場を大きく規定しているという主張が存在する。

---

7 『令和5年版男女共同参画白書』によれば、男女賃金格差の国際比較においてOECDの平均値が88・1であるのに対し日本は77・9（2021年の値）であり、先進国のなかではいまだに男女賃金格差の大きな国となっている。

家事や育児などに関して日本では世帯内の仕事として女性が担っている状況が続いており、核家族という世帯類型に移行しても従来の直系家族的な役割分担が残っている。さらに、日本が直面する高齢社会における家庭内介護の必要性によって、そのような意識が今も家庭内での役割分担として色濃く残っていることも指摘されている。

男性稼ぎ主型モデルが崩壊し、共働き世帯が増えても、なお女性が主に家庭内の家事を担うという構造が生き残り、さらに高齢社会が進展した日本社会では介護という新たな家庭内の役割が、働く妻に大きな負担を担わせることになったということだろうか。

１９９０年代辺りから「介護離職」などの言葉が盛んに使われるようになり、介護のために会社を辞めざるを得なくなった人たちが増えてきた。育児も介護も本来ならば夫と妻が共同して行う、あるいは社会的に家庭外からそれに対応するサービスを受ける、というシステムが存在しない限り、妻に大きな負担がのしかかることになる。特に日本では、「家族の在り方」に対する旧来型の意識が強く、政府自体も積極的に家族内の女性の負担を軽減するような措置をとってこなかった。

しかし、人口減に伴う労働供給の減少による長期的な人手不足は、妻の労働市場への参入をより加速させることを必要とした。世帯内での役割を減少するような策を積極的に施すようになった。[8]

4——共働き世帯の増加に対する政策・制度等の影響

次に政策的視点から検討しよう。政策の意味や効果は必ずしも上述した一つの論点のみに関係するものではなく、相互に関連していることが多い。以下では各論点への影響ということではなく、共働き世帯が増加した背景として政策の意味を考えてみよう。まず、これまでの女性の働き方や家族内の役割に関する政策の推移についてみてみよう。

家族内の女性の在り方に関する政策

家族内の女性の位置づけによって、妻の行動に対して様々な影響を及ぼしていることは、これまでにも多くの議論がなされている。その代表例として、夫婦別姓の議論が挙げられる。「家」制度的な意識の下では、妻は夫の姓を名乗り、夫の家の戸籍に入ることが当然視されてきた。

家族法においては、夫婦間の一体性が強調されているが、財産については夫婦間の財産等の持ち分についても、建前としては夫婦の独立性が認められ、夫婦は各々の財産については自身で管

8　育児・介護などの法的な整備については2章を参照のこと。また育児や公的介護保険制度の導入による女性の就業行動などへの影響については、森田（1996）、中村・菅原（2021）などを参照してほしい。

理することが認められている。

そのことは、夫のみが稼得者の場合には、妻の家計に関与する権利を著しく阻害することになる。経済的自立の難しさは、妻が不本意な婚姻関係を続ける一つの理由として挙げられる。相続に関しては配偶者の持ち分に対して具体的な制度の改正がみられるが、離婚による財産の配分に関しては未だに評価が定まっていないと言えよう。

経済的自立という観点からも妻の地位向上などが唱えられてきたが、法制度なども含めた様々な枠組みについて真剣に議論されるようになってきたのは、1996年に男女共同参画審議会から出された「男女共同参画ビジョン――21世紀の新たな価値の創造」からではないだろうか。この報告書自体も国連が提唱した「国際婦人年（1975年）」「女性に対するあらゆる形態の差別の撤廃に関する条約（1979年国連総会で採択、日本は1985年に批准）」などに後押しされたものであることは確かである。その後の日本の対応などについての詳細は、2章を参照して欲しい。

家族の在り方と企業内人事管理

日本の正規雇用者に関する賃金制度は、企業と雇用者における長期的雇用関係や年功的賃金に代表されるように欧米諸国とは幾分異なった枠組みである。それ以外にも、日本では手当等が支払いに占める比率が比較的高いうえに、生活手当などにみられるように家族の構成や働き方によって支払額が異なる手当となっている。

もともと年功的賃金が雇用者のライフステージに応じて変化する支出額と対応した「家族主義的管理」に基づく支払型であるという見解もあるように、日本の賃金支払い制度は家族の在り方と結びつきやすい支払形式になっている。

このような支払い方は、先に述べた男性稼ぎ主型モデルに対応したものであり、企業の賃金支払い体系自体も従来の家族形態を維持するような役割を持っていたと言えよう。また、妻の収入が一定額を超えると夫の扶養者から外され家族手当等が支払われないなど、賃金以外の手当にも類似の枠組みが備わっていた。政策的にも、主婦のパートタイム労働などによる収入に対して一定の年間収入を超すと税制上の不利益を被るようになっている。

企業にとっても、雇用者の配置転換や出向などにおいて妻が専業主婦であった方が都合の良い側面を持っており、そのような家族の在り方を支援する枠組みを維持してきた要因の一つとして考えられる。

通常の核家族において、(A)妻が専業主婦であること、(B)妻がパートタイムなどのある程度労働時間を裁量的に決められる働き方をすること、(C)妻も正規雇用として働くこと、という選択肢において日本では企業の人事制度や国の様々な枠組みが影響を与えていることは確かであり、核家族の働き方に対して様々な制度が中立的なものではないと言える。

いまだに日本の主婦は、就業の是非、就業するとした場合の働き方などに関して、家事・育児や介護などの家庭内において提供しなければならない時間と就業に対する時間配分を、企業や国の決めた枠組みだけでなく家庭内の事情を考慮して決めなければならないという、男性と比べて極めて不利な立場に直面していることになる。[9]

『平成29年版男女共同参画白書』によると、6歳未満の子供を持つ夫婦の一日当たり家事・育児関連時間をみると日本では妻が7時間41分、夫が1時間7分と夫婦で大きな差が出ている（日本は介護も含む）。夫と妻の差は、日本が6時間34分でアメリカ（2時間32分）、イギリス（4時間23分）、フランス（3時間19分）、ドイツ（3時間11分）と他の先進国と比べてかなり大きくなっている。

このことは、家庭内における夫婦の時間配分において夫は外での仕事、妻は家庭内の仕事という従来型の分業体制が根強く残っていたことが分かる。ほぼ10年後の最近（２０２１年）でも『令和５年版男女共同参画白書』（特－８図）によれば、６歳未満の子供を持つ共働き世帯でも家事関連時間での夫婦の各々が担う時間（週全体平均）は、男性が１１４時間であるのに対し女性は３９１時間と3倍以上になっている。

では、実際に夫婦間で家事と仕事に関する役割分担に関する意識はどのように変化しているのであろうか。『令和５年版男女共同参画白書』には男女共同参画社会に対する世論調査の結果が整理されており、女性が職業を持つことに対する賛否が女性と男性の年代別に示めされている。「子供ができても、ずっと職業を続ける方がよい」と答えた比率は、20代で58・４％（女）、56・

1％（男）、30代で69・1％（女）、61・4％（男）、40代で65・8％（女）、64・5％（男）となり、世代による違いは若干あるものの男女での差はほとんどないことが分かる。このことだけからは明確なことは言えないが、労働市場における男女格差は賃金だけでなく様々な方面において今後解消されていくことが想定される。

賃金体系と家族――家族手当、扶養者控除など

賃金の受け取り手という側面から考えた場合、給与（所定内賃金）に含まれる諸手当の額は無視できない比率を持っている。基本給以外に企業から受け取る部分が存在する。それらは、大きく勤務手当（役付手当や技能手当など）、生活手当（家族手当や住宅手当など）、その他（通勤手当や精勤手当など）の3つに分類できる。

「令和2年就労条件総合調査」（厚生労働省）によると、手当合計の所定内賃金に占める割合は調査計で14・9％（金額で4・75万円）となる。企業規模別にみると1000人以上規模の大企業では13・8％（4・97万円）、30－99人規模では16・6％（4・67万円）と手当の額はそれほど規模によって変わらないが、基本給の額が少ない規模の小さい企業ほど比率は高くなっている。[10]

9　例えば要介護者のいる家族でのコロナ禍における妻の就業状態と介護サービスの需要の関係については、菅原・中村（2021）などを参照のこと。

実際に生活手当として雇用者に支払われた額（その手当を受け取った雇用者の平均値）は調査計で11・45万円（家族手当のみは1・76万円）、1000人以上では12・2万円（2・22万円）、30−99人では10・82万円（1・28万円）となっている。ちなみに平成27年調査では調査計で11・25万円（1・73万円）であり、支払額にほとんど変化がないことが分かる。以上のことから、所定内賃金の15％ほどが手当であり決して無視できない額であることが分かる。[11]

賃金は本来労働の対価として支払われるものである。したがって、家族構成の違いなどによって、その支払額が異なることに対しては様々な議論がある。

日本では、扶養者（特に配偶者）の有無によって賃金の受取額がかなり異なってくる。先に示したように、家族手当などは、企業側の制度として家族の存在によって支給額を変えるものである。一方、税制や社会保険の支払い方も家族の在り方で異なっており、政策面からも影響を受けている。

例として、2019年における配偶者がいる場合において、配偶者の収入の有無によって世帯全体で受け取る収入がどのように異なるかを簡単にみてみよう。現在、妻の年収によって税金（所得税と住民税）と社会保険（健康保険や厚生年金）の扱いが異なってくる。制度が夫の所得額で異なるため、以下では夫の年収が900万円以下の場合を考えよう。

妻の年収が100万円（自治体によって異なる可能性がある）を超すと住民税がかかる。次に103万円を超すと所得税がかかるようになる。所得税を支払うことになるため、夫の扶養者から抜けることになり、夫の勤める企業から配偶者手当を受けられない可能性が発生する。

さらに、106万円を超すと、勤める企業や勤務状況によっては社会保険に加入する必要が生じる。さらに130万円を超えると条件が厳しくなり、被保険者である一般社員の労働時間・日数の4分の3以上働いた場合には一律に社会保険に加入することになる。150万円を超すと、夫の収入から控除されていた配偶者控除（38万円）と配偶者特別控除（38万円）のうち、配偶者特別控除額が収入の増加とともに減額されていく。最終的に201万円を超すと特別控除額は無くなる。

以上のように、妻の収入が多くなれば、家族手当や配偶者控除・配偶者特別控除が無くなり夫の収入が減少していくことになる。厚生労働省などは配偶者手当の見直しなどを企業に求めており、「配偶者の働き方に中立的な制度となるよう見直し」することを企業側に求めているが、いまだに中立的とは言えないような状況が続いているのではないだろうか。

共働き世帯が急速に増えた背景には様々な要因が考えられる。そこには、必ずしも「働くことの男女平等」だけではない要因も見え隠れしている。特に女性労働力活用に関して初期の頃に

10 法律で支払いが定められている時間外手当などはここでは含まれていない。

11 企業側から労働費用という視点でみた場合には、法定内・外福利厚生費、退職金等の費用、教育訓練費なども含まれるが、これらは雇用者に直接に支払われない部分が多く含まれるため、この章では除外する。

は、「必要な時に必要なだけ、安い賃金で雇える雇用者」という認識が強かったのではないだろうか。

賃金上昇が与える高齢者家族への影響——今後の世帯構造の変化を踏まえて

賃金上昇を受け取り手側から考えた場合、直接的ではないが大きな影響を受ける世代が存在する。それは、既に働くことから引退した高齢者世代で、年金を主な生活の糧として暮らす人たちが多い。公的年金の毎年の支払い額は既に50兆円を超えており、その支出額がマクロ経済に及ぼす影響も無視することはできない。

現役世代は、インフレに対してある程度柔軟に対応することにより、実質賃金の目減りが深刻になるような事態は起こりにくいであろう。年金支給額もインフレに対してはある程度対応できるような制度にはなっているが、賃金ほどには柔軟な対応は難しい。

さらに、既に述べたように、賃金の後払い分としての退職金の支払い額がかなり急速に減少してきている。高齢期の備えとして中高年雇用者に期待されてきた退職金が少なくなれば、引退後の生活においてますます年金の役割は大きくなる。多くの勤労世帯では同居していなくとも高齢な親を抱えており、現役世代の賃金が上昇したとしても高齢者の生活が厳しくなれば、親世代の仕送り等を通して負担の増加につながることも起こり得よう。

また、今後20年以内に団塊世代の子供世帯が高齢期に突入することになり、一時的ではあるが相対的に多くの高齢者の生活をどのように成り立たせていくのか難しい局面を迎えることになる。

このことは、高齢者の生活ということだけでなく、子供世代には介護の問題と向き合わせることになる。さらに、子供と同居しない高齢者のみの単身世帯や高齢者夫婦世帯も増加していくことが予想されている。このような世帯の多くは、年金が主要な収入であることが予想される。

高齢者の生活の場としての世帯の在り方は、今後急速に変化していくことが想定されている。インフレの発生に伴う影響を受けやすい高齢者世帯の増加は、介護に対する社会の在り方にも影響を与える。今後、500万人前後の介護従事者が必要になることも踏まえると、少なくなった労働力を効率的な産業や企業に配分することにより平均的に高い賃金を獲得しながら、人口構成の変化や産業構造の高度化にどのように立ち向かっていくのか、働き手側にも多くの課題が提示されることになる。

日本の最近の労働市場に対する政府や企業の対策の多くは、今後の高齢社会、特に労働力不足に対応したものである。一方で、実際に高齢社会が本格化した際には、労働市場における現役世代だけでなく既に労働市場から引退した高齢者の生活をも考えた施策が必要である。

少なくなった労働力でいかに高い競争力を持った産業構造を構築し、それに見合った人材を配置していけるかを考慮しながら、働き手やその家族の生活の向上をさせるような労働環境を構築していく必要があり、そのような枠組みを構築するための長期的な視野の下で賃金決定の枠組みを考えるべきであろう。

5――まとめ

受け取り側からみた賃金とは、すなわち世帯（家計）の生活費そのものである。その世帯は、時代とともに形が変わってきている。その理由の一つとして働き方の変化が取り上げられること も多い。最近、政府やマスコミ等がモデル世帯として夫と専業主婦に子供2人の4人家族を登場させることに対して、時代遅れであるという批判をよく耳にする。先にも示した通り、日本において昔のホームドラマに登場するような専業主婦のいる世帯は、もはや代表的な世帯ではなくなっているようである。

妻も働き、夫も家事・育児を手伝うという共働き世帯が、もはや専業主婦世帯の倍前後まで増えてきている。さらに、男女ともに妻も働くことに対する拒否反応は時代とともに薄れてきていることが、意識調査から確認されており、今後も共働き世帯の比率は拡大していくものと考えられる。その要因としてこの章では3つほど理由を挙げたが、日本型雇用システムの見直しとともに、男性を中心とする稼ぎ手システムに対する見直しが行われていることも、大きな要因の一つであることは無視できない。

2章でも示したように、日本経営者団体連盟（1995）が「雇用のポートフォリオ」という概念を提唱したことがある（雇用のポートフォリオについては日本労働政策研究・研修機構者に余剰が発生するリスクを回避しようというものであった。
的な雇用形態をも取り込むことにより、雇用の多様化によって景気の谷に伴う従来型の正規雇用〈2010〉や阿部〈2011〉などを参照）。これは、正規雇用者の雇用を維持するために短期

それに対して、男女参画社会等で唱えている「令和モデル」は、雇われる側からみた雇用のポートフォリオとも言える。夫だけが稼ぎ手として労働市場に参画することは、最低限の社会保障が満たされているとしても家計に様々なリスクをもたらす可能性がある。特に、雇用が保証されていても景気状況によって賞与や残業手当などが大幅に変動するような状況においては、安定した生活を送るためには単に貯金等の切り崩しだけでなく、得られる収入源の多様化を目指すことが合理的であり、そのなかでも現実性の高い方法が共働き（妻の就業）ということになる。

むろん妻が就業するためには、どのような就業形態を選択するかにもよるが、（ア）短時間での就業、もしくは（イ）夫の家事時間の増加（就労時間の短縮）、（ウ）家事・育児の外注化、などが必要条件となる。[12] 男女参画社会や男女雇用均等社会などの掛け声による主婦をはじめとした女性の就業のための環境整備は、財界側の「雇用のポートフォリオ」に対応した世帯側の「家計のポートフォリオ」に対応したものとも言えよう。

財界（企業）、政府、働き手（世帯）が同じリスクに対して同じ方向性を持ってリスクを回避し

12　夫の家事参加時間（もしくは労働時間）と妻の就業や出産数などの関係は明瞭であることが、Nakamura-Ueda（1999）などで確認されている。

ようとしているならば、三者の働き方のポートフォリオにおける結果は極めて意味のあるものであろう。しかし、三者が各々異なった方向性でリスクに対してポートフォリオを考えているならば、三者にとって望ましい帰結が得られるとは限らない。

政府は今後の働き手の不足に対応するために、財界はそのような人手不足への対応と短期的な人件費の抑制のために、世帯（働き手）は一定の安定した収入（雇用）を確保するとともにバランスのとれた家庭内の時間配分の実現のために、考えられるリスクの発生を分散させようと目指しているとするならば、そこから得られる帰結が三者ともに満足させる保証はない。

生産活動の結果得られた付加価値のなかから賃金原資が確保され、その範囲で各雇用グループへの賃金配分が決定されるとすれば、そこには様々な組織間で利害関係が生じることになる。現状は、日本的雇用慣行を維持しつつ今後の労働力人口の減少と高度な産業構造に適合した労働市場の在り方を模索していると言ってよいであろう。特に採用の仕方や、企業内人材育成のシステムとそれに伴う年功的賃金などの賃金を取り巻く企業内のシステムを、試行錯誤的に変化させていくことであろう。[13]

【参考文献】
阿部正浩「雇用ポートフォリオの規定要因」『日本労働研究雑誌』No.６１０、２０１１年
大橋勇雄・中村二朗『労働市場の経済学――働き方の未来を考えるために』有斐閣、２００４年
笠木映里「家族形成と法」『日本労働研究雑誌』No.６３８、２０１３年

玄田有史編著『人手不足なのになぜ賃金が上がらないのか』慶應義塾大学出版会、２０１７年
斎藤修「男性稼ぎ主型モデルの歴史的起源」『日本労働研究雑誌』№６３８、２０１３年
菅原慎矢・中村二朗「家庭内の負担・女性に偏り」日本経済新聞朝刊「経済教室・コロナ禍の介護危機」２０２１年７月７日付
鶴光太郎『日本の会社のための人事の経済学』日本経済新聞出版、２０２３年
中村二朗・菅原慎矢『日本の介護――経済分析に基づく実態把握と政策評価』有斐閣、２０１７年
日本経営者団体連盟新・日本的経営システム等研究プロジェクト編『新時代の「日本的経営」』１９９５年
森田明美「現代の子育て問題と子育て支援政策に関する一考察」『東洋大学児童相談研究』第15号、１９９６年
日本労働政策研究・研修機構「今後の雇用ポートフォリオと人事戦略に関する調査」調査シリーズ№71、日本労働政策研究・研修機構、２０１０年
脇田成『賃上げはなぜ必要か』筑摩書房、２０１４年
Nakamura- Ueda, On the Determinants of Career Interruption by Child-birth among Married Women in Japan, *Journal of the Japanese and International Economics*, Vol.13, No.1, Jiro Nakamura and Atsuko Ueda, 1999.

13　例えば正規雇用者の採用方式なども従来のメンバーシップ型だけでなくジョブ型採用も広く普及していくことが考えられる。詳しくは鶴（２０２３）などを参照のこと。

6章

今後の労働市場を考える

本章のポイント

本章では今後の労働市場における変化とその対応策を概観している。既にほぼ確定した事実として、労働者の中心的な担い手である15歳から64歳層の人口は、2020年に比べて2030年には約430万人、2040年には1300万人ほど減少する。このような急速な人口の減少が将来の労働市場にどのような影響を及ぼすのか、またそのなかで負の影響をどのように減らしていけるのかを検討することは、喫緊の課題である。

また、そのような状況のなかでマクロ的に生産性の上昇を達成するために、労働者の能力を引き上げることや、産業構造の高度化を考えていかなければならない。この章では、今後の外部労働市場の役割の重要性を指摘するとともに、これまで相対的に企業に依存してきた人材育成をどのような環境のなかで構築していくのかを整理する。また外部労働市場を通じての適材適所の実現が必要であるとともに、そのことが日本における持続的な賃金の上昇にとって不可欠であることを示している。

日本の労働市場が変わりつつあることは、各章で示してきた。では、今後どのように変わっていくのだろうか。変わった世界において賃金はどのように決定されていくのだろうか。過去の労働市場をみても、環境の変化に応じて短期的にも長期的にも変化し続けてきたようにみえる。[1]

労働市場を取り巻く環境は、長期的な人口予測等による労働力人口の推移のようにほぼ確実に予想できるものもあれば、新たな技術や知識のようにかなり突発的に現れるものも存在する。後者については事前に対応することは難しく、与えられた環境の変化に事後的に対応していくしかない。

労働力の減少に対しては既に20－30年前くらいから長期的な視野の下で対応が検討されてきており、現在も様々な対応が考えられている。賃金の決定を考えた場合には、それ自体は提供される個々の労働サービスの価格であり需給の状況によって決定されることになる。そのこと自体は、内部労働市場においても外部労働市場で取り引きされる場合でも基本的には変わらない。

今後もこのような市場機能を通して賃金が決定されるとすれば、どのように賃金が変化するかは、労働市場に登場する主体としての企業、労働者そしてその背後にある政府や労働組合の行動に依拠することになる。当然のこととしてこれらの主体の行動は、労働市場を取り巻く短・長期的な環境変化によって異なってくることが予想される。

1　2000年以前の賃金決定の枠組みについては、中村・大橋（2003）などを参照のこと。

例えば、個々の企業の行動について考えてみよう。これまでの日本企業における主要な賃金決定は、日本的雇用慣行の下で内部労働市場として企業内部で行われていたとされている。しかし近年では、年功的賃金や、その背景にある企業と雇用者の長期的雇用関係に対する見直し論が登場するとともに、年功度も徐々に抑えられてきている。なぜ、このようなことが生じているかと言えば答えは簡単である。「長期的に雇用者を抱え込む必要性が少なくなってきたから」であり、その理由は「雇用者を企業内で時間をかけて長期的に教育する必要性が少なくなった」からである。

その理由をさらにたどると、「新たな技術や知識を利用するに際して企業内で独自に教育する必要性が少なく外部で教育を受けた雇用者を中途採用」するなどによって対応できる場合が増えてきたからであろう。雇用者においても、知識や技術の陳腐化が早いような状況においては、特定の企業で狭い範囲の知識や技術を身につけるよりも他社においても活用できるような一般的な知識や技術を身につけることを好むであろう。

以下では、各章でみてきた日本の労働市場の変化やそれに伴う賃金の在り方を前提として、これからの賃金決定の在り方を考えるうえで重要となる、これからの労働市場の変化について考えてみよう。

1——今後の労働市場を考える

これから10年程度先の労働市場が今と同じような状況にあると思っている読者は少ないであろう。必要な知識や技術の陳腐化はこれまで以上に早くなる。それらの知識や技術は特定の企業においてのみ役に立ったり、修正を加えてより効率的に利用できるようになったりするものではなく、より一般的なものとなる可能性がある。

人材育成については個々の企業によって行われる部分より、広範な人々を対象とした人材育成機関や自分自身の独学（例えば通信教育など）による教育が主流となるであろう。そのような状況は、採用方式もメンバーシップ型よりも既に身につけている能力を重視したジョブ型に変化する傾向を強めるかもしれない。

このような状況が現実的になれば、企業と雇用者の長期的関係を維持するための条件が失われ、内部労働市場成立の前提が崩れることになる。多くの雇用者は、よりよい労働条件の下で働きたければ、外部労働市場を通じて転職活動を行うだろう。彼らの持っている知識や技術をより必要とする企業が、相対的に高い賃金を提示する。

既に雇用されている雇用者も、自分の持っている知識や技術が陳腐化しないように、企業内外での自己投資（人材育成）を継続して行う必要が生じる。さらに、各自が保有する知識や技術のレベルが賃金決定の大きな要因となるため、そのレベルを証明するような枠組みが必要となろう（例えば、現在の国や公的機関が発行している資格証明書など）。

このような状態は、**表4－2**で示した日本の専門職（准専門職）の比率が少なかったことの裏返しでもある。現在では、いまだに多くの雇用者は正規雇用者として内部労働市場にとどまっており、自分の持つ知識や技術については査定情報などで所属する企業内でのみ評価される。転職を行う必要がない限り、所属する企業で自分の能力が評価されていれば十分ということになる。

おそらく、**表4－2**で示したように現在の日本の専門的能力を持った雇用者が他国に比べて比率が低いということは、内部労働市場における雇用者が専門性を自覚する必要が低いことにも関係していると考えられる。

一方、専門性を自分で身につけることは非常に難しい作業であることも考慮すべきである。例えば、将来的にどのような知識や技術が必要となるのかなどについて的確に判断することはかなり難しい。企業なり政府であっても、今後（例えば10年先程度）必要な知識や技能がどんなものかを判断する場合にはかなりの不確実性が伴う。現場に近い企業の方が、政府に比べて正確で豊富な判断材料を有している可能性もあるが、それでも企業や業界全体を見渡せるような立場にいない雇用者が正確な判断をできるかどうかは分からない。ましてや、政府にそのような判断を求めることはかなりリスクが高い[2]。

表6-1　10年後・20年後の年齢・男女別の人口構成

	人口（出生・死亡ともに中位数、千人）				割合（%）			
	総数	0-14	15-64	65以上	総数	0-14	15-64	65以上
2020年	126,146	15,032	75,088	36,027	100	11.9	59.5	28.6
2030年	120,116	12,397	70,757	36,962	100	10.3	58.9	30.8
2040年	112,837	11,419	62,133	39,285	100	10.1	55.1	34.8

（出所）『令和5年版日本の将来推計人口』をもとに筆者が作成

20年、30年後の働き手の人数は？

いずれにしろ、数年後にはかなりの労働力が減少することは確実であり、その影響をできるだけ回避しながら、高齢社会に伴う働き手の減少に対応した労働市場の枠組みが必要となる。その枠組みが現状の労働市場の枠組みを踏襲したものであるべきだ、と思う読者は極めて少数であろう。予想ではあるが、10年後と20年後の労働市場の姿をより具体的に以下で描写してみよう。

表6－1は、国立社会保障・人口問題研究所（２０２３）が行った『令和５年版日本の将来推計人口』より作成したものである。２０００年を基準としてみてみよう。10年後の２０３０年には主な働き手となる15歳から64歳までの人口は４３０万人ほど減少し、20年後では１３００万人ほど減少する。『労働力調査』より、２０２０年における15－64歳での就業者数は約５８０４万人（15歳以上計では６７１０万人）であるから、就業率は15－64歳で77・３％（65歳以上で２・５％）である。

仮に２０２０年時点での就業率が維持されると考えると、就業者数は15－64歳で２０４０年には約４８００万人と、２０２０年より1000万人ほど減少する。この人数を補うためには、就業率を93％まで引き上げる必要が生じる。また、65歳以上の高齢者について2020年時点の就業率の2倍になる5％まで上昇したと仮定しても、増加する就業者数は約98万人であり大きな効果は期待できない。

国による移動状況の相違

先に示したように、日本的雇用慣行である長期的雇用関係が薄れてきたケースでは、外部労働市場を通じた離転職が多くなる。既に、『令和4年版労働経済白書』（2022）では、現状の労働移動を中心に分析を展開している。国による移動状況の違いを厳密に把握・比較することは難しいが、同白書でも取り上げている2つの視点からみてみよう。

一つは、失業者数の変化から労働移動の活発度を評価するものである。転職を行う場合に一定の期間について失業者になることを想定すれば、失業プールへの流入出率（失業者になる流入者数と失業者からの流出者数の合計数が生産年齢に占める割合）を用いることにより、労働市場を通じての移動の活発度をみることができる。

『令和4年版労働経済白書』（2022）では、2001年から2019年の平均値を用いて国際比較を行っているが、日本の数値は0・74％とアメリカの2・52％、カナダの3・79％、イギリスの1・32％などの国に比べて低く、イタリアの0・87％、ドイツの0・8％、フランスの0・57％などと同じような値となっている。しかし、転職の多くが縁故などを通じて行われたり、世間的に失業状態になることを嫌ったりするような傾向がある国では、この指標は低めに出る可能性がある。

勤続年数（勤続1年未満と勤続10年以上）でみた国際比較

そこで、もう一つの指標として雇用者の勤続年数についてみてみよう。雇用者の内で勤続年数が1年未満の割合と10年以上の割合について整理しよう。企業における中途採用などによる新たな入職者が相対的に多ければ、勤続年数が1年未満の比率は高くなり、労働市場を通じた移動が活発であることを示す。逆に、勤続年数が10年以上の雇用者の比率が高ければ、離職者の割合が低く転職者がそれほど多くはないことを示すことになる。

日本は、1年未満が7・9％、10年以上が45・9％であるが、アメリカは22・3％、28・8％、カナダは19・8％、29・7％、イギリスは17・3％、31・6％と1年未満の割合は高く、10年以上の割合は低くなっている。イタリアは12・1％、50・2％、ドイツは14・6％、40・3％、フランスは15・1％、45・6％と1年未満の割合は少し高くなるが、日本と類似した傾向を示して

2　例えば、これまで政府が「近い将来に人材不足となる知識・技術を持った職種」などと音頭を取ったもので成功したケースはどの程度あったのだろうか。プログラム作成者が不足するなどとして、政府などはその対応を呼びかけたが、既に一般的なプログラマーの必要性は少なくなっていたなどの失敗例はすぐにでも挙げることができるが、成功例はすぐには頭に浮かばない。

いる。

年功的な賃金体系を持たない企業では、勤続年数が長くなっても賃金の上昇はそれほど期待できない。なぜ、ヨーロッパの多くの国で労働移動が相対的に少ないのだろうか。転職前後の賃金変化に関する国際比較についてはボストンコンサルティンググループとリクルートワークス研究所が共同で行った求職トレンド調査（桜井・大久保〈２０１５〉）がある。日本は転職後に賃金が増加した比率は22・７％であるが、アメリカは55・１％、イギリスは50・５％、ドイツは59・７％、フランスは35・７％と、各国の値は日本より高くなっており、転職によって賃金が増加するケースが多いことを示している。

リクルートワークス研究所が２０２０年に行った「５カ国リレーション調査」では、日本の転職後賃金増加の割合は45・２％に上昇している。しかし、他の国は70％以上であり未だに相対的に転職による賃金の上昇が行われにくい国となっている。

日本のように年功的賃金が存在する場合には、転職前後の賃金ではなく、転職後数年経ったときの賃金と転職前の企業に離職後も数年勤続したときに提示される賃金を比較すべきであり、簡単に転職によって賃金の変動を論じることは、危険である。[3]

以上から、予想されたことではあるが、いまだに日本においては転職に伴う賃金上昇の可能性が他国に比べて低く実際の労働移動も少ないことが分かる。１章で示したように年功的賃金の下では、勤続年数が増加するにつれて賃金が上昇するという枠組みが採用されている。このことが影響しているかどうかは分からないが、実際の転職者において賃金が不満で転職したケースは、4章の**表4－1**で示したように11・27％と極めて小さな比率となっている。[4]

今後の労働市場

では、今後の労働市場はどのように変化していくのだろうか。あるいは、どのように変えていくべきなのだろうか。前章までにみたように、日本の労働市場は既に過去20－30年間において多くの変化をみせている。しかしながら、一つひとつの変化はわずかであり、今後どのように大きく変貌していくのかは明確な形にはなっていない。

仮に企業内の賃金決定において年功的な部分が少なくなった場合、より能力（もしくは会社に対する貢献度）に応じた賃金が決められるようになるだろう。職場における仕事の仕様が具体的

3　少し古い話ではあるが、大橋・中村（2002）では、年功的賃金の存在を前提として転職による賃金変動を分析すると営業職などの専門的職業などについては転職により賃金が上昇するケースが多くみられることが確認できた。日本労働政策研究・研修機構（2022）「ユースフル労働統計」においても、日本のケースだけであるが労働移動に伴う賃金・所得の変動について退職金などの変動も含めて詳細に分析している。

4　注意しなければいけないことは、このことは実際に賃金が不満な転職者が少ないことを意味しないということである。なぜならば、仮に転職しても賃金は高くならないと考えているような労働者にとっては、賃金の低いことが転職理由とはなりにくいからである。

であれば、雇用者本人も企業も能力を評価しやすいだろう。一方、その仕様が具体的でない場合、もしくは雇用者が望まない職場に配属された場合には、双方にとって雇用者の能力は評価し難くなる。賃金の額を主に能力で評価して決定する場合には、職場において求められる能力について事前に知らされているとともに、労働者自身がその職場に配属されることを納得している必要があろう。その意味で査定の在り方と、その結果をどのように賃金に結びつけるかが重要となる。

以上のように考えると、年功的賃金の持つ性質が相対的に弱まってくるほど、企業における雇用者の採用方法も異なってくることが予想される。これまでに比べて企業内で企業独自の人材育成を行う必要性は今後減少すると思われるが、一方で大幅に労働力が減少し企業が必要な労働力を確保することが難しくなる可能性もある。このようななかで年功的賃金がどのように変化していくか判断することは、非常に難しい。

3章でみた年功的賃金の現状における変化は、今後を考えるうえで参考になろう。平均的にみた年功度は徐々に低下するとともに、同期間での賃金格差が拡大していっている。持に**表3－2**②の大卒男性社員の分散係数の値が、まだ経験年数の短い20歳後半から最近になって急速に大きくなってきていることは注目に値する。[5] このことは、査定情報などにより、若いうちから企業は相対的に大きな給与格差をつけるというものである。

これまで言われていた日本的雇用慣行の下での企業における出世競争は、長い時間をかけた競争であったが、より短期的な競争へと変化していくことを示唆している。以上のことからだけでは、企業内で必要な人材を確保するためには、これまでのように企業が長期的に人材育成を行うかどうかは判断が難しい。これまでとは異なった動きがさらにみられるかどうかを、注目する必要があろう。

2――企業内労働市場の変化を考える

企業内の賃金決定システムを考えるうえで重要なことの一つは、企業の人材採用方式の在り方である。例えば、人材の採用方法がメンバーシップ型かジョブ型かで、入社後の人材育成の仕方や企業と雇用者のかかわり方（長期的な関係を期待するかどうかなど）が異なってくる可能性がある。当然のこととして、支払う賃金額や支払い方を決定する枠組みも異なったものとなろう（企業において必要な人材の特性が変化することによっても採用方式は変化するだろう）。

鶴（2023）が指摘するように、人材の採用方式の差異によって対応する賃金の支払い方が異なる合理性が存在する。一方では、個別企業を取り巻く外部環境が異なるため、採用方式と賃金決定方式が一対一で対応するわけでもない。また、賃金決定システムにおける役割は多様であり、今後どのような変化が生じるのかは現状で判断するのは難しい。

5　特に大企業ほどこの傾向は顕著である。

企業内労働市場における賃金決定では、その支払い方に様々な役割を持たせるために、必ずしも短期的にみた雇用者の貢献度や能力に見合った賃金の支払い方がなされてはいないことが、これまでにも指摘されている。企業が雇用者の人材育成を行うための費用を負担しているため長期的にはその費用を雇用者から回収する必要があり、企業と雇用者の長期的関係が成り立つような賃金の支払い方（年功的賃金）を採用しているためとも言われている。

それ以外にも、労働経済学の教科書（例えば大橋・中村〈２００４〉など）でも説明されているように、企業は賃金の支払方式に対して、単に提供された労働サービスへの対価をどのように支払うかという機能以外にも様々な役割を期待している。

企業内での人材育成などの必要性が低下すれば、当然のこととしてこれまで賃金の支払い方に期待されていた一部の役割が必要なくなることで、支払い方の見直しが行われることになろう。3章で示した年功度の低下や同期社員間での格差拡大などの近年の変化は、その先駆けとも言える。このような既存の賃金支払いシステムの変化には、今後の賃金決定にどのような影響を及ぼすのだろうか。

仮に企業内において行うべき職務が限定されていれば、そこに配属された雇用者の企業に対する貢献度はかなり限られた範囲になる。賃金が雇用者の企業に対する短期的な貢献度で決まるならば、当然のこととして受け取る賃金の額も限られた範囲で設定される。つまり、提供された労働サービスに対する対価ということ以外の役割が、賃金の決定システムに求められなくなることになる。この点については、次章でより詳しく検討する。

各国の年齢別・勤続年数別賃金

図6－1の①と②は、勤続年数別賃金と年齢別賃金を国際比較したものである。両者とも国際比較が難しいため、最近のデータで比較を行ったものは多くない。当該グラフは２０１８年と２０１０年の数値をもとにしたものであり、現状とは幾分異なっている可能性はあるが、各国の相違についてある程度整理することができる。

勤続年数別（**図6－1①**）でみると、日本は男女ともに賃金は勤続１－５年に比べて30年以上では１・４－１・６倍に増えており、ドイツと並んで年功度の高い国となっている。一方、年齢別（**図6－1②**）でみると、日本は男女ともに年齢に伴う賃金の上昇が小さくなっている。男性では日本と同様に勤続年数に比例して賃金が上昇したドイツだけではなくフランス、イタリアなども日本以上に年齢とともに賃金が上昇している。女性では、男性ほど顕著な差異はないが日本女性は他国に比べて年齢とともに賃金があまり変化していない。勤続年数と年齢という２つの指標で賃金が変化する程度を比較すると、日本（特に男性）は他国に比べて年齢ではなく勤続年数が賃金上昇の大きな指標となっていることが分かる。

年齢と勤続年数でみた賃金カーブにおいて、他国に比べて日本が勤続年数において賃金の上昇度が高くなっている。しかし、各国でそれほどの差があるわけではなく、勤続年数と年齢ともに

②年齢階級別賃金カーブ

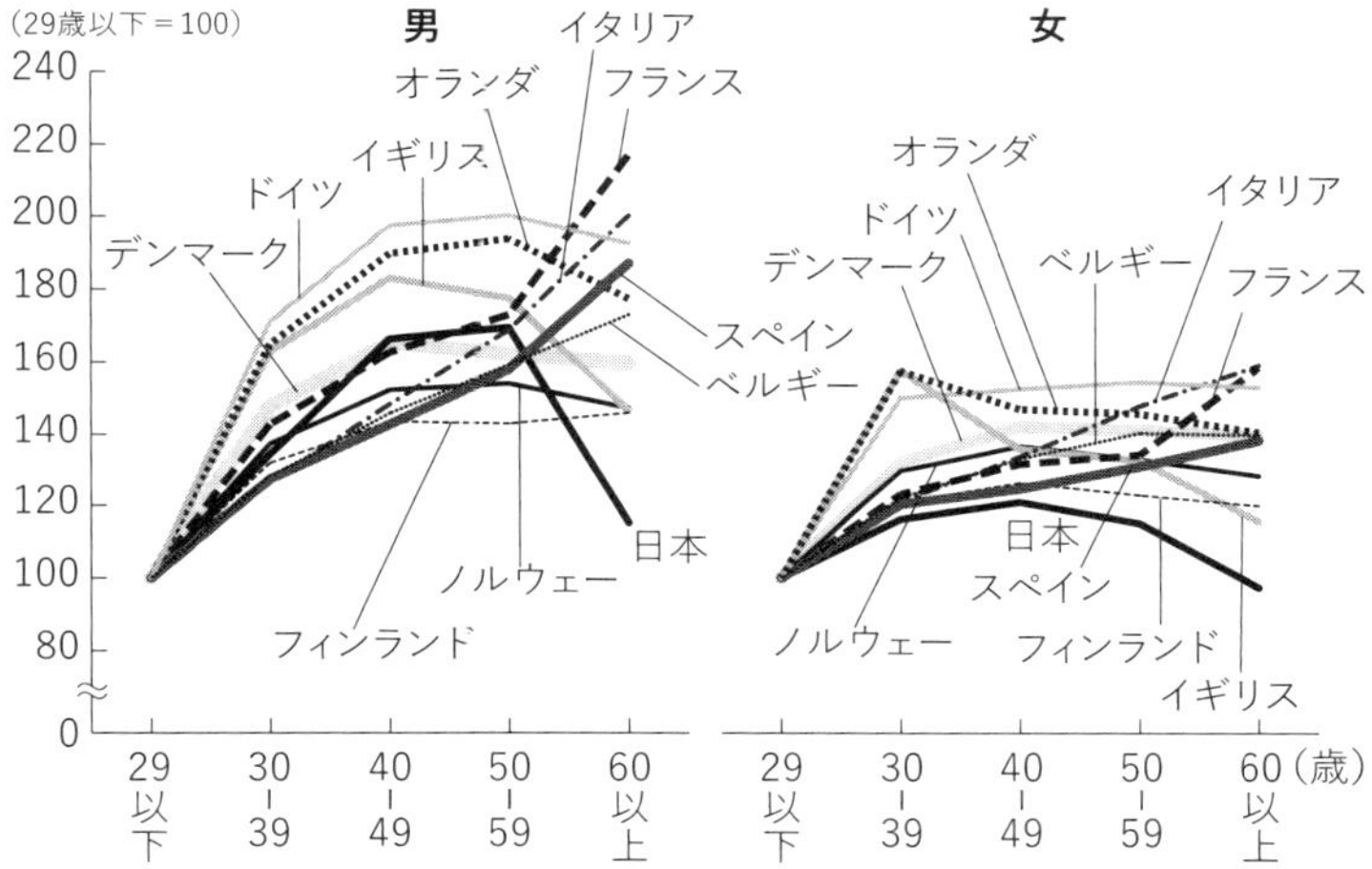

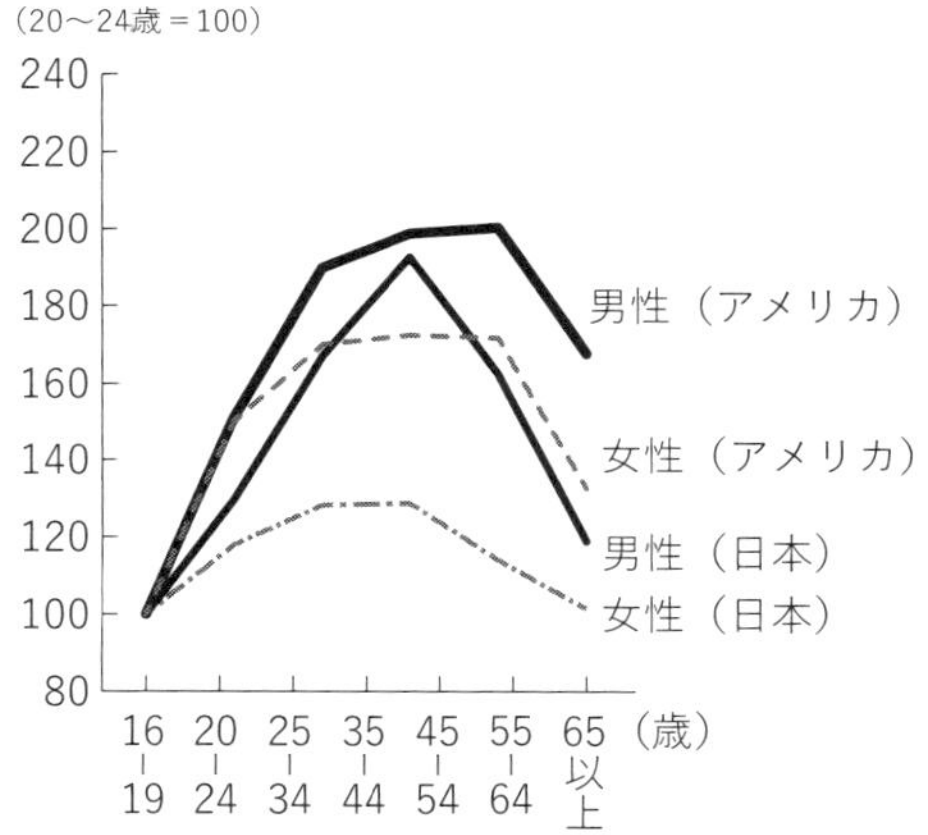

（注）1．日本の賃金は一般労働者に決って支給する現金給与額、EU各国は月間平均収入額（monthly earnings)。アメリカの賃金はMedian usual weekly earnings of full-time wage and salary workers

2．オランダの30-39歳の女性については、29歳以下と40-49歳の中間値とした

（出所）厚生労働省「賃金構造基本統計調査」(2010年)、EU “Structure of Earnings Statistics 2010” U.S. Bureau of Labor Statistics “USUAL WEEKLY EARNINGS OF WAGE AND SALARY WORKERS” (2010年第1四半期)

（出典）『平成25年版労働経済の分析』より転載

図6−1　勤続年数別賃金カーブと年齢別賃金カーブの国際比較

①勤続年数別賃金カーブ

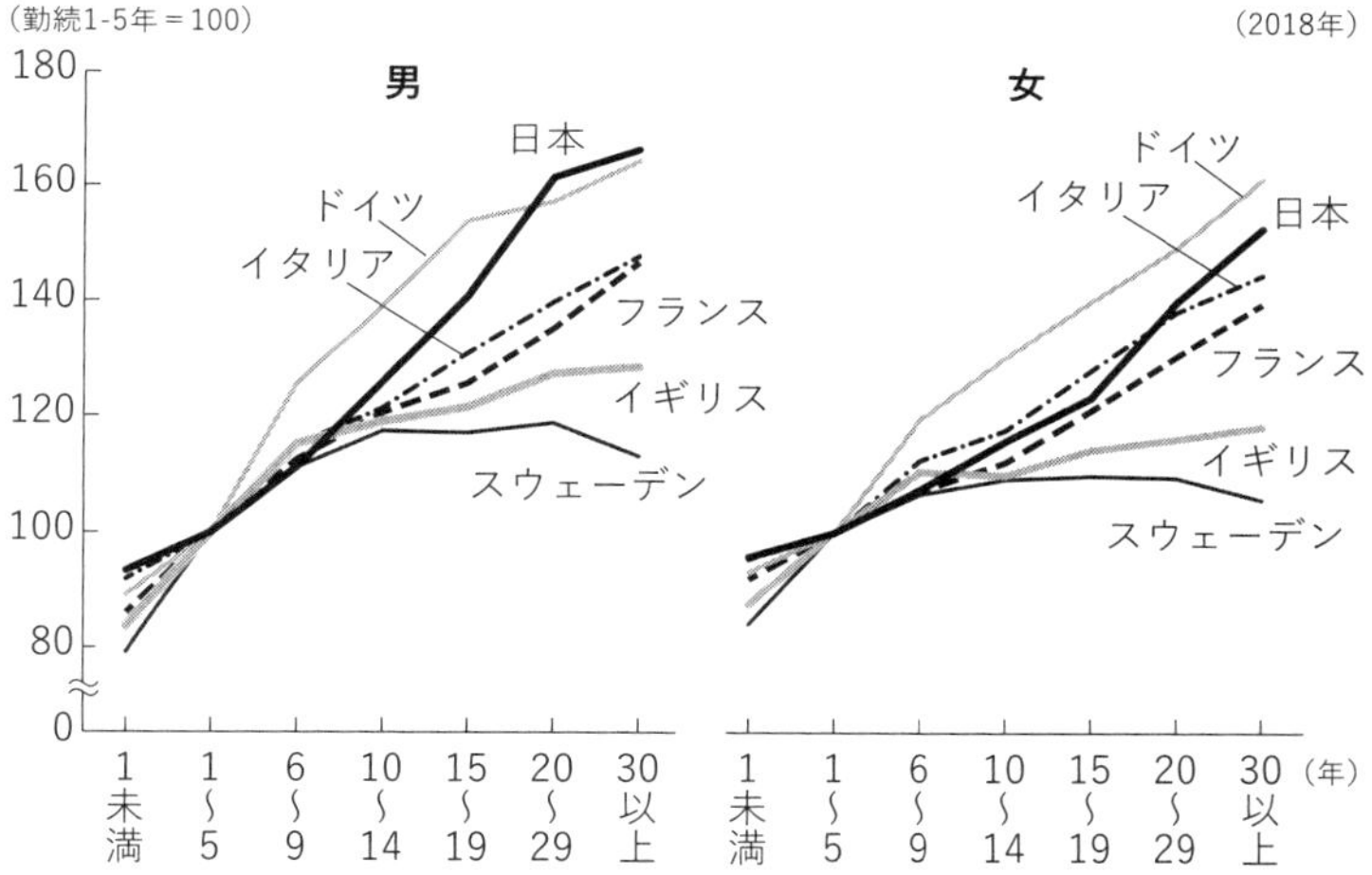

（出所）『データブック国際労働比較2022』日本労働政策研究・研修機構、2022年

賃金カーブは上昇を示している（60歳以上については各国でかなり異なっている）。一つの企業における勤続年数だけでなく年齢（経験）によっても各労働者の技能や知識が増加するという前提で賃金が決定されていると考えられる。

　アメリカについての同一のデータがないため、日本とだけを比較した**図6−1②**をみると、年齢階級でみて55歳前後で16−19歳を100とした場合に200前後となり、日本の勤続年数30年以上のケース（勤続年数1−5年を100として170前後）より高い値を示している。

　以上から、必ずしも雇用者と企業の間に長期的な雇用関係が存在しなくとも、一国全体で経験とともに労働者が持つ技能や知識が増加するような人材育成システムが構築されている場合、平均的にみて多くの雇用者が年齢（経験）とともに身につけた技能や知識に応じた賃金を受け取っていることが示唆される。

日本では、相対的に勤続年数と年齢階層でみた場合には賃金カーブに差があり、同一の企業に属していない場合には、他の企業で評価されるような技術や知識が相対的に乏しいか、転職者の持つ人的資本の価値が正しく評価されていない可能性がある。

以上の国際比較は、労働市場における転職の在り方を工夫すれば、特定の企業に依存した人材育成や長期的雇用関係を持たなくとも、現状と同じような生活費に対応したような形で、年齢とともに賃金受取額が上昇するような労働市場を構築することができることを示唆するものであろう。

3――外部労働市場の役割はどのように変わるのか

経験により賃金が上昇するシステムの必要性

以上から平均的にみれば、日本的雇用慣行の下で「企業特殊的熟練」と言われる技術や知識の必要性がかなり薄れてきていることがうかがわれる。企業特殊的熟練とは、その雇用者が勤めている企業において受けた訓練や仕事での経験は主にその会社のなかでしか役に立たないという意味で企業特殊的と呼ばれるものである。このことは、3章で示した大卒男性正規標準雇用者の賃金カーブにおいて同期間の分散が、近年になって拡大していることとも関係しよう。

企業にとっては、長期的な雇用関係を今後も維持したいと考える一部の雇用者に対してはより年功的な賃金を提示するが、将来的な期待値が低い雇用者に関しては賃金の年功度を既に引き下げ始めていることになる。人材育成が従来に比べて選別的に行われる可能性があり、勤続年数が増すにつれて給与格差がさらに拡大することが考えられる。

企業内において十分な人的投資を受ける機会が少なくなっていくなかで、リスキリングなどの政策的な人材育成策は、今後さらに重要な施策となろう。ただし、そのような政策を施行するためには、既存の雇用者が効率的労働移動を行えるように、労働市場全体の枠組みを体系的に整備する必要があることは言うまでもない。

日本の企業における一つの特徴として「長期間にわたる競争」ということがよく言われてきた。所属する企業が自分の能力を高く評価してくれていないことがすぐに分かれば、それだけ早く転職のための準備が可能となる。このことは、企業にとっても当該雇用者にとっても悪いことではない。

しかしながら、これまで「安定した雇用」を提唱してきた企業や労働組合にとって、長期的な関係を最初から意図しないような枠組みを構築することには戸惑いが生じるだろう。また、企業のなかで既に様々な雇用の在り方に関する複数のコースが存在している。各コースの関係は、従来は独立に機能していたものがコース間の移動（例えばパートタイマーのような非正規雇用から正規雇用へ、または、その逆も）が一部可能となるなど、長期的雇用関係を持ちながらも裁量的な働き方が可能となるような枠組みも考えられている。

当然のこととして、雇用者として企業と長期的な関係を持った方がメリットがあるケースと、逆に転職等で新たな企業に移動した方が望ましいようなケースも存在する。企業にとっても同様である。長期的な関係を維持したい雇用者もいれば、長期的には雇用したくないような雇用者も存在するだろう。[6]

ここで重要なことは、労働者にとってはどのような選択をしても自分の持つ能力が正しく評価され、能力に応じた賃金が受け取れるということである。当然のこととして、どのような選択肢においても労働者が自分の能力を高めるための機会が保障されていることが大前提となる。このようなシステムが十分に機能すれば、企業においても長期的な雇用関係を持つことが期待される雇用者や、そうでない雇用者など多様な雇用関係を柔軟に考えることができる。

労働組合の新たな役割とは

個々の労働者が企業と賃金を交渉したり、今後必要となる技能や知識を修得する場を探したりすることはかなり難しい作業と言えよう。特に外部労働市場を通じて転職活動などを行う際には、企業内労働組合では転職希望者の意向に沿った支援等を行うことは難しい。その意味では、現状の労働組合の役割のなかには、外部労働市場を通じて労働者の適材適所を支援するような誘因が存在しない。

外部労働市場の機能を高めることにより、労働者の適材適所や新たな技能・知識を身につけさせる枠組みの提供などを支援することに、今後労働組合が関与することができるのだろうか。労働力が減少するなかで、産業構造の高度化、雇用の多様化、労働市場全体の流動性の加速などに対して労働者が企業などと交渉できる枠組みは、現状では労働組合がその中心となっている。しかし、より外部労働市場を重視した効率的な労働市場の運営を考えた場合に、現状の内部労働市場を前提とした企業内労働組合にどのような役割を期待することができるのだろうか。

今後の労働市場の在り方がどのように変化していくのかを踏まえたうえで、労働者の交渉力を最大限生かせる労働者としての交渉主体がどうあるべきか、早急に検討していく必要があろう。[7]

現状では年功的賃金体系を持つような大企業においては、ベースアップがゼロであったとしても、翌年には年齢が1歳増えたことにより1章5節で示したように賃金額は増加することになる。

6　労働組合の立場としてみれば、少し微妙かもしれない。雇用保障は重要であり、雇用者の離転職が多くなれば組合の企業に対する交渉力が低下する可能性もある。

7　既に『日本労働研究雑誌』などで「労働組合のサステナビリティ」（2023）という特集などが組まれている。日本においては企業内労働組合を土台として、産業別組合やその集合体であるナショナルセンターが存在するが、それぞれの役割が明瞭なものとなっていない。現状の春闘などでみられるように、いまだに各企業の賃金決定は企業内組合が主体となって行われているようにみえる。

日本労働組合連合会の毎年の連合・賃金レポートにおいて、年齢による加算額を示す「1年・1歳間差額」が掲載されており、重要な指標として取り扱われていることが分かる。一方で、年功的な賃金体系をとることが少ない中小以下の企業においては、ベースアップを達成しない限り翌年の賃金が自動的に上昇することが期待できない。

このように規模の企業属性において賃金体系が異なっていれば、産業などの単位で各企業の労働組合が統一的な行動がとりにくいことは自明であろう。

個別産業や企業による外部環境の相違

世上言われているようなAI技術だけでなく、今後様々な新たな技術や知識を用いたこれまでにない「商品」が開発されてくることが予想される。それらは、労働者に新たな知識や技術を要求するとともに、さらなる新たな技術や商品を開発することになろう。そのような世界では、従来型の産業区分や企業の在り方が大きく変容する可能性もある。

当然のこととして、労働市場において必要とされる人材も多様化するとともに、企業と労働者の関係も現在の雇用関係とは異なってくる可能性すら考えられる。日本の多くの企業で導入されている職能給制度では、特に大企業では能力評価を行う場合が多いが、雇用者の能力を正しく評価することが難しいため、年功的な運用となるケースが多い。

能力の評価がより容易にできるようになることや職務給が導入されれば、個別の労働者の能力や職務に応じて対価を支払うことが容易となろう。そのような状況の下では、企業も労働者もともに外部労働市場を通じた労働移動が行いやすくなろう。

賃金の支払い方法と採用方法が密接に結びつくわけではないが、今後さらにジョブ型の採用方法の比率が日本でも高くなる可能性がある。提供された労働サービスへの対価をどのように支払うかについては、その貢献度が正確に評価できれば出来高給のように貢献度に応じて対価を支払えばよい。

今後、必要とされる能力は、現状よりさらに多様化することが考えられる。そのような多様化は、提供された労働サービスの貢献度の評価を難しくするものもあれば、逆により明瞭に判断できるようにするものもあるだろう。今後必要とされる人材は、賃金の支払い方法も含めてより多様化したものになることを踏まえたうえで、今後の賃金の在り方を考えていくべきであろう。

4——日本的雇用慣行——残すもの、変わるもの

日本的雇用慣行の始まりについて『平成25年版労働経済白書』では以下のように記述されているが、今後の高度成長を見込んだ場合に人材不足が強く予想されたことも大きな要因と考えられる。

日本で長期雇用やいわゆる年功賃金といった雇用慣行が定着したのは、高度経済成長期であったとみられている。日本企業にとって、経済成長が引き続き見込まれる中で、長期雇用を前提に長期的な視点に立って人材育成を行い、組織の一体感の醸成、企業特殊的な能力の効率的な形成・蓄積のため、例えば、若年期には労働者の生産性より低く、中高年期には生産性より高い賃金を支給することにより、育成した労働者の移動を防ぎながら、労働者の職業生涯を通した全体でその生産性に見合った賃金を支給することは合理的であったと考えられる。

以上で示されているように、高度成長期を通じて一定の能力を持つ労働力を確保するために形成されたとすれば、今後の労働人口の減少は日本的雇用慣行を温存する一つの要因となるかもしれない。一方で年功的賃金が、男性稼ぎ主モデルが主流であった時期でのライフステージごとの生活費に対応したものでもあったとすれば、共働き世帯が多数派となった現在において、手当等も含めて賃金の在り方について多くの見直し論が出るのも当然の流れと言える。また、5章で示したように雇用の多様化が労働者にとっての「家計のポートフォリオ」の一環とすれば、労働者の側からも見直し論が登場することも考えられる。

一方で、年齢や経験年数に応じて技術や知識が豊富になり、企業に対する貢献度が増すとすれば（ある程度の年齢になると逆に陳腐化が生じる）、技能の水準と賃金水準が何らかのシステムによってリンクされていることで、一見年功的とみえる賃金制度となる。実際に、年功的賃金の対極にあると思われるアメリカの雇用者においても『平成25年版労働経済白書』によれば、**図6―1**のように表面的には日本以上の年功的賃金が存在している。

一方で、アメリカだけでなく日本においても性別、学歴などをコントロールした場合でも、同期採用組のなかでも格差が広がってきていることが3章で示されており、同じ年功的賃金であっても、その中身はかなり変化してきている。また、家族手当などについても見直しを行う企業が多く、今後は手当の在り方も大きく変化していくことが想定される。

これまでの整理から、雇用形態が多様化しただけでなく、同一の雇用形態（例えば正規雇用者）でも賃金の支払い方や実際の支払額に変化が生じていることが確認できる。そのような変化の中心は、「能力、貢献度」を評価し、それに応じて賃金の支払額を決めるという方針であり、従来の「賃金の後払い」的な枠組みは弱まってきている。その背景として、一部の雇用者だけに選抜的に人的投資を行う傾向が強まってきている可能性がある。

日本では、入社してから比較的長い競争期間を経て出世の可能性が異なっていくと言われていたが、選別的に人的投資を行うとすれば、誰にどのような投資を行うかを早い時期に決定しなければならないため、競争期間が従来に比べて短くなる。逆に言えば、相性が悪く出世競争に勝てそうもない雇用者は、早く見切りをつけて転職等が可能になるとも言える。

内部労働市場は今後どのように変化するのか

基本的には、今後の日本的雇用慣行や採用方式などは、鶴（２０２３）が指摘しているように、各国の与えられた条件の下で様々な制度の良いところだけを導入することにより、徐々に修正されていくと考えられよう。日本は、今後急速に労働力が減少する、これまでの雇用慣行は他国に比べてかなり異質な部分が存在した、などの条件が存在しており、今後の変化のありようを考えることは非常に難しい。

どのような変化になるかはともかく、労働市場の問題だけを考えれば、基本となる枠組みは的確な人的投資を各雇用者が行えるようにするための仕組みが構築できるのか、個々の雇用者の能力をどのような枠組みを用いて正確に評価できるのか、であろう。

この２つの枠組みが適切な形で具体化できれば、たとえ、個別企業内で能力を正確に判断できない、あるいは能力に応じた賃金を支払わない、などが生じても、外部労働市場を通じて適正な賃金が提示されることになる。

そのための条件は、「今後必要な能力とは何か」ということを適切に判断できること、通常の投資と同様なリスクが人的投資においても潜んでいるということがある。そのようなリスクを少なくするためには、常に労働市場に関する情報と再教育を行える機会が各労働者の身近に存在していることが重要であろう。

新たな技術の出現やそれに伴う新商品の開発競争などにより、既存企業の平均的な寿命がますます短くなる可能性すらある。また、1章で記述したように、商品を開発した企業が商品の製造は他企業に委ねるような体制を構築する可能性もある。前者のようなケースでは、好むと好まざるとにかかわらず雇用者が労働生涯を一つの企業で終わらせることを難しくする。後者のようなケースにおいては、一つの企業において必要とされる業務が単純化される可能性があり、様々な専門家や全体を管理するような職種の必要性が少なくなる。

今後の企業の在り方がどのような構造的変化を引き起こすのかは定かではないが、現在の大手企業のように新卒採用から定年退職まで在籍するような雇用者（3章で示した標準労働者）の比率が、**表3－1**で示すように60％を超すような状況は減少していくだろう。

賃金は企業にとってはコストの一部であるが、雇用者にとっては生活の糧として重要な意味を持つ。各国の労働市場においてどの程度そのことが意識されているのかは分からないが、**図6－1②**で示したようにアメリカも含めて多くの国で、男性はライフステージの在り方から考えて最も生活費がかかる50歳前後において、賃金カーブがピークになるようになっている。

今後日本において賃金決定システムが大きく変化したとしても、雇用者にとって賃金が主要な生活の糧である限り、年齢に対応して変化する生活費に応じた賃金カーブになる傾向が消滅する可能性は少ないであろう。[8]

8　あくまでも平均的な雇用者についてであり、相対的に高い賃金を受け取るような雇用者については賃金カーブが生活費に応じた形になる必然性はない。

日本的雇用慣行の変化とともに定年制度や退職金は今後どう変わるのか

日本企業の多くは定年制度を導入しており、退職年齢を設定している。また、定年時においては、通常の自己都合退職より高額の退職金が支払われる。日本的雇用慣行の変化とともに定年制度や退職金は今後どう変わるのかをみてみよう[9]。

その前に、定年や退職金がなぜ存在するのかを考えてみよう。両者は年功的という賃金の支払い方と対応している。企業は慈善事業を行っているわけではないので、企業が雇用者に支払う賃金の総額は、雇用者が企業に貢献した価値と等しいものになろう。その総額を時点間でどのように配分するかで、賃金カーブの形状が変わることになる。

企業が労働者の生産性（企業に対する貢献）を向上させるために、企業がコストを負担して教育を行うとすれば、雇用者と企業の間で長期的雇用関係を結ぶことが互いに望ましいこととなり、年功的賃金が合理的な支払い方になる。

ここで雇用期間において支払われる賃金総額が雇用者の企業に対する貢献度に等しくなるためには、雇用期間を設定する必要が生じる。なぜなら、賃金カーブにおいて、企業は前半には雇用者の能力より低い賃金を支払うが、後半は逆に能力より高い賃金を支払わなければ離職されてしまう。後半は能力より高い賃金を支払うため、どこかで賃金の支払いを止めなければ（退職させなければ）ならない。これが賃金の後払いが起こる一つの理由でもある。

このような雇用期間に対応したものが、定年年齢である。賃金の後払い分が多いほど雇用者の離職意欲を抑制することができるが、賃金カーブの勾配を高くすると様々な問題が生じる可能性があり、退職金はその対策の一つとも考えられる。

雇用者にとっても、定年まで勤めあげれば途中退職した場合よりも高額な退職金が支払われる、定年までは雇用が保障されるなど、さらなる離職抑制要因となる。さらに、定年退職で離職した場合の退職金にかかる税金は企業都合の離職ということで税制上優遇されており、政策的にも日本的な雇用慣行が後押しされていた。

2章でも示したように、最近になって退職金の金額が抑制されてきていることが指摘されている。年功的賃金の見直しと連動して、賃金の後払い部分の一環の退職金も見直されている可能性が高い。また、定年年齢の引き上げなども、退職金引き下げの要因として考えられる。

定年年齢の引き上げは、生産性以上の賃金を支払う期間が長くなるため、退職金で貢献度と賃金の支払総額が等しくなるように調整する割合が低下したためとも考えられよう。最近では、定年年齢を引き上げることなく再雇用などによって高齢者の雇用を確保するような状況になっているが、再雇用後の賃金が定年前に比べてかなり低いため、高齢の雇用者の賃金を引き下げる大きな要因ともなっている。

以上で示したように、日本的雇用慣行を示す内部労働市場においても既に様々な変化が生じて

9 日本における退職金導入の歴史的な背景については、大湾・須田（2009）などを参照のこと。

いる。それらの変化の多くは、日本の人口構造の急速な変化に対応したもの、あるいは、今後のさらなる変化に備えたものと言える。企業内でも定年年齢の引き上げや定年後の再雇用などにより、高齢者が相対的に増えてきている。さらに、3章で示したように高齢者予備軍の45－54歳層の比率が高まってきており、今後も企業内の高齢者比率が上昇することが予想される。

日本的雇用慣行が形成された背景は過去とこれからでどのように変わるのか

『平成25年版労働経済白書』で示された日本的雇用慣行が形成された背景と現状はかなり異なっていることをこれまでも言及してきた。背景となる外部環境が変われば、システムが持つ合理性が非合理となることは言うまでもない。では、日本的雇用慣行の合理的な部分を今後とも残すことが望ましいのであろうか。

企業特殊的な技術や知識の必要性が低下すればするほど、今後もその傾向は続くだろう。企業は自社内で人材育成する必要もないし、必要な人材は外部労働市場から中途採用すれば確保することが可能となる。むろん、外部から確保することが難しいような性質を持った人材も必要であろうが、その割合は極めて限られたものとなろう。さらに、言われているようにジョブ型の採用方式が普及してくれば、企業内において複数の方式で採用された雇用者が混在することによる混乱を避けるため、どちらかの採用方式が主流となる。

ではもう一つの日本的雇用慣行が合理的であるための理由はどうであろう。それは人材の囲い込みである。企業が人材育成のためのコストを負担していなければ、特定の人材の囲い込みの必要性は少ないが、今後の労働力の減少を考えた場合に外部労働市場を通じて必要な人材を必要な時に採用できるかどうかは極めて不確定である。特に、ジョブ型採用の人材の場合は特定の技術や知識の専門性に特化しているため、企業内の他の部署に配置転換することは難しく、余剰な労働力を維持するコストは高くなる。

基本的には採用方式がジョブ型に変わると仮定すれば、日本的雇用慣行が徐々に欧米型に近づいていくことが考えられる。この際の欧米型とは、現状とは異なったものになる可能性が高い。現状でも欧米型と日本型がそれぞれの改良を施しながら変化している。どちらかの形式に統合されるというより、それぞれの外部環境の違いを考慮しながら、各システムの良いところをシステム全体が整合性を維持しながら取り入れて変化していっているというのが現状であろう。結果としてかなり似たようなシステムが形成される可能性は大きいと言える。

これからの日本において大事なことは、賃金の決定システムを含めて、労働市場全体の機能を確保するための整合的な枠組みをどのように構築していくかであろう。内部労働市場という、これまでの日本を取り巻く環境の下では合理的であったと思える枠組みが、今後も合理的である保障はない。すべての企業や産業についてではないが、多くの企業や産業において今までのシステムでは様々な弊害が出てくることが避けられないだろう。現在の枠組みが合理的に機能するように様々な関連するシステムが構築されてきており、一部だけ改良すれば全体の効率性が上昇するというものではなく、枠組みすべてがより不合理なものになっていく可能性がある。

現状での内部労働市場を取り巻く状況においては、企業内のシステムだけでなく、労働者の技術や知識を育成する企業外でのシステムの確立、新たな技術や知識の具体的な必要性、身につけた能力に対する正確な評価のためのシステムなどについて全体を整合的に変えていく必要があろう。それらのほとんどが外部労働市場を機能的に活用することにつながっており、今後外部労働市場が持つ役割が非常に重要になってくるであろう。

【参考文献】

大橋勇雄・中村二朗「転職のメカニズムとその効果」玄田有史・中田喜文編著『リストラと転職のメカニズム』東洋経済新報社、２００２年

大橋勇雄・中村二朗『労働市場の経済学――働き方の未来を考えるために』有斐閣、２００４年

大湾秀雄・須田敏子「なぜ退職金や賞与制度はあるのか（特集：その裏にある歴史）」『日本労働研究雑誌』No.５８５、２００９年

桜井一正・大久保幸夫「求職トレンド調査２０１５」ボストンコンサルティンググループ・リクルートワークス研究所、２０１５年12月

鶴光太郎『日本の会社のための人事の経済学』日本経済新聞出版、２０２３年

中村二朗・大橋勇雄「日本の賃金制度と労働市場――展望」高山憲之編『日本の経済制度・経済政策』東洋経済新報社、２００３年

『日本労働研究雑誌』編集委員会「労働組合のサステナビリティ」『日本労働研究雑誌』２０２３年9月号

日本労働組合総連合会「連合・賃金レポート」各年、日本労働組合総連合会

7
章

賃金上昇論を考える

――今後の賃金上昇のために

本章のポイント

本章では各章で議論してきたことを整理するとともに、序章で示した2つの疑問に対して解答を与える。さらに、その解答を踏まえたうえで現在の賃金上昇論に対して以下のような見解を示している。

日本の労働市場を取り巻く特殊性を考えても、現在の労働市場は今後の外部環境の変化を踏まえた制度変更が行われてきたと言えよう。まだ手直ししなければいけない部分は数多くあるが、現状における賃金の在り方に対しては、労働市場が持つ賃金調整機能に委ねることが望ましいことを示している。

むしろ、外部から何らかの賃金上昇圧力を加えることによる副作用が心配される。今後、急速に減少する労働力の下で日本経済全体の付加価値を高めるためには、産業構造の高度化が必要であり、外部労働市場の整備を日本の実情に合わせて確実に行うことが、今後の安定した賃金上昇を達成するための必須条件となることを示す。

各国の労働市場が直面している、あるいは今後予想される環境はそれぞれに異なっている。そのなかで、6章で示した労働力の急速な減少は、日本の労働市場に最も大きなインパクトを与える環境変化の一つであろう。各国の労働市場では、それぞれの置かれた環境において最も合理的な枠組みを形成してきたと言える。いわゆる日本的雇用慣行も、その時代の環境に即した合理的な枠組みであった、というのが大方の評価であろう。だとすれば、環境が変われば「合理的であった枠組み」が非合理的なものに変わっていくことも十分に考えられる。

企業が必要とする技術や知識、それに伴う人材などは、雇用者との長期的雇用関係を維持した方が企業、雇用者の双方にとって合理的であるケースが多く存在する。その一方、雇用者との長期的雇用関係や、それに伴い年功的賃金などの必要性が以前と比べて重要な意味を持たなくなってきている企業も存在しよう。

そのような状況は、企業における採用方法、人材育成、賃金の支払い方などのさらなる多様性をもたらすであろう。同じ商品をつくりだすのでも、開発、製造、販売などを一つの企業で行うのか、それとも生産工程などの一部を他の企業に委託するのかなどの選択が行われている。

当然のこととして、各企業が必要とする人材も異なってくるし、その人材育成のシステムも異なってこよう。これまでと比べて規模の小さな企業でも、他の企業などと連携することにより高付加価値の体制をつくりだすことが可能となっている。

6章でも述べたように、多様な雇用形態や賃金の支払い方が存在する状況で労働市場の機能を効率的に発揮させることは難しい。特に日本のように、これまで内部労働市場が広範に機能していた環境において、外部労働市場を通じた効率的な労働移動を行うには、多くの問題が残されている。今後、外部労働市場の整備をどのように行っていくのかが、当面の課題と言えよう。

労働経済学の教科書的に言うならば、現状における「日本の賃金上昇が抑えられている」という批判は、「日本の労働市場において労働移動や賃金決定が効率的に行われていない」と非難されているのと同じである。それは、内部労働市場であっても外部労働市場であっても同じである。一方で、経済学では必ずしも市場機能が常に十分に発揮されるとは限らないことを示している。仮に過去20－30年における日本の賃金上昇が、本来の市場機能が発揮されていれば上昇したであろう賃金より低かったとすれば、何が原因だったのだろうか。序章でも示したように、その原因を把握しない限り持続的な賃金上昇を達成することは難しいだろう。

1——序章で提示された疑問に対する答え

本題に入る前に、序章で示した疑問に答えるために以下ではこれまでの章から分かることを簡単に整理しておこう。

過去20年間程度における賃金の動向については、男性を中心として正規雇用者の賃金が伸び悩んでいたことは確かである。これは、年功的賃金においてピークを超えた50歳以降の男性正規雇用者の比率が増加したこと、労働時間が各国に比べて大幅に減少したことなどが直接的な要因であるが、最も重要な点は、2章でも示したように大企業を中心として労使ともにデフレ志向を強めることにより、人件費節約等によるコストの抑制を強く意識したことにあると考えられる。

さらに、2008年のリーマンショックが追い打ちをかけることにより、労使における「雇用の安定」の掛け声とともに長期にわたって賃金の上昇が抑えられた。年功的賃金の下で雇用されている労働者にとっては、仮にベースアップが抑えられたとしても毎年賃金が上昇することが保証されているため、大きな不満に結びつくことはなかった。

さらに、この時期には非正規雇用に対する環境整備が整ったことにより、大企業も含めてコストの安い非正規雇用者の雇用拡大が可能となったことも、正規雇用者の賃金抑制の間接的な要因となっている。

非正規雇用者の賃金に関しては、2000年以降正規雇用者の賃金に比べて上昇している。このことが、非正規雇用での求職者を増加させる大きな要因となっている。対象とする期間において共働き世帯は急増している。これは、年功的な賃金が支払われていない、相対的に規模の小さな企業に勤める雇用者のいる世帯にとっては、労働時間などの減少や税金等の負担増などによる手取り収入の減少を、配偶者が非正規雇用者となることによって家計を補填する、という労働供給側の意向ともマッチしたことが、大きな理由の一つとして考えられる。

結果としては、リーマンショックなどの外的ショックによる景気悪化局面においても雇用の安定がいまだに重要視されたため、失業率が顕著に高まることがなかったが、平均的賃金の上昇は抑えられた。一方で、物価上昇が抑えられたこともあり、共働き等により世帯単位での実質収入の維持・増加が可能であったため、家計からの不満が高まることはなかった。

労働市場における過去20年から30年間程度の様々な変化の一部は、企業と雇用者との長期的雇用関係の在り方や、今後の労働力の減少に対応するためのものでもあった。一方で、外部労働市場の役割がさらに重要になると想定されるなかで、労働者の転職等を通じて適材適所を達成するための役割を十分に果たせるように労働市場が整備されたかどうかは、大きな疑問が伴う。

過去20年間程度の労働政策においては、長期的な労働力不足に対する対応策と、短期的な景気循環に対する対応策が錯綜し、必ずしも個々の施策が当初の目論見通り機能しないどころか、その施行する時期のタイミングによっては逆効果が生じたものすらある。長期的に産業構造の高度化などにより労働力が減少するなかでも経済成長を目指すならば、企業に任せてきた人材育成の枠組みについての再構築、外部労働市場を通じた人材の適材適所が可能となるような枠組みの構築を、雇用の多様化が起こる以前に整備しておくことなどが、大事だったのではないだろうか[1]。

このようななかで、4章の補論でも示したように、3－5年ほど前から日本においてもインフレ期待が上昇するなどインフレ基調が顕在化してきた。さらに急速な円安と相まって、それまでの名目賃金の動向では実質賃金が大幅に低下する恐れが生じてきた。この時期を契機として賃金引き上げ論が勢いを増してきたのではないだろうか。

1番目の疑問への解答

以上の話を整理しよう。バブル崩壊以降もＩＴバブルなどを通じて、２０００年当初までは国際的にみて日本の賃金は割高であると考えられており、財界を中心とするデフレ志向に伴う人件費抑制の掛け声と組合側の「賃金上昇より雇用の安定」を優先する方針の存在が、春闘相場の低迷をもたらしていた。

リーマンショックにより賃金抑制の傾向が、労使ともにそれ以前と比べてより顕著となった。その後の景気回復期においても、一人当たりの雇用者報酬（平均賃金）などでみて、１章の**図1－2**で示したように日本の賃金の上昇が国際的に極端に低いことが指摘された。この時期は、日本においては国際的にみて低いインフレ率の存在、正規雇用者の労働時間短縮や短時間雇用者の増加、円安の進展などにより平均賃金の上昇が抑制される条件が揃っていたとも言えよう。

しかし、１章の**図1－4**で示した労働時間当たり実質ＧＤＰは、マクロ経済全体の労働生産性の指標の一つとしても考えられるが、その動向はリーマンショック後も各国と比べて遜色はない。総合的に考えれば、**図1－2**で示されるリーマンショック後の回復期における日本の平均賃金の各国に比べた大きな低迷は、労働市場における構造的問題というよりも今後の長期的な問題を解

1　外部労働市場の役割がさらに重要になると想定されるなかで、ハローワークインターネットサービスの充実などが行われるだけでなく、２０２２年にはインターネット利用の拡大に対応した法整備も行われたが、労働者の成長産業への移動が大きく進んだかは疑問である。

決するための一時的現象の部分と、それらの副作用が合わさった影響として考えるべきであろう。

以上が、序章で示した最初の疑問に対する本書での解答である。むろん、実際のデータを用いて厳密な実証分析を行わない限り我々の解釈が正しいのかどうかは分からない。しかし、少なくとも今後の賃金の動向を考えた場合に、いま賃金を政策的に上昇させることの意味や副作用を考えるためには、これまでの賃金の動向に対する整合的な解釈が必要である。我々の解釈は、日本の労働市場の市場としての役割は十分ではないにしろ機能しており、外部からの労働市場への圧力は大きな副作用をもたらすリスクが発生する、ということである。

2番目の疑問への解答

2番目の疑問に対する解答は、5章で整理した内容から導き出すことができる。過去20年から30年ほどの労働市場においては、正規雇用者の賃金上昇が相対的に抑制されてきた。その一方で、雇用の多様化により勤労者世帯において実際に働いている人数が増加し、必ずしも家庭単位でみた場合の収入総額の上昇が抑制されているわけではない。

例えば、2010年から5年ごとの勤労者世帯（2人以上）の実収入と可処分所得を「家計調査」（総務省）からみると、（実収入：52万692円、可処分所得：42万9967円、2010年）、（52万5669円、42万7270円、2015年）、（60万9535円、49万8639円、2020年）となり、実収入は17％、可処分収入は16％の増加を示している。[2]

このように各雇用者の賃金が伸び悩んだとしても勤労者世帯でみれば平均的な収入は増加している。一人当たり雇用者報酬と勤労者世帯でみた収入ではその推移が異なっており、どちらが消費支出により大きな影響を与えるのかによって結論は異なることになる。

さらに、賃金の上昇が一人当たり雇用者報酬と勤労者世帯収入に対してどのような影響を与えるかで結論は異なるであろう。これ以上は本書の役割を超えているため最終的な答えを出すことはできないが、単純に賃金を上昇させれば消費が拡大するという関係が薄れてきている可能性がある。

これまでの正規雇用者の賃金制度のなかには、家族手当などの労働の対価以外に家族を支えるという趣旨が込められた支払いが含まれていたが、徐々にではあるが手当等の見直しが行われるようになってきた。雇用の多様化などの進展とともに、誰がどのような働き方をするのかしないのかについて、世帯単位での選択がより顕著に行われるようになってきているのではないだろうか。そのような状況で平均賃金の動向ばかりにとらわれた議論をすることは、政策的に誤った方向性を導き出す可能性が高くなっていると言えよう。

2　5章では勤労者世帯での世帯主と配偶者の収入のみを整理しているが、同様の結果が示されている。

2 ―― 今後の賃金上昇のために

今後、賃金を引き上げていく（特に持続的に上昇させる）ためには、どのような手段が考えられるのだろうか。基本的には転職によってより賃金の高い企業へ移動する、もしくは、各企業や産業において生産性を高め、より付加価値の高いシステムを構築することにより賃金を引き上げる、ことなどが考えられる。

後者は、これまでの日本において主に採用されてきたシステムであり、主に内部労働市場的な枠組みとなる。前者は、欧米的な外部労働市場を通じて労働者の適材適所が達成されるような枠組みである。

おそらく今後の産業構造や労働市場の変化を考慮した場合、両者の組み合わせによって各企業の経営体制にふさわしい採用方式や人材育成の枠組みが取り入れられるのであろう。ジョブ型といっても一つのジョブにおいて徐々に必要とする知識や技術の幅が広がることにより、対応する賃金についても下限と上限の幅が広がっていくことが考えられる。

一方で、年功的賃金においても、査定情報と結びついた企業に対する各雇用者の貢献がより正確に把握できるような枠組みが採用されることになり、3章で示したように同期社員間での賃金格差が入社後の早い段階から拡大していくこととなろう。そのような変化は、同じ会社内でも従来以上に中途退職や中途採用者を増加させる可能性がある。

近い将来のことを考えた際に、急速な変化に対して今の日本の企業において十分な対応が可能なのだろうか。日本的雇用慣行を今後も維持したとしても、ある程度の雇用者については外部労働市場を通した移動を行うことが、労使ともに望ましいケースが存在しよう。

転職によって賃金が上昇することが高い確率で期待できるような世界であれば、長期的雇用関係を持った雇用者に対しても、外部労働市場で提供されるであろう賃金水準を考慮せざるを得なくなる。その場合に、転職することによる賃金の上昇が期待できるような外部労働市場の機能が十分に維持されていることが重要である。

現状では、4章の**表4－1**で示したように実際の離職者の離職理由は多様であり、賃金に対する不満を理由にするものは多くない。また、中途採用者についても前職と比べて賃金が上昇したケースも欧米に比べて多くはない。今後、日本においても外部労働市場を通しての労働者の適材適所の必要性が高まるようであれば、転職に伴う賃金上昇の可能性をさらに高める必要があろう。

転職によって賃金が上がらない理由を考える

転職において、日本では欧米に比べてなぜ賃金が上昇する可能性が低いのだろうか。一つの理由は、4章でも示したように転職希望者の持っている知識や技術について、採用側の企業が正しく評価・判断することが難しいことであろう。正確に能力が評価できない場合には、転職者の初任格付けは同じ属性を持つ同年齢のなかで比較的低い位置に格付けされる可能性が高い。採用後に査定等で正確に能力が判定されれば、同期より早めの昇任・昇格が行われることになろう。ただし、それまでの期間は前職より低い賃金を受け入れなければならない。

もう一つの理由は、日本の企業属性による固定化された賃金格差の存在であろう。そのなかで最も特徴的な属性は企業規模である。以下で企業規模による賃金格差が日本固有のものであるのかどうか、国際比較でみてみよう。

欧米において企業規模間賃金格差は存在するのか

労働組合が企業別かどうかで労働市場に対してどのような違いをみせるのだろうか。一番の違いは、個別の企業を包括した産業や職種による労働組合の存在は特定の技術や知識を持った労働者の市場価値をより明確にすることができる、ということであろう。そのことが、日本のような企業規模による大きな賃金格差をださない主要な理由の一つとして考えられる。

表7―1は日本、アメリカ、イギリス、フランス、ドイツ、イタリアについて事業所規模が1000人以上の事業所の賃金を100として、それ以下の事業所規模の賃金の値を示したものである。ここでは、各国で1000人以上規模の事業所の内容が異なるため具体的な格差としての数字よりも、規模によって格差がどの程度異なってくるかをみるべきである。

表7－1　事業所規模間賃金格差の国際比較

	規模計(人)	5-29	30-99	100-499	500-999
日本	66.4	55.5	64.2	74.4	86.9
アメリカ	64.2	50.6	62.2	74.5	88.0
イギリス	97.3	85.2	97.5	101.3	119.1
フランス	83.5	73.0	71.3	82.3	267.1
ドイツ	69.2	65.1	90.5	97.1	97.7
イタリア	73.1	63.1	76.8	83.4	101.2

（注）
1. 日本は2021年値。常用労働者5人以上の事業所が対象。月間決まって支給する給与より算出（出所：毎月勤労統計調査確報）
2. アメリカは2021年第1四半期の値。1人以上の民営事業所が対象。週当たり平均賃金より算出（出所：Quarterly Census of Employment and Wages）
3. ヨーロッパ諸国は2018年の値。10人以上の企業、かつ行政・防衛・義務的社会保障を除く非農林水産業が対象。月間平均賃金より総額より算出（出所：Structure of Earnings Survey 2018）
4. 各国とも『データブック国際労働比較2023』日本労働政策研究・研修機構より転載

日本とアメリカでは、賃金の規模間格差がかなり似ていることが分かる。両国とも、5－29人規模の小規模では1000人以上規模の賃金に対して半分程度の値となっている。一方、ヨーロッパ諸国ではかなり様相が異なる。イギリスでは5－29人規模で85・2と1割以上大規模事業所の賃金より低くなるが、それ以外の規模では大きな差異はみられない。ドイツ、フランスも、日本やアメリカに比べて規模による格差はかなり小さい。アメリカでなぜ規模間格差が大きいのか明確な理由は分からないが、日本の賃金決定において規模間格差が大きくなる傾向が他国に比べて強くみられる。

では、日本における規模間格差は縮小してきているのだろうか。厚生労働省が集計している「民間主要企業春季賃上げ要求・妥結状況」から、１９９５年から２００８年までの春闘での主要企業と中小企業の賃上げ率をみると、常に中小企業が低くなっている（２００８年以降は中小企業の数値の公表が廃止されている）。ちなみに、両者の賃上げ率は１９９５年（主要企業：２・８３％、中小企業：２・６９％）、２０００年（２・０６％、１・５６％）、２００５年（１・７１％、１・３７％）、２００８年（１・９９％、１・５４％）となっている。この春闘賃上げ率の差からも、日本では規模間の賃金格差は拡大傾向にあると言えよう。

　事業所規模等で賃金格差が拡大傾向にあるとすれば、１章で示した賃金分布の分散が拡大することになり、相対的に低賃金の雇用者は転職等によってより賃金の高い企業への移動を試みるであろう。しかし、より規模の大きい企業への労働移動は、採用方式がメンバーシップ型である場合にはかなり困難である。企業内組合があり採用方式がメンバーシップ型を採用している企業が多い日本の場合は、賃金分布において相対的に低い賃金を受け取っている雇用者が、賃金分布のより右側への移行を達成するための手段が、欧米に比べて限られている。

　ではなぜヨーロッパ諸国では、事業所による賃金の規模間格差が相対的に小さいのだろうか。逆に言えば、なぜ日本において賃金の規模間格差が大きくかつ固定化されているのだろうか。規模間格差についてはこれまでにも多くの議論がなされており、規模間における年功的賃金の程度に影響を与える教育訓練費の差異や、規模による取引上の上下関係の存在が、規模での付加価値の差異をもたらし、結果として賃金に大きな格差を生み出しているとする議論もみられる。[3]

しかし、このような差異だけで規模間賃金格差が長期的にみても固定化するまでの影響力を持つものだろうか。他の要因も改めて考えてみる必要があろう。

日本ではなぜ規模間賃金格差が大きいのか

大企業の賃金が基本的には春闘で決定し、それが規模の小さな企業に波及していくとすれば、規模間格差が決まる原因の一つとして春闘に登場する労働組合の役割が考えられる。ＩＬＯ（国際労働機関）などのデータ（『データブック国際労働比較２０２３』日本労働政策研究・研修機構より）から組合組織率をみる限りでは、日本（２０１９年、16・８％）と比べてドイツ（２０１９年、16・２％）、フランス（２０１８年、８・９％）となり、決して高いわけではない。

しかしながら、ドイツやフランスでは法律によって労働協約が組合員以外にも適用されるようになっており、労働者に対する適用率は非常に高い。さらに、日本と異なりヨーロッパでは産業別、職種別などによる企業横断的な労働組合が組織されており、企業を超えて労働者に対して労使間の合意事項が影響するようになっている。

日本の場合、春闘において主要企業が労使交渉で賃金上昇率等を決定する。それが前述したよ

3　実際に規模による賃金の年功度は３章の図３－１で示したように規模が大きくなるほど高くなっている。初任給では規模による差異がほとんどないことから、規模間の年功度の差が賃金の規模間格差を生み出す大きな要因の一つとして考えられよう。

うに相場を形成することにより規模の小さな企業に波及していく、という流れが春闘を通した全体の賃金決定の枠組みであると言われている。そのようななかで、キーとなる産業や企業が存在し、そこでの賃金決定が全体の相場形成に大きな役割を果たしているとされる。

しかし、製造業の相対的な地位の低下により、鉄鋼、電機、自動車などの主要産業の指導力が弱まることで相場形成に重要な役割を担う産業や企業が存在しなくなってきている。

過去の春闘において提唱されていた「生産性基準原理」に依拠した春闘相場の形成は、3章でも示したように、「経労委報告」において「従来以上に付加価値生産性に準拠して総額人件費管理を徹底していく必要がある」と明示されており、相変わらず生産性基準原理に依拠した議論を展開することで賃金上昇を抑制するとともに、抜け駆け的に一部の企業の賃金上昇を抑制する立場を採っていたことが分かる。

その後2014年の同報告のなかでは「賃金などの労働条件は労使が自社の経営状況に即して徹底的に議論して決定する……賃金の引き上げについて、ここ数年と異なる対応も選択肢となり、実に多様な対応が考えられる……」として個別企業の独自性を強調するようになってきている。このような短期間における基本方針の転換は、リーマンショックという外的な要因も影響したと思われるが、少なくとも経営者サイドにおいて賃金決定に関する長期的方針が揺らいできていたことを示すものでもあろう。

春闘という内部労働市場に直面した企業における世間相場をつくる枠組みは、競争より協調が重んじられた日本経済の下で、労働市場においても競争をできるだけ回避した形で賃金の決定を行おうとする側面が影響したのかもしれない。高卒者や大卒者の初任給は横並びで決定され、新卒者の採用決定に関しては、様々な規制や暗黙裡のルールが多々存在していた。また、企業規模が大きくなるほど中途採用は少なくなり、より内部労働市場的な性質が強まってきている。過去の春闘にみられるように学歴、入社年次、企業規模、産業などによって横並び的な賃金決定が行われていたと言えよう。

そのような状況に対して、6章までに示したように労働市場が様々な形で変化してきている。賃金の年功度は徐々にではあるが低下するとともに、同期社員間の賃金のばらつきは拡大している。また、入社後の出世競争も、長い期間をかけた競争から比較的短期間への競争へと、決着がつくまでの期間が短縮してきている。また、従来と比べて中途採用も徐々にではあるが増加してきている。一方では春闘の妥結率の規模による差異にみられるように、すべての要因が規模間の格差を縮小させるように変化しているわけではない。より根本的な対策を講じない限り、賃金の規模間格差を改善させることは難しい。

3――賃金分布の話

賃金の変動をみる場合、1章で示したように大事な視点が2つある。

一つは、平均的な変化についてである。もう一つは、平均値の背後にある賃金全体の分布内での各雇用者の移動に関してである。

賃金分布の分散が大きくなれば、格差が拡大したことになる。格差が拡大したとしても分布のなかでの労働移動が頻繁に行われるようなケース[4]では、労働市場の流動性が促進され雇用者の適材適所が加速されることになり、市場全体が活性化することになる。一方で、分布内での移動が伴わないような格差拡大は「格差の固定化」を意味し、労働市場が十分に機能していないことを示すことになる。

これまでに全体でもしくは個別の雇用者グループの平均値でもみたように、過去20年から30年の日本の賃金分布をみると、平均値はあまり上昇せず（分布の右への移動がほとんどみられない）、分散は大きくなってきている（賃金格差が拡大し固定化しつつある）。

全労働者に関する所得分布の散らばりをみるためのジニ係数においても、3時点（2000年、2010年、2018年）において日本（0・3337、0・336、0・334）、アメリカ（0・357、0・38、0・393）、イギリス（0・352、0・351、0・366）、ドイツ（0・264、0・286、0・289）、フランス（0・287、0・303、0・301）、イタリア（0・323、0・327、0・33）となっており、日本はドイツ、フランスに対して所得格差（いわゆる不平等度）が相対的に大きな国の一つであることが分かる。

上述したように所得格差（賃金分布の分散）が大きいことが悪いことではない。活気のある経済においては、**図7－1①**で示すように相対的に大きな利益を上げた企業（そこに所属する雇用者）や個人が高い収入を得ることにより、賃金分布の右端を右側に広げていくことが考えられる（分布ＡからＢへ）。その後、徐々に分布の左側の労働者が景気拡大の恩恵を受け賃金が上昇したり、転職により高い賃金を受け取ることによって分布の右側の方へ移動したりすることにより、賃金の平均値が右側に移動するとともに、分散も徐々に元に戻っていくことが考えられる。

一方、最近の日本の賃金分布は、**図7－1②**で示すように、分布自体の右への移動（平均値の移動）は小さく、分布の分散は拡大したままで元に戻るような力が働いていないように思える（分布ＡからＣへ）。このような分布の変化は、中間層の減少をもたらす。分布Ａの網掛け部分は、賃金分布がＡのように散らばっているときには平均的な賃金と同じような額（例えば平均賃金から±10％）をもらっている雇用者たちの比率を示している。このように平均的な賃金とほぼ同じような賃金を受け取っている雇用者層を中間層とすれば、分布Ａでは全体の50％程度が中間層に属していることを示している。

分布Ｃにおいては賃金の分散が大きくなったことにより、平均賃金から±10％の賃金を受け取っている雇用者の比率は左下がりの斜線部分で示されており中間層に属する雇用者の比率が小さくなっていることが分かる。中間層の相対的な減少が経済全体によくない影響を与える可能性が

4　例えば賃金が相対的に低い雇用者が、労働移動などによってより高い賃金を得たようなケース。

図7－1　賃金分布の変化①

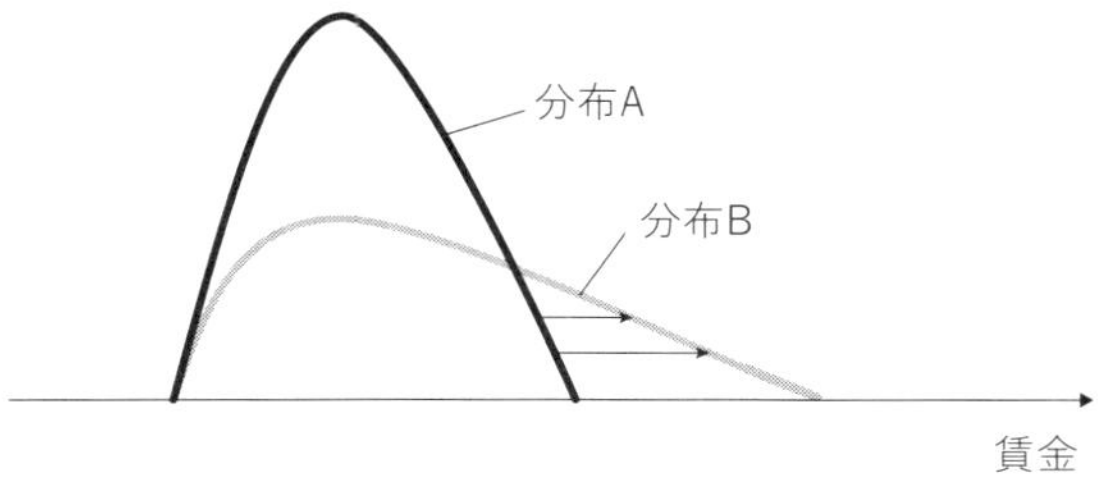

賃金分布の変化②

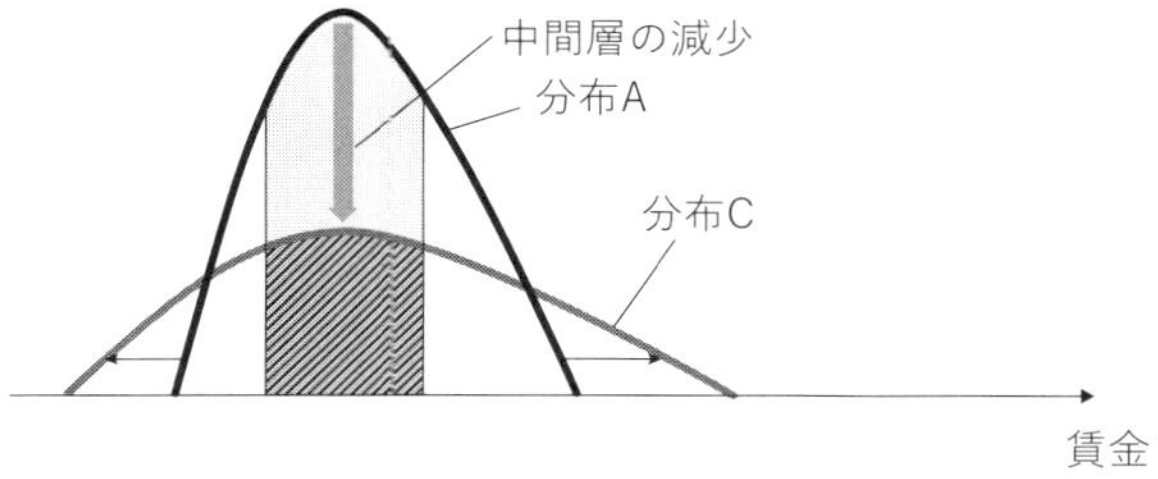

高いことは、これまでにも多く指摘されている。

　このような中間層の比率の減少を防ぐためには、仮に分布Cのように分散が拡大しても、**図7－1**①で示したように分布Bへ移動できるような枠組みが必要となろう。実際に欧米などでは、労働市場の活力を推し量るものとして、労働移動の量だけでなく、移動に伴って賃金の上昇（所得移動）がどの程度あったかが重要な指標として考えられている。

　次にジニ係数でみてみよう。先に示した先進各国のジニ係数は、再分配所得ジニ係数と呼ばれる。税金や社会保障費を控除した所得について不平等度をみたものである。では、実際に企業等が支払う控除前の所得でジニ係数（この値を当初所得ジニ係数と呼ぶ）をみると、どうなるであろうか。

当初所得ジニ係数の値は2000年頃から急速に上昇し、0・472（2000年）、0・526（2005年）、0・553（2011年）、0・559（2017年）と大きな値を示している。ジニ係数は賃金のみを対象にしたものではないので正確な姿を反映していないが、2000年以降において賃金においても分布の分散が拡大（不平等度の拡大）していたことを示唆している。[5]

所得移動をいかに高めるか

非正規雇用から正規雇用者への転換や、非正規雇用者の待遇に関する様々な制度的支援、最低賃金の引き上げなどが行われ、相対的に賃金分布の左側にいる人たちの右側への移動を支援するような枠組みが提示されてきている。

しかしながら、日本の所得移動は欧米に比べて低い可能性があり、賃金分布における相対的位置の固定化が加速している可能性がある。このような状況は、単に賃金分布における平均値の上昇が抑制されていることより、労働市場の活性化という視点からは大きな問題と言えよう。

5　再分配ジニ係数の推移については『令和2年版労働経済白書』を参照。

今後、日本において賃金の上昇を加速させるためには、産業構造の高度化などを伴って生産性を引き上げることが最も直接的な手段かもしれないが、それは短・中期的な解決策とはならない。これから5年から10年間くらいの期間において、賃金・物価のスパイラルを引き起こさずに賃金を上昇させるためには、雇用者の能力を高めるだけでなく企業内外での適材適所を可能にするとともに、各雇用者の能力（貢献）に即した賃金が支払われるようなシステムを構築することなどが必要である。

この両者は相互に関連しており、個々の労働者に対する人材育成システムの整備と、企業規模などに依存しない雇用者の能力に依拠した賃金が支払われるような枠組みは、一つのセットとして達成しなければならない課題である。企業規模などによる大きな賃金格差を解消するとともに、個別企業ではなく市場において各雇用者の能力が客観的に評価されるようなシステムを、できるだけ広範な労働者について適用できる枠組みを、構築すべきであろう。

現実的には様々な障壁が存在し、簡単には実現できるような枠組みではない。しかしながら一部については、徐々にではあるがこのようなシステムの実現に向けた動きがすでに始まっている。内部労働市場の存在が色濃く残っている大企業においても、年功的賃金や長期的雇用関係が徐々にではあるが見直されてきている。

野口（2022）などでも言及されているように相対的に規模の小さい企業が協力することにより、開発から製造までの作業を大企業と同等かそれ以上の効率性で達成しようとする工夫なども行われてきている。また、規模の異なった企業間取引に対しても、経済的優越性を利用した価格交渉などに対する厳しい批判が行われるようになってきている。

賃金が上昇することは決して悪いことではない。しかし、賃金自体は提供する労働サービスの価格であり、サービスに見合った価格（賃金）が提示されるべきである。また、賃金は労働者の生活の糧という側面も持っている。需給の変動に応じて賃金が変動するようでは、雇用者の生活が極めて不安定なものとなってしまう。

就業形態の多様化により家族の働き方（片働きや共働き、非正規雇用での就業など）が選択できるようになり、労働者の側からも「家計のポートフォリオ」を試みることが可能となってきている。さらに、医療や介護における公的保険制度の拡充や公的年金の整備など、生活を支える制度が拡充されてきている。今後もさらに労働市場を取り巻く環境が急速に変化していくなかで、いかに合理的な賃金決定システムを構築していけるのかが、今後の大きな課題であろう。

4——日本の特殊性——再考

ここでもう一度日本の賃金を考える際の特殊性について考えてみよう。通常の正規雇用者の賃金は、一年間という単位でみると所定内賃金、所定外賃金、賞与ということになり、辞めるまでの期間でみると、それに退職金が加わる。

所定外賃金や賞与については企業の経営状況によって支給額が変動するため、労務コストの調整弁としても利用されていることは言うまでもない。退職金は「賃金の後払い」的な役割を果たすが、最近では定年退職時に受け取る退職金額が急速に減少してきている。

以上が在職時における受取額であるが、雇用者としての報酬という意味ではそれ以外にも受け取れるものがある。それは年金であり公的なものと私的なものが存在する。公的なものについては雇用者自身も掛け金を負担するが、企業と国も掛け金を負担している。したがって公的年金として支払われる額がすべて企業の負担というわけではないが、賃金を受け取ると同時に将来の年金を受け取る権利が発生しているという意味では賃金とセットになっているとみなすこともできる。

公的年金の受給額は、現役の雇用者が受け取っている雇用者報酬が２５０兆－２６０兆円であるのに対し50兆－60兆円であり、決して少ない額ではない[6]。雇用者に対するこのような年金システムが存在しないとするならば、企業は年金の掛け金として負担している部分を賃金に上乗せして雇用者に直接支払うことができ、みかけ上賃金が上昇する。

年金だけでなく企業が雇用者の生活のために間接的に負担している部分は、国によって異なっており厳密な比較をすることは難しい。しかし公的年金や医療保険などの決して少なくない負担が、企業に課せられていることも確かである。企業が労働者の貢献分に見合うような形で、賃金だけでなく雇用者の生活のための支払いをも含んだ費用を支払っているとすれば、企業が負担している年金や社会保障費の掛け金なども含めたうえで、日本の企業の雇用者に対する支払いが国際的にみて低いのかどうかを議論する必要もある。

極めて短い期間で高齢社会に到達し、人口の３割前後の高齢者の生活を維持させながら経済全体の国際的な競争力を維持していく、という難しい課題に対して日本は準備をしてきたわけであるが、いよいよその結果が出ようとしている。

ここ20年から30年の労働市場の様々な試みがすべて成功したわけでなく、かえって労働市場に無用な混乱を引き起こした政策も存在する。しかしながら基本的には、高齢者の生活を支える枠組みと人口減少のなかでの国際競争力を確保するという２つの主要な目標に対しては、大きな役割を果たしてきたのではないだろうか。

そのようななかで、平均的な賃金の変動が他国に比べて抑制されてきたことが疑問視されてきている。では、逆に他国並みに高い賃金上昇とそれに伴うインフレの加速が、十分な準備もない日本の労働市場において起こっていたとしたら、どうなっていたのだろうか。

図7－1②で示したように、当初の賃金分布Aは分布全体が右側に移動するため平均値が上昇するが、それと同時に分布Cのように分散（不平等度）が拡散する。分布内での相対的な位置が固定化し、労働移動だけでなく所得移動も抑制された、市場が十分に機能しない労働市場になっ

6　このなかには現役時代に雇用者でない人たちに支払われている部分（国民年金）も含まれていることに注意してほしい。

ていたのではないだろうか。むろん、現在の労働市場が望ましい姿であるとは思わない。今後の環境の変化にさらに適応するように様々な制度変更が必要であろう。

我々が賃金の変動を考える場合、賃金こそが労働市場がどの程度十分に機能しているかの重要な指標であることを理解すべきである。労働市場だけでなく関連する市場においてそれぞれの市場が効率的に機能しているのか、たとえ一つの市場でも十分に機能しない場合には、関連する他の市場も効率的に機能することは難しい。

急速な環境変化は、それまで合理的であった枠組みを不合理なものへと急速に変化させる可能性を持っている。さらに大事な点は、賃金が多くの労働者にとって唯一の生活の糧である、ということである。賃金に関連する諸制度の変更は労働者の生活に直接的な影響を与えるため、慎重に時間をかけて進めることが求められる。

日本が高度成長期を通して構築してきた様々な制度は、その時期の日本が置かれていた環境の下では高い効率性を発揮する制度であったとみなすことができよう。しかし、経済面だけでなく、家族の在り方や日本人の意識など様々な局面において大きな変化を示しており、そのことも既存の労働市場に大きな制度変更をもたらす要因となっている。

5——最後に——再び賃金上昇論を考える

『令和5年版労働経済白書』において、賃金が伸び悩んだ理由として以下のような記述がある。

生産性の上昇ほど賃金が増加しなかった背景には、経済活動により得られた付加価値の在り方が変わってきたことが考えられる。この点について①企業の利益配分が変化してきたこと、②労使間の交渉力が変化してきたこと、③雇用者の様々な構成が変化してきたこと、④日本型雇用が変容していること、⑤労働者が仕事に求めるニーズが多様化していることの5点について……

ここでは5つの要因を挙げている。[7] これらの要因は確かにマクロ的にみた名目値としての平均賃金が伸び悩んだ要因であろう。しかしながら、個々の雇用者グループの賃金が伸び悩んだ直接的な原因として考えた場合に、原因というより結果として扱った方がよい項目もある。また、これらの要因のうちいくつかは相互に関連しており、独立して考えるには注意が必要なケースもあ

7 当然のこととして他の要因も影響を与えているが、ここでは当該の5点に注目して検討を行っている。またいくつかの要因については本書でも取り上げている。

る。

例えば、労使間の交渉力の変化があったからこそ企業は利益配分を変化させることができたのではないだろうか。そのように考えれば、要因①は②が生じた一つの原因でもある。また、日本型雇用が変容したことによって雇用の多様化が進むとともに、正規雇用者の賃金が伸び悩むことによる家計補助的な主婦の非正規雇用での供給が増加したという一面も、あるのではないだろうか。

不合理な賃上げがもたらす弊害とは

労働市場において需要と供給、そしてその価格である賃金が決まるとするならば、賃金の変動要因を解き明かすことは容易な作業ではない。一方で、市場に委ねる以外に政策等で賃金の決定に関与する場合には、賃金の変動要因について因果関係を含めて正確に把握しない限り、大きな副作用を伴う危険性も生じる。

今後の労働市場を考える場合に主要な課題の一つは、急速に労働力人口が減少するなかでどのように産業構造の高度化を達成するかということである。産業構造の高度化のためには、生産性の高い新たな産業に既存産業から多くの労働力が移動しなければならない。単に、労働力が移動するだけでなく新たな産業に必要なスキルや知識を持った人材であることが必要である。

今後の日本は、人口が増加し多くの新たな若い労働力が労働市場に参入してくるような状況ではない。既存の技術や知識を持った労働者が新たに必要となるスキルや技術を労働市場のなかで身につけていく必要がある。

これまでも労働力の減少や産業構造の高度化のために多くの準備作業が行われてきた。その作業のなかには成功したものもあれば、現実の労働市場に対して副作用を及ぼすものも存在した。その結果として、10年後、20年後の日本経済が国際的な競争力を維持・拡張できるほどの変化を成し遂げたかと言えば、まだまだ途上であると言わざるを得ない。特に外部労働市場を通した人材の適材適所を目指すような枠組みに関しては、他の先進国に比べて今後も多くの工夫が必要となろう。

このような状況の下で一時的に賃金の上昇が抑制されたとしても、その原因を把握することで、適切な対応をとることで、将来的に持続的な賃金の上昇が可能となるような労働市場の枠組みの構築を目指すべきである。現状の下で、必要以上の賃金上昇を行えば、多くの副作用をもたらすリスクも大きい。以下で主なリスクについて2つほど例を挙げてみよう。

例えば、生産性の上昇以上の賃金上昇によるインフレの加速である。その結果としてインフレと賃金上昇のスパイラルが起こり、最終的には実質賃金の低下すら招きかねない。年金等で生活する高齢者が全体の30％を超すような日本においては、国民全体の生活を考えれば、かなりリスクの高い状況と言えよう。

もう一つは、労働者自身の問題である。外部労働市場を通じての適材適所が行われないような枠組みでは、一部の生産性の高い産業や企業において賃金が上昇したとしても、生産性の上昇があまり見込めない産業や企業の雇用者の賃金上昇は相対的に抑えられて、結果として賃金格差が拡大するとともに、所得移動も極めて限定的なものとなってしまう。このような労働市場では**図7－1②**で示したように、いわゆる中間層の労働者が減少し活力のない社会になってしまうことが危惧される。

本書では、最近の「賃金上昇論」に対してどちらかと言えば批判的な立場で整理・検討を行ってきた。言うまでもなく、賃金が上昇することを批判しているのではない。賃金が上昇し、消費が拡大し、労働者の生活の向上と経済規模の拡大という望ましい循環が起こることを強く望んでいる。しかし、デフレ脱却どころか賃金が上昇し、それに伴いインフレが加速し、実質賃金の上昇が抑制されるとともに、雇用者間の所得格差の拡大・固定化の進行や人口の3割前後の年金生活者等の消費が抑制される、などの負の連鎖が起こる可能性も十分に認識するべきである。

現状における持続的な賃上げ論への危惧

通常のマクロ経済的な状況であれば、このような心配はあまり必要ない。しかし、「異次元の……」が続いている状況では、インフレが加速した場合に政府が行えるインフレ抑制策は極めて限られたものとなる。また、現在の人口構成を考えた場合、既に労働力不足の状況にあると言えよう。

そのような時期に賃金上昇を促進するような圧力を労働市場に加えた場合にどのようなことが起こるかは、経済学を学んだ人たちならば予想がつくであろう。

確かにある程度のリスクが生じても行わなくてはならない政策もあるであろう。しかし、現状での賃金上昇促進策なるものがそれに該当するのだろうか。もしそうだとするならば、なぜ過去数年において労働時間短縮等の労働供給量を制約するような政策を推し進めているのだろうか。

賃金上昇を引き起こすような様々な政策的な要因と相まって、今後急速に労働市場において人手不足状態になることが予想されている。既に労働市場の需給調整機能に任せておくだけでも十分に賃金が上昇するような下地はできている。

過去20年間程度において、マクロ的な平均賃金の上昇を抑制するような形で、日本の労働市場では様々な変化を示してきた。そのなかには、結果的に「雇用の安定」という従来非常に重視されたことに対する見直しも含まれている。正規雇用者の労働時間は減少し、短時間労働としての非正規雇用者の処遇に関しては従来と比べて解雇や採用に関する費用が増加しており、彼らを雇用の調整弁として使うことが難しくなっている。「雇用の安定」という重しが取られることによりどのようなことが生じるのだろうか。

マクロ経済的に考えれば一番先に思い浮かぶことは、フィリップス曲線の変化であろう。4章の補論で説明したが、この曲線は一国全体でみた労働市場における失業と賃金上昇率もしくはインフレ率との関係を示したものである。失業率を下げたければ多少のインフレ率の上昇を我慢すれば政策的に可能である、というケインズ流の有効需要政策の支えとなるような議論である。

日本では、これまでは他国と比べて安定したフィリップス曲線が観察された。また、「雇用の安定」ということで景気の山谷に伴う失業率の変動が低く抑えられており、失業率の変動がインフレに及ぼす影響は他国に比べて小さかったことが考えられる。

失業率の水準や変動が小さいことが「雇用の安定」の結果だとすれば、今後労働市場の流動化が加速するにつれて、失業率の在り方がこれまでと異なってくることが考えられる。仮に、好況期において賃金や労働時間での調整ではなく雇用者数の調整が行われるとすれば、結果としてこれまでの好況期とは異なり、失業率が急速に低下し大きな賃金の上昇とそれに伴うインフレ率の加速が生じる恐れもある。今後の労働市場の変化がマクロ経済に及ぼす影響がこれまでとどのように異なってくるのかを、注意深く観察する必要があろう。

まとめ

日本における労働市場を取り巻く特殊性を考えても、現在の労働市場では今後の外部環境の変化を踏まえた制度変更が行われてきたと言えよう。まだ、手直ししなければいけない部分は数多くあるが、現状における賃金の在り方に対して労働市場が持つ賃金調整機能に対して外部から圧力を加える必然性は低いのではないだろうか。むしろ、そのことによる副作用が心配される。

今後、急速に減少する労働力の下で日本経済全体の付加価値を高めるためには、産業構造の高度化が必要である。そのためには、外部労働市場の整備を日本の実情に合わせて確実に行うことが不可欠である。これが、今後の安定した賃金上昇を達成するための必須条件となるのではないだろうか。

【参考文献】

深尾京司他「生産性と賃金の企業規模間格差」『日本労働研究雑誌』No.649、2014年
野口悠紀雄『どうすれば日本人の賃金は上がるのか』日経プレミアシリーズ、2022年

【著者略歴】
中村二朗（なかむら・じろう）
日本大学総合科学研究所客員教授

1952年東京生まれ。慶應義塾大学大学院商学研究科修士課程修了（商学修士）、京都大学経済研究所助手、武蔵大学経済学部助教授、東京都立大学経済学部教授、日本大学大学院総合科学研究科教授・研究科長を経て現職。また、その間に名古屋大学経済学部、復旦大学管理学院（中国上海）、一橋大学経済研究所、内閣府経済社会総合研究所などの客員教授・客員主任研究官などを歴任。
主な著書に、『日本経済の構造調整と労働市場』（共編著、日本評論社、1999）、『労働市場の経済学』（共著、有斐閣、2004）、『日本の外国人労働力』（共著、日本経済新聞出版、日経・経済図書文化賞受賞、2009）、『日本の介護』（共著、冲永賞受賞、有斐閣、2017）などがある。

小川誠（おがわ・まこと）
山九株式会社取締役、トシン・グループ株式会社顧問

1961年静岡県生まれ。1983年一橋大学経済学部卒業、労働省入省。1990年コロンビア大学経営大学院卒業。大分商工観光労働部職業安定課長、世界銀行派遣、厚生労働省外国人雇用対策課長、国土交通省観光資源課長、厚生労働省雇用政策課長、厚生労働省官房人事課長、経済産業省官房審議官（雇用・人材担当）、中央労働委員会事務局長、厚生労働省職業安定局長などを歴任。

賃上げ成長論の落とし穴

2024年10月16日　1版1刷

著　者　中村二朗・小川誠

発行者　中川ヒロミ
発　行　株式会社日経BP
日本経済新聞出版
発　売　株式会社日経BPマーケティング
〒105–8308　東京都港区虎ノ門4–3–12
装　幀　野網雄太
D T P　有限会社マーリンクレイン
印刷・製本　シナノ印刷株式会社

本書籍に関するお問い合わせ，ご連絡は下記にて承ります。
https://nkbp.jp/booksQA
Printed in Japan　ISBN 978-4-296-12032-1